Gerd-Helmut Komossa

VON MASUREN AN DEN RHEIN

Stocker
stv

Gerd-Helmut Komossa

Von Masuren an den Rhein

Heimkehr in die Fremde

Leopold Stocker Verlag
Graz – Stuttgart

Umschlagfotos: Vordergrund: Gerd-Helmut Komossa
Hintergrund: Ullstein Bilderdienst, Berlin

Bibliografische Information Der Deutschen Bibliothek
Die Deutsche Bibliothek verzeichnet diese Publikation in der Deutschen Nationalbibliografie; detaillierte bibliografische Daten sind im Internet über http://dnb.ddb.de abrufbar.

Hinweis
Dieses Buch wurde auf chlorfrei gebleichtem Papier gedruckt.
Die zum Schutz vor Verschmutzung verwendete Einschweißfolie ist aus Polyethylen chlor- und schwefelfrei hergestellt. Diese umweltfreundliche Folie verhält sich grundwasserneutral, ist voll recyclingfähig und verbrennt in Müllverbrennungsanlagen völlig ungiftig.

ISBN 3-7020-0995-7

Printed in Austria
Layout: Klaudia Aschbacher, A-8101 Gratkorn
Gesamtherstellung: Ueberreuter Buchproduktion

Inhalt

Dieses Buch widme ich dem deutschen Soldaten

Zum Geleit

Am Ende des Zweiten Weltkrieges lastete nach der bedingungslosen Kapitulation der Deutschen Wehrmacht der Fluch der Kollektivschuld des deutschen Volkes über allem, was deutsch war. Es war den neu begründeten demokratischen Parteien zu verdanken, daß dieser rechtlich und moralisch ungeheuerliche Vorwurf abgewehrt werden konnte. Konrad Adenauer, der spätere Bundeskanzler für die christlichen Demokraten, Kurt Schumacher, der einarmige schwerversehrte Teilnehmer des Ersten Weltkrieges für die Sozialdemokraten, und Theodor Heuss, der spätere Bundespräsident für die Liberalen, wurden in ihrer Abwehr von den Kirchen, den Gewerkschaften und Verbänden aller Richtungen so entschieden unterstützt, auch von gerecht urteilenden Persönlichkeiten des Auslands, daß der Rechtsgedanke individueller Verantwortung und Schuld zur vollen Geltung gelangte. Zahlreiche Verfahren der Siegermächte gegen Kriegsverbrecher, gegen Verbrechen auf den Kriegsschauplätzen und in den Konzentrations- und Vernichtungslagern Europas waren die Folge. Nach der wiedererlangten Justizhoheit waren besondere deutsche Behörden für die Verfolgung der Verbrechen und der Barbarei in der Diktatur des Nationalsozialismus eingerichtet worden.

Fünfzig Jahre danach setzte eine neue Welle kollektiver Beschuldigungen der Deutschen ein. Im Mittelpunkt der heutigen Kriminalisierung steht die Deutsche Wehrmacht des Zweiten Weltkrieges, somit rund 18 Millionen Deutsche, die nach den Wehrgesetzen eingezogen waren und Kriegsdienste geleistet haben. Ein Drittel von ihnen ist gefallen, in Gefangenschaft umgekommen oder vermißt. Die Überlebenden im Seniorenalter finden sich in einer bösartigen Kampagne von marxistisch-leninistischer Perfektion auf der Anklagebank wie Verbrecher. Die Katyn-Lüge der Sowjets wird vervielfacht, der Manipulation, Fälschung und Mißachtung der Kriegszusammenhänge sind keine Grenzen gesetzt. Der Fluch der neuen Kollektivschuld der alten Soldaten zieht als Wanderausstellung durch unser Land. Es ist daher an der Zeit, dem erneuten Versuch genauso entschlossen zu begegnen wie vor 50 Jahren im besiegten und besetzten Deutschland.

Der Verfasser ist ein erfahrener Soldat aus Krieg und Frieden. Es ist ihm gelungen, die Hetzpropaganda zu entschlüsseln und der Wahrheit eine Gasse zu schaffen. Möge vor allem die Jugend begreifen, daß jede Verallgemeinerung schrecklicher Kriegsereignisse nicht der Versöhnung dient, sondern Haß erzeugt.

Bonn-Bad Godesberg, im März 1997

Dr. jur. Erich Mende, Vizekanzler und Bundesminister a. D.

Anmerkung des Verfassers: Dr. Erich Mende, ehemaliger Bundesminister für gesamtdeutsche Fragen und Vizekanzler, hat dieses Geleitwort kurz vor seinem Tod geschrieben, als ich ihn in seinem Godesberger Haus über meine Absicht, dieses Buch zu schreiben, informierte. Er war verbittert über die Kampagne gegen den deutschen Soldaten und bat mich eindringlich, den Kampf um dessen Ehre nicht aufzugeben.

Vorwort

Am 31. Januar 2003 jährte sich zum 60. Mal der Tag, an dem Generalfeldmarschall Paulus, Oberbefehlshaber der 6. Armee, in Stalingrad die Kapitulationsurkunde unterzeichnete. Rund 100.000 deutsche Soldaten kamen aus den Bunkern und Ruinen heraus und sammelten sich zu einem Zug des Elends in die Kriegsgefangenschaft. Die meisten von ihnen waren krank und hatten seit Tagen keine Verpflegung erhalten. Die von Reichsmarschall Hermann Göring zugesagte Versorgung der eingeschlossenen Armee aus der Luft durch die Deutsche Luftwaffe war eingestellt. Die 6. Armee hatte aufgehört zu existieren. Weniger als 10.000 Soldaten der Armee sind später, nach bis zu dreizehn Jahren in Gefangenschaft, in ihre Heimat zurückgekehrt.

Der 31. Januar 1943 war der Tag, an dem der Chronist eines Soldatenlebens als Kriegsfreiwilliger Soldat wurde. Dieses Buch reflektiert ein Leben in kontrollierter Freiheit, wie es von Millionen von deutschen Soldaten erlebt, auch ertragen und erlitten wurde. Und doch zeichnet es das einmalige Bild eines einzelnen deutschen Soldaten vor dem Hintergrund der Geschichte seines Volkes im vergangenen Jahrhundert nach. Denn jeder trug sein eigenes Schicksal, verbunden mit Millionen anderen zwar, aber immer von eigener, ganz besonderer Art.

Soldaten der Deutschen Wehrmacht, der Bundeswehr und auch der NVA, ihre Mütter und Frauen und vor allem ihre Kinder sind eingeladen, sich mit den Problemen eines Abschnitts der jüngeren deutschen Geschichte zu beschäftigen und dabei Gedanken des Soldaten, ihrer Väter und Großväter, aufzunehmen.

Das vorliegende Buch ist keine wissenschaftliche oder militärgeschichtliche Arbeit und auch kein Kriegstagebuch, in welchem militärisches Handeln akribisch genau registriert wird. Es erzählt von dem Leben eines Soldaten in unruhiger Zeit.

Das Buch will zum Nachdenken anregen über unser Land, knapp dreizehn Jahre nach dem Gewinn seiner staatlichen Einheit, über seine jüngere Geschichte und seine Soldaten. Es will vor allem bei der Jugend um Verständnis werben für die Vätergeneration, für das von ihr Geschaffene und auch Erduldete und Erlittene. Es will weiters anregen, nach einer Antwort auf die Frage zu suchen, ob in unserer Zeit Soldaten immer bereit sein müssen, auf irgendeinem Schauplatz der Welt einen gefährdeten Frieden zu sichern, einen gebrochenen wiederherzustellen, oder ob es Grenzen für ihren Einsatz gibt.

Vorliegendes Buch soll auch an die Leiden der vielen Millionen Flüchtlinge und Vertriebenen aus den deutschen Ostgebieten erinnern und aufzeigen, daß im Leiden und im Sterben alle Soldaten gleich waren, völlig unabhängig davon, welche Uniform sie trugen.

Stalingrad vor 60 Jahren, das war nach der Niederlage vor Moskau die zweite Warnung an die deutsche politische Führung, zu einer realistischen Politik zurückzukehren. Doch diese Führung wollte das Zeichen nicht erkennen und den Krieg fortsetzen. Die militärische Führung hingegen war spätestens seit dieser Zeit mit dem Zweifel an der Nichtbesiegbarkeit belastet.

Manche Historiker meinen, daß die große Wende des Krieges erst auf dem Schlachtfeld von Kursk eintrat, als in der größten Panzerschlacht der Geschichte der Ruf von der stets siegreichen Wehrmacht zerbrach. Obwohl die sowjetische Führung den deutschen Aufmarschplan lange vor dieser Schlacht durch Verrat kannte, war ihre dort erbrachte Leistung das deutliche Zeichen für die Überwindlichkeit der deutschen Armee.

Stalingrad war das Menetekel, das die Wahrscheinlichkeit eines militärisch verlorenen Krieges für Deutschland anzeigte.

Der deutsche Soldat trug gemeinsam mit seinen Verbündeten seit dem 1. September 1939 die Bürde seines möglichen Todes auf dem Schlachtfeld mit sich in seinem Tornister. Doch erst mit Stalingrad wurde das ganze Ausmaß des Krieges sichtbar und die Wahrscheinlichkeit, gesund heimzukehren, geringer. Stalingrad war mehr als eine verlorene Schlacht. Es war die geistige Wende im Krieg. Der Glaube an den Endsieg hatte Schaden genommen, und dieser Schaden wurde danach nie mehr geheilt.

Der lange Schatten von Stalingrad reichte bis zum Aufbau der Bundeswehr im Jahre 1955, der von den ehemaligen Soldaten der Deutschen Wehrmacht durchgeführt wurde. Er war oft spürbar bis in die Sitzungen des Militärischen Führungsrates der Bundeswehr (MFR), wenn der Generalinspekteur mit seinen Inspekteuren von Heer, Luftwaffe, Marine und Sanitätsdienst die Lage beriet. Die Generale im Gebäude 107 auf der Hardthöhe in Bonn waren geprägt durch den Krieg, hatten ihn selbst noch als Generale geführt oder waren, wie General Ulrich de Maizière, Führungsgehilfen im Generalstab bis in die Ebene des Führerhauptquartiers im ostpreußischen Rastenburg gewesen. Einige dieser Generale der Bundeswehr standen dem Widerstand der Soldaten gegen Hitler nahe, aber persönlich beteiligt am 20. Juli 1944 waren sie nicht. Sicher ist, daß der deutsche Soldat, der 1956 in die Bundeswehr eintrat, durch das militärische Drama an der Wolga zur Jahreswende 1942/43 stark geprägt war.

Heute stehen wieder deutsche Soldaten im Einsatz zur Sicherung und Wiederherstellung des Friedens, auf dem Balkan, am Horn von Afrika, in Afghanistan und in anderen Regionen der Welt. Sie sind meist noch weiter von ihrer Heimat entfernt als ihre Väter und Großväter damals in Stalingrad. Der Einsatz heute ist nicht ganz unumstritten. Er kann nur Zustimmung finden, wenn er deutlich dem Interesse unseres Landes dient, denn der Bund hat Streitkräfte zur Verteidigung aufgestellt, so will es das Grundgesetz. Und auch nur dann, wenn von der obersten politischen und militärischen Führung stets Vorsorge getroffen wird, daß es ein zweites Stalingrad nicht geben wird.

Zu Beginn des Jahres 2003 muß die Frage gestellt werden, welchen Sinn das Patrouillieren deutscher Soldaten auf den Straßen der Hauptstadt Kabul für Deutschland hat, in welcher Weise ist dies für die Sicherheit Deutschlands von Nutzen? Zu größerer Einsatzleistung – über das Fahren von Streife in den Straßen von Kabul hinaus – ist das deutsche Afghanistankontingent, sogar nach dem öffentlichen Bekunden der Bundesregierung, ja gar nicht befähigt. So ist dies ein sehr kostspieliges militärisches Unternehmen, durchaus auch ein riskantes, dessen Wert wohl allein in der Demonstration und Präsenz militärischer Kräfte zu sehen ist. Aufgrund der politischen Bereitschaft, die alte Religionspolizei in Afghanistan wieder aufzustellen, sind Zweifel berechtigt an der Hoffnung auf eine Wende im Inneren dieses Landes mit dem klaren Ziel einer Demokratisierung. Nicht alles Alte, was die Menschen, das afghanische Volk, quälte und belastete, wurde überwunden. Aus den hohen Bergen im Osten des Landes kann jederzeit eine neue politische Lawine herunterrollen, die einen Ansatz von Fortschritt eliminiert.

An dieser Stelle danke ich meinem Verleger, Herrn Mag. Wolfgang Dvorak-Stocker, und dem Lektor, Herrn Mag. Ewald Lampersberger, für hervorragende Unterstützung und vertrauensvolle, harmonische Zusammenarbeit.

Gerd-Helmut Komossa

Prolog

Schneesturm über Masuren

Ein eiskalter Ostwind, fast schon ein Sturm, fegte den Schnee über den Bahnsteig in Niedersee. Dunkel und grau duckte sich der Bahnhof unter schweren Schneewolken. An der Oberseite des Gebäudes war nur sehr schwach der Name des Ortes zu erkennen. Er hieß Niedersee. Nur wenige Reisende warteten auf den Zug von Johannisburg nach Allenstein, der hier Station machte und jetzt schon fast eine halbe Stunde Verspätung hatte. Nun, man mußte Geduld haben. Der Fahrdienstleiter mit seiner Kelle unter dem rechten Arm und dem roten Band an der Schirmmütze wußte auch nicht genau, wann der Zug eintreffen würde. Es konnte jede Minute sein, denn von Johannisburg nach Niedersee waren es nur 16 Kilometer, und dort war er schon abgefahren, wie der Bahnhofsvorsteher meinte. Aber, weiß Gott, vielleicht wurde er auf der Strecke durch vereiste Gleise aufgehalten, wie es hier in den Wintermonaten üblich war. Auf dem Bahnsteig bemühte sich ein Bahnarbeiter, mit einer großen Schaufel die Gleise schneefrei zu halten. Das war ein harter Kampf gegen die Natur.

Der Bahnhof von Niedersee hatte zwei Gleise und zusätzlich noch eines für den Güterverkehr. Auf Bahnsteig 1 warteten einige Fronturlauber und, etwas abgesetzt von ihnen, eine kleine Gruppe von Reisenden auf den Zug nach Allenstein. Auf Gleis 3 stand ein Güterzug mit Material für die Front in Rußland. Für die Soldaten begann hier der Weg an die Front. Ich stand mit meinen jungen 18 Jahren neben Mutter und Schwester auf dem Bahnsteig, um mit dem Zug nach Stettin zu fahren, nach Westen, und dort meinen Dienst als Soldat im Artillerieregiment 2 anzutreten. Der Vater konnte nicht dabeisein, weil er als Soldat in Hohenstein war. Es gab vor der Abfahrt des Zuges nichts mehr zu besprechen. Die Mutter hielt mich an meinem Arm fest, so als ob sie mich nie loslassen wollte. Sie weinte. Auch meine Schwester weinte. Ich aber mußte ja jetzt tapfer sein. Es war der 31. Januar 1943.

Dieser Tag markierte den Übergang von der Jugend in die Realität eines Erwachsenenlebens. War dieses junge Leben davor gewiß nicht nur ein Spiel gewesen, vor allem nach dem 1. September 1939, so veränderte es sich schlagartig mit dem Pfiff des Bahnhofsvorstehers von Niedersee: Abfahrt! Rasch kam mein Onkel Otto Plöger, der die Bahnhofsgaststätte in Niedersee gepachtet hatte, noch zum abfahrenden Zug gelaufen und drückte mir ein ganzes Päckchen voller Schokolade in die Hand. Die

Der Bahnhof von Niedersee
(aufgenommen zu der Zeit, als der Ort noch Rudczanny hieß)

Mutter aber lief dem Zug hinterher, so als wollte sie ihn zurückhalten, und sie konnte dies doch nicht tun. Ich schloß das Fenster, der Bahnsteig mit meiner Mutter, meiner Schwester und dem Onkel Otto war hinter einer Gleiskrümmung verschwunden. So wurde ich Soldat.

In Allenstein mußte ich umsteigen in den Zug ins Reich. Bei einem Halt erfuhr ich, daß die 6. Armee nach heldenhaftem Kampf in den Trümmern von Stalingrad vom Feind aufgerieben war. Die Soldaten, die auf dem Weg nach Osten waren, hielten den Atem an. Sie sagten kein Wort. Nur eine Rotkreuzschwester sagte immer wieder zwei Worte: „Oh Gott!" In dieser Nacht, in der mich der Zug über die Weichselbrücke und später über die Oder nach Stettin führte, kreisten die Gedanken nur um ein Wort: Stalingrad. Es war die erste Vorahnung einer Katastrophe. Das Wort war wie eine Drohung: Stalingrad. Hatten wir alle noch vor vier oder sechs Wochen daran gedacht, daß unsere Soldaten dort an der Wolga den Übergang erkämpfen würden, so war nun jedem, der nicht durch die Propaganda verblendet war, bewußt, daß Deutschland vor einer Wende des Krieges stand. Schon der Winter 1941 vor Moskau hatte alle Menschen erschrecken lassen in der Vorstellung einer Wende des Krieges, jetzt aber, mit dem Fall von Stalingrad, konnte das kommende Unheil erahnt werden. Stalingrad! Das Wort allein machte Angst.

Der Stinthengst von Nikolaiken

Bevor wir versuchen, das Leben eines ostpreußischen Jungen vom Erstkläßler der Volksschule in Niedersee bis zur Heimkehr aus der Kriegsgefangenschaft nachzuzeichnen, muß hier zunächst eine andere Geschichte erzählt werden, die uns zeigen soll, daß dort in Masuren die Menschen ein wenig anders waren als jene im Reich. Der Stinthengst zum Beispiel konnte nur in den Masurischen Seen leben, gleichgültig, ob in Nikolaiken oder im Niedersee, in kontrollierter Freiheit natürlich, wie auch der „Lorbaß“ (so sagt man in dieser Gegend für „Lümmel“, „Lausbub“ oder „Frechdachs“), über dessen Leben und Schicksal zu berichten sein wird, stets unter Aufsicht stand. Auch sein Leben ist nur zu verstehen vor dem Hintergrund einer eigenartigen Landschaft, in die er hineingeboren wurde, die ihn wie alle Menschen formte.

700 Jahre seines Lebens verbringt der Stinthengst von Masuren nun schon angekettet an der Brücke in Nikolaiken. Das heißt, so sicher scheint es nicht zu sein, daß er dort schon seit vielen Jahrhunderten angekettet ist. Man sagt, daß dies tatsächlich erst zu Zeiten des Alten Fritz geschehen sei, der ja nicht nur ein schöngeistiger König, ein vortrefflicher Feldherr, sondern auch ein pragmatischer Herrscher war, der in seinen späten Jahren oft durch die Provinzen reiste. Friedrich der Große war wiederholt in Masuren, heißt es. Zwar nicht mehr nach dem Siebenjährigen Krieg, als er zornig über die Stände in Königsberg war, doch vorher einige Male. Im Frühjahr fuhr er oft mit seiner königlichen Kutsche durch das weite Land und kontrollierte dabei, ob die masurischen Landarbeiter die Kartoffelknollen tief genug in den schweren Boden gesetzt hatten, damit sie auch reichlich Früchte tragen konnten. Doch auch im Winter zog es zuweilen den alten Preußenkönig mit seinem Schlitten durch die Wälder und Felder des südlichen Ostpreußen. Der Olle Fritz liebte das Land und nahm sich auch schon hier und da die Zeit, mit Bauern und Handwerkern zu sprechen. Und auch für die Ostpreußen war er immer bis in unsere Tage der verehrte Alte Fritz.

Einmal im Dezember gelangte er mit seinem Schlitten, von Sensburg kommend, an das Ufer des Niedersees. Der Uferweg war glattgefroren, und die königliche Schimmelstute kam ins Schlittern und schließlich an der großen Eiche direkt am Ufer zum Stehen. Der König, diesmal neben dem Kutscher vorn auf dem Bock sitzend, was die Ausnahme war, rief: „Hui, Annie, rutsch, Annie!“ – denn die Stute hieß, wie der Chronist zu berichten weiß, Annie. Die etwas armselige Katensiedlung am Rande des Niedersees hatte bis dahin noch keinen Namen. Nun aber hatte der König selbst die Namengebung vollzogen, „rutsch, Annie!“ hatte er gesagt. Und fortan hieß das kleine Örtchen am See „Rudczanny“.

Rund zweihundert Jahre nach dieser Schlittenfahrt des Königs empfanden die neuen Herren der dreißiger Jahre des 20. Jahrhunderts den guten alten prußischen Namen Rudczanny nicht mehr passend und deutschten ihn ein in Niedersee, so genannt nach dem See am Rande des Ortes. Das war ungefähr im Jahre 1937.

Die Fischer vom Niedersee klagten dem König einmal ihr Leid, daß die gewiß reichlichen Fischbestände (besonders an Stinten) im Niedersee und vor allem im größten See Masurens, dem Spirdingsee, in den letzten Jahren immer mehr dezimiert wurden, ja, sie glaubten, daß bald eine große Fischnot über das Land kommen könnte, wenn es nicht gelingen würde, den Stinthengst, der sich in den Seen tummelte, zu bändigen. Zudem, was wohl noch schlimmer war, war dieser kräftige Fisch ein rechter Draufgänger, der bei seiner Jagd nach kleinen Stintmädchen die Netze der Fischer immer wieder zerriß. Nun, die Geschichte vom Stinthengst ist

Die Königseiche bei Niedersee (Aufnahme 2002). Hier kam einst das Pferd von Friedrich dem Großen ins Rutschen.

kein Märchen. Es gab ihn wirklich. Es war ein großer, sechs Fuß langer, silbriger Fisch mit übergroßen Augen und einer ungewöhnlich mächtigen Schwanzflosse. Eigentlich war er nicht besonders kräftig, wirkte eher schmächtig und zart, aber er war doch sehr groß und flößte den anderen Fischen sicherlich viel Furcht ein. Doch noch schlimmer war es eben, daß er die männlichen Fische aus seinem Revier vertrieb und nur die weiblichen in seinem See duldete, was zwar zu immer neuen Fischen führte, aber eine Plage war es schon. Der Stinthengst war ohne Zweifel der König der Fische im See. Und er benahm sich auch so.

Da war es nicht verwunderlich, daß sich eines Tages alle Fischer am Niedersee zusammenrotteten und nächtens den Stinthengst in ein Netz lockten, in das sie vorher viele junge schöne Fische gesteckt hatten. Dem

Stinthengst wurde seine Natur zum Verhängnis. Und so wurde er an der Brücke in Nikolaiken an die Kette gelegt und schwimmt dort seitdem, zwar mit einer goldenen Krone auf seinem harten, etwas kantigen, silbernen Fischkopf, aber doch sehr traurig anzusehen, seit Jahrhunderten im Wasser Masurens. Man hat ihm die Freiheit nicht ganz genommen, nein, das brachten die masurischen Fischer nicht über ihr Herz. Sie legten ihn an eine fünf Meter lange Kette, denn sie wollten ihn nicht einkerkern, ihn nicht gänzlich seiner Freiheit berauben. Der Masure weiß sehr wohl den Wert der eigenen Freiheit zu schätzen. Ihm genügte es, den Stinthengst in kontrollierter Freiheit zu halten.

Nun, es gibt viele Geschichten, die über den Stinthengst verbreitet werden, und manch eine schien auch, zu einem kleinen Schnäpschen, einem Pillkaller oder Bärenfang, beim Gänserupfen im November erzählt, der Wahrheit sehr nahe zu kommen. Vieles spricht dafür, daß der Stinthengst von Nikolaiken eine Attrappe oder Nachbildung ist. Der Wahrheit näher kommt die Geschichte des Fischers Schimkat, den man Schimkus nannte, der – vertraulich nur – zu berichten wußte, daß der echte Stinthengst nicht in Nikolaiken in seiner kontrollierten Freiheit schwimmt, sondern seinen Platz unter der Königsinsel im Niedersee hat, in einer Höhle. Und zwar, wie man sagt, an der dem Kurhaus abgewandten Seite der Insel.

Das Bernsteinzimmer unter der Königsinsel

Hier, unter der Königsinsel im Niedersee, wo im Sommer 1943 der Regisseur Veit Harlan mit Kristina Söderbaum seinen Film „Mitternachtstraum“ drehte, seien Teile oder sogar das ganze Bernsteinzimmer aus St. Petersburg eingelagert worden, hieß es zum Ende des Krieges. Es fiel 1943 nicht besonders auf, wenn über mehrere Wochen nachts viele Lastkraftwagen zum Kurhaus fuhren und dort ihre schweren Lasten, in Kisten verpackt, abgeladen wurden. Das waren alles, so sagte man, Requisiten für den Harlan-Film. Und wer konnte dies schon bezweifeln oder wollte oder durfte es gar kontrollieren? Tatsache ist, daß durch die Organisation Todt unter Aufsicht einer Pioniereinheit der Waffen-SS, vom Weinkeller des Kurhauses ausgehend, der zur Kühlung der edlen Tropfen unterhalb des Wasserspiegels lag, ein Tunnel unter dem See gegraben wurde, von dem bis heute niemand weiß, wo er wirklich endete oder wo der Eingang war.

Die Menschen in Niedersee wunderten sich schon, daß seit den Filmaufnahmen von Veit Harlan mit der „Reichswasserleiche“ Kristina Söderbaum

Der Niedersee mit der Königsinsel (links)

im Frühsommer des Jahres 1943 vor dem Eingang des Kurhauses bis zum 11. Januar 1945 ein Posten der Feldjägertruppe stand, mit dem üblichen ovalen Blechschild auf seiner Brust, der erst abgezogen wurde, als die sowjetischen Truppen Johannisburg eingenommen hatten und von dort weiter nach Westen vordrangen. In Niedersee gab es eigentlich nichts, was hätte bewacht werden müssen. Nicht einmal das Sägewerk Anders, in dem die erste Faserplattenproduktion in Deutschland angelaufen war, war eines besonderen Schutzes wert. Einmal hieß es, in einer unterirdischen Anlage würden Teile für die Vergeltungswaffen hergestellt. Doch das konnte nicht stimmen, denn neben der Firma Anders und der Forstwirtschaft gab es keinen Betrieb, der Arbeiter beschäftigt hätte, nur Soldaten.

Damals wußte in Ostpreußen kaum ein Mensch, daß es überhaupt ein Bernsteinzimmer gab. Unser Russisch-Lehrer an der Behringschule in Hohenstein hatte uns einmal erzählt, daß es ein solches Kunstwerk in Puschkin nahe dem damaligen Leningrad gab, das vom preußischen König dem russischen Zaren geschenkt worden und seit dieser Zeit im Katharinenpalast aufgestellt war. Alle Wände des Raumes, sogar die Möbel, Tische und Truhen, waren aus dem kostbaren Bernstein, den man damals vor allem an der Küste des Samlands im Sand der Ostsee reichlich finden konnte, kunstvoll geschnitzt. Das Bernsteinzimmer war ohne Zweifel eine Kostbarkeit, ja ein Kunstwerk. Der zauberhaften Wirkung dieses in der Welt einmaligen Kunstwerks mit den goldbraun schillernden Wänden konnte sich kein Besucher entziehen.

Im Zweiten Weltkrieg ist es dann plötzlich verschwunden und – bis auf zwei oder drei fragmentarische Tafeln – nicht mehr aufgetaucht. Über dieses Verschwinden des, wie es damals hieß, achten Weltwunders gibt es eine ganze Reihe von Vermutungen, aber keine konkreten Hinweise. Deutsche Soldaten sollen es im Palast abgebaut und, auf Lastwagen verladen, nach Deutschland gebracht haben. Aber wo ist es nur geblieben? In den Kellern des Königsberger Schlosses? Wurde es dort in den Nachkriegswirren von den Russen heimlich abgebaut und in das weite Rußland transportiert, wo es eines Tages auftauchen wird, vielleicht bruchstückweise auf dem Weltmarkt angeboten? Oder gar in einem Stollen im Harz? Warum eigentlich nicht unterhalb des Niedersees? Abenteurer suchen heute noch nach der Kostbarkeit.

Die Russen haben sich 1979 für die Rekonstruktion des Kunstwerks entschieden, das vor allem durch seine zahllosen kunstvoll geschnitzten Tafeln aus purem Bernstein bestach. Die Einzelstücke waren zum Teil faustgroß. Das Bernsteinzimmer soll nun neu erbaut und im Jahre 2003 der Öffentlichkeit zugänglich gemacht werden, wenn das heutige St. Petersburg sein dreihundertjähriges Stadtjubiläum feiert. Niemand vermag den Wert dieses Kunstwerks zu schätzen. Deutschland beteiligt sich in erheblichem Maß an der Rekonstruktion, so zahlt ein großer deutscher Energieversorger allein 3,5 Millionen Dollar.

Wo ist also das Original geblieben? Mein Gott, in Masuren ist alles möglich – und vieles nicht nur in der Phantasie der Menschen. Vielleicht ist dieses einmalige Kunstwerk tatsächlich in Ostpreußen geblieben. Niemand weiß es.

Doch diese Geschichten vom Stinthengst und auch vom Bernsteinzimmer auf dem Grund des Niedersees sind grundsätzlich wahr!

Eine Jugend in Masuren

Der „Lorbass“ vom Niedersee

Die Geschichte des Stinthengstes von Nikolaiken mußte an den Beginn dieses Buches gestellt werden, wie auch jene des Bernsteinzimmers unter der Königsinsel im Niedersee, weil beides zu unserer Geschichte gehört wie die von Wäldern und Seen geprägte Landschaft, in der unser Lorbaß aufgewachsen ist und von der er geprägt wurde.

Die Bilder dieses Lebens, die der Chronist hier nachzuzeichnen sich redlich bemühen will, beginnen in Masuren. Geographisch genauer bestimmt, in Allenstein, im Herzen Masurens also, in seiner Hauptstadt: in dieser schönen Stadt an dem Flüßchen Alle mit dem alten Ordensschloß und dem neuen Treudanktheater, welches an die Abstimmung von 1920 erinnert, als sich 98,2 % der Allensteiner Bürger für Deutschland, als Deutsche bekannten; in der Stadt, in der Kopernikus von 1516 bis 1521 wirkte.

Unsere Geschichte beginnt am 11. November des Jahres 1924, nach glaubhafter Bekundung einer ostpreußischen Mutter um 11 Uhr und etwa 11 Minuten. Nun, so ganz genau weiß man es nicht, ehrlich gesagt. Um diese Zeit jedenfalls kam ein Allensteiner Jungchen in der Liebstädter Straße zur Welt, gleich rechts hinter dem Hohen Tor, wenn man vom Bahnhof kam. Gesichert ist, daß der Vater des Knaben, ein guter, patriotisch denkender Deutscher, gottesfürchtig und Anhänger des Militärs, wie es sich wohl geziemte in jener Zeit, ein Musikkorps der 11. Infanteriedivision herbeischaffte, das die ersten – gewiß schon damals zu lauten – Töne des Jungen noch übertönte durch „Preußens Gloria“ und „Nun danket alle Gott“, natürlich. Aber auch der „Fehrbelliner Reitermarsch“ wurde gespielt. Der Lebensweg des Jungchens war damit vorgezeichnet. Es mußte Soldat werden, das war ganz klar. Die Mutter aber hatte sich beim Anblick des Sprößlings ein ganz anderes Berufsziel gewünscht, damals in Masuren. „Mein Sohn, der Herr Minister“ – das sollte er werden –, pflegte sie zu sagen, wenn Tante Ernchen aus Johannisburg ihn gewickelt und gepflegt in ihre Arme legte. Dies geschah nach Geschäftsschluß, denn der Vater war Kaufmann. Ernchen nannte den Jungen bald „Bubchen“. Und so blieb es auch bis zu seiner Heimkehr aus dem Krieg. Doch für die Mutter blieb der Junge auch als General immer nur der „Lorbaß“.

Mein Sohn, der Herr Minister: das blieb ein frommer Wunsch, aber vielleicht war es – wie vieles bei treuen Ostpreußen – eigentlich weder so ernsthaft gemeint noch wirklich erstrebt. Aus dem Bubchen konnte schließlich doch nichts Besseres werden als nur ein General. Das ist nun einmal so. Vielleicht lag es auch am Sternzeichen des Skorpions. Ostpreußen glauben schließlich immer an die Sterne.

Das Jahr 1924 war ein ganz besonderes: Lenin, der Begründer des Sowjetstaates, starb und entzog sich damit vorzeitig seiner Verantwortung für 70 folgende Jahre Unheil und Not. Es schlug die Stunde Stalins. Auch US-Präsident Wilson verschied in Washington, der die Amerikaner so gerne aus dem Ersten Weltkrieg herausgehalten hätte, dann Deutschland aber schließlich doch den Krieg erklären mußte und mit seinem Wunsch nach einem maßvollen und gerechten Frieden leider erbärmlich scheiterte. In Deutschland wurde der erste Reichstag der Republik aufgelöst – als Folge des Widerstandes vor allem der Sozialdemokraten gegen die Notverordnungen –, im Mai des folgenden Jahres dann wiedergewählt und im Oktober schon wieder aufgelöst. Hitler, ein Mann, der sich entschlossen hatte, Politiker zu werden, war in Festungshaft, wo er mit Hilfe von Rudolf Heß sein Buch „Mein Kampf" schrieb, damals kaum gelesen und – wie auch später – noch weniger verstanden. Er wurde vier Tage vor Heiligabend auf Bewährung aus der Haft entlassen. Hugo Eckener flog mit seinem Zeppelin von Friedrichshafen am Bodensee nach Amerika. Der Kölner Dom erhielt eine neue Glocke, die größte der Welt. Thomas Mann veröffentlichte seinen „Zauberberg", und Karl Valentin entzückte zur gleichen Zeit eine wachsende Verehrerschar. Und, was besonders bemerkenswert war, die deutsche Fußball-Nationalmannschaft siegte über Österreich. Welche Ereignisse!

Männer, die später bedeutend werden sollten, erblickten 1924 das Licht der Welt: der spätere General und Politiker Alexander Haig, Hannes Messemer, Marcello Mastroianni, Peter Scholl-Latour und Johannes Mario Simmel, der österreichische Schriftsteller. Auch der Bildhauer George Segal war darunter, wie auch der amerikanische Schriftsteller James Bald – bedeutende Künstler und Schriftsteller überwiegend. Eine gleich bedeutende Frau vermag der Chronist zu seinem Bedauern nicht zu vermelden, obwohl er sich bei der Suche redlich mühte.

Im Jahre 1924 sah sich das Nobelpreiskomitee auch in der bedauernswerten Situation, einen Friedensnobelpreis nicht vergeben zu können. Es gab damals eben keine Männer wie Willy Brandt, Michail Gorbatschow, Yassir Arafat oder Yitzhak Rabin. In Paris wurden die VIII. Olympischen Spiele veranstaltet, und das Repräsentantenhaus in Washington bewilligte für den Kauf von Lebensmitteln für deutsche Frauen und Kinder 10 Millionen Dollar.

Den Vater des Bubchens bewegte das alles sehr. Er schrieb auch die Ereignisse zumeist, ordentlich in Sütterlin-Schrift, in eine große Kladde (Notizbuch), wie er es als Kaufmann in seinem Hauptbuch tat, in dem er Einnahmen und Ausgaben säuberlich zu vermerken pflegte. Was er so schriftlich niederlegte, war von der gleichen Art, wie in der Kanzlei des Kaisers geschrieben wurde. Schöner von Hand schreiben zu können als mein Vater, schien unvorstellbar zu sein. Er war ein gründlicher Mann. Mit einem gewissen Hang zum Leichtsinn hin, denn er sang seine Lieblingscouplets über den Sigismund, der so schön war, sowie schlimmere und lockerere Texte noch zu einer Zeit, als – nach dem Reichstagsbrand – eine solche Musenpflege weder gefragt war noch opportun erschien. Auch konnte er es sich nie versagen, einer schönen Frau artige Komplimente zu machen, selbst wenn es eine Verkäuferin im Kolonialwarenladen war. Er war schon ein rechter Ostpreuße! Und die Mutter hatte es von daher nicht immer leicht mit ihm, doch sie glich dies aus durch Fleiß in Haus und Garten und baute hier in Ostpreußen einen recht süffigen Tokajer Wein an, der tröstlich sein konnte, wenn die Zeiten und Ereignisse sich allzu schwierig gestalteten. Auch sie war eine rechtschaffene Ostpreußin, kam sie doch aus dem Hause des Bauunternehmers August Gusek aus Schönfeld, der viele Häuser baute in Masuren, von gleicher Ausstattung zumeist und von sehr ähnlicher Architektur, aber doch sehr schön – vor allem in den ausgemalten Treppenhäusern mit Bildern von Teichen, Seerosen und Hirschen. Wahrscheinlich waren seine Häuser einander so ähnlich, weil sein Sohn, mein Onkel Gustav, zugleich sein Architekt war. Es gab zu dieser Zeit noch keine Serienfertigung von Häusern in Masuren, aber der Großvater kam einer solchen beim Hausbau doch sehr nahe.

Der Knabe selbst gedieh recht ordentlich. Er schien zwar mehr von zarter Natur zu sein – was ihm später in der Hohensteiner Behringschule, die nach dem Arzt und Forscher Emil von Behring benannt war, den Spitznamen Stinthengst einbrachte –, doch vermochte er diesen Eindruck auszugleichen durch Temperament und besonders durch seine Lautstärke. Seine ersten Jahre müssen recht glücklich gewesen sein, obwohl er schon wenige Tage nach dem Ereignis seiner Geburt erste schmerzliche Erfahrungen mit seinen Mitmenschen machen mußte. Die stolze Mutter drückte ihn zu oft gar heftig an ihr Herz und betrübte damit den Sinn der älteren Schwester des Lorbasses. Nicht daß diese, Ruthchen hieß das schöne Mädchen, etwa eifersüchtig gewesen wäre, doch mißfiel es ihr zuweilen, daß ihre liebe Mutter eben zu oft mit dem Bruder beschäftigt war statt mit ihr und diesem ein Mehr an Liebe zu schenken schien als ihr, was gewiß nicht zutreffend war. Und so zögerte sie eines Tages nicht, mit dem für eine Fünfjährige doch bemerkenswerten Ausruf: „Komme ich an ihre Seite, dreht sie mir den Hintern zu, komme ich an seine Seite, sehe ich seinen“ dem Knaben das Hinterteil zu versohlen. Es kann schon hart sein, eine ältere Schwester zu haben.

Nun, das Verhältnis der Geschwister besserte sich in den späteren Jahren, wenngleich es eigentlich immer Höhen und Tiefen in der Beziehung gab. Als zum Beispiel der Knabe zu Weihnachten – die Familie war schon von Allenstein nach Niedersee umgezogen – im Alter von drei Jahren den Rücken des Schokoladeweihnachtsmannes von Schwesterchen verspeist und das beschädigte Achterteil des Schokolademannes sorgfältig mit Stanniolpapier wieder verdeckt hatte, da gab es erneut Klamauk. Doch das war nicht so bemerkenswert, es sei denn, man nimmt Gelegenheit, die Geschicklichkeit des Dreijährigen zu würdigen. Die Mutter tat es gewiß. Der Vater aber griff bedauerlicherweise zum Mittel erzieherischer Maßnahmen. Das tat weh.

Von besonderer Bedeutung im Leben der Geschwister war das Klavier: Wer von beiden Kindern darauf seine Übungen hacken durfte, war bald geklärt, in völliger Eintracht, wie immer: Ruthchen setzte sich an das Klavier und spielte. Der Lorbaß lauerte, bis seine Chance kam, und kletterte, wenn Ruthchen einmal weg mußte, auf den Hocker und übte sich auch im Spiel, welches jedoch nicht lange währte. Denn kaum klang seine Melodie durch das Haus – es war immer das Deutschlandlied, das er mit zwei Fingern zu Gehör brachte –, war das Schwesterchen schon wieder zur Stelle und schob das Brüderchen einfach vom Hocker. So waren die Dinge um das Klavier bald geregelt.

Auch heute noch sitzt das Schwesterlein, inzwischen 83 Jahre alt, am Klavier, spielt und singt Chansons der dreißiger und vierziger Jahre und speichert das Ganze auch auf CD.

Ansonsten aber vertrugen sich die Geschwister trotz des Altersunterschieds von fünf Jahren recht gut. Ruthchen sorgte zeit ihres Lebens dank teurer Kosmetika dafür, daß sie um fünf Jahre jünger wirkte als der Bruder. Heute hat man gar den Eindruck, daß sich der zeitliche Abstand um weitere fünf Jahre verändert haben könnte – zum Nachteil des Lorbasses, natürlich.

Für die beachtliche Eintracht innerhalb der Familie, die man unter den Ostpreußen nicht immer derart ausgeprägt erlebte, war sicherlich auch von entscheidendem Vorteil, daß der Vater ständig mit seinem Auto – zuerst der Marke BMW, später Opel und dann gar Triumph Junior, mit Rücksicht auf die Tochter natürlich ein Cabriolet – unterwegs war und Ruthchen Tag für Tag zum Bahnhof Niedersee fahren mußte, von wo aus sie mit dem Zug nach Johannisburg fuhr, um das dortige Lyzeum zu besuchen, während die Mutter sich in Haus und Hof redlich mühte und plagte. Das gab dem Lorbaß ein gesichertes Maß an persönlicher Freiheit und verhinderte, wie man leicht verstehen kann, allzu häufige Dispute um Dinge, die man am Morgen für bedeutend einschätzte, nach einem langen Tag jedoch für völlig belanglos halten konnte.

Die Tatsache, daß die Schwester mit dem Zug in die Schule fahren mußte, erwies sich als günstig für sie, denn in Johannisburg wohnten Onkel Adolf und Tante Anna mit ihren vier Kindern, welche bei Bedarf Ruthchen immer eine Ausrede liefern konnten, wenn sie einmal einen Zug verpaßte und später als erwartet nach Hause kam, aus welchen Gründen auch immer, die ein junges Mädchen haben oder aber erfinden konnte. Und da der Masure an sich über eine ausgeprägte Phantasie verfügt, schien hier nichts unmöglich zu sein. Fast alles ließ sich erklären und wurde meist auch geglaubt.

Daß der Vater für Wein, Weib und auch Gesang eine Schwäche hatte, sollte ihm nicht verübelt werden. Es gehört eben zum Leben wie der Senf zur Wurst, daß ein Gentleman sich wie ein solcher Damen gegenüber benimmt, und Vater hatte, wie erwähnt, in einem Geschäft stets ein Kompliment für die Dame hinter der Ladentheke parat.

So wurde sogar eines Tages berichtet, daß es in Niedersee, im Ortsteil Dibowka, als die Familie des Lorbasses noch gemeinsam mit der Familie Krupinski im Hause des Bauern Pallasch wohnte, bevor sie ihr eigenes Haus bezog, einen Vorfall gegeben habe, in dessen Folge ein Kind zur Welt gekommen sei. Gesichert ist, daß der Vater die Karoline Krupinski überaus sympathisch fand, obwohl sie doch schon verheiratet war. Ja es hieß sogar einmal, daß ein Sohn von Karoline eine gewisse Ähnlichkeit mit dem Lorbaß habe, was natürlich übertrieben zu sein scheint.

Nun sollte man diese Vermutung nicht allzu ernst nehmen, wie vieles, was aus Masuren berichtet wird. Aber es könnte durchaus etwas dran sein an dieser Sache. Dann allerdings würde es zwei Männer geben, die miteinander verwandt sind, ohne es je gewußt zu haben.

Im Jahre 1927 konnte am anderen Ende des Dorfes, direkt am Waldrand, das eigene Haus bezogen werden, das von vier großen Gärten umgeben war, mit einem anschließenden Acker, auf dem Kartoffeln angebaut wurden und der dem Jungen im Herbst mit seinen Freunden als Platz für Kartoffelfeuer wie auch für Kriegsspiele diente.

An den Masurischen Seen

Das Leben in Niedersee war schön. Die Kindheit war ohne Sorgen, es waren glückliche Zeiten. Die Eltern hatten ein Haus auf einem Riesengrundstück erbaut, für das ein halber Wald gerodet werden mußte, dessen Baumstümpfe noch bis zur Brandlegung durch die Russen nach ihrem Einmarsch in Ostpreußen auf dem Hof herumlagen. Es waren ihrer so viele, daß sie in den vielen glücklichen Jahren nicht gespalten und zu Kleinholz zerhackt werden konnten. Vielleicht liegen sie noch heute da? Von Unkraut überwachsen?

Das Haus hatte natürlich der Großvater des Lorbasses, der Bauunternehmer August Gusek, mit Hilfe seines Architekten, des Onkels Gustav, gebaut. Der Großvater war das, was man eine Respektsperson nannte. Seinen Bart – Schnauz- und Spitzbart – trug er wie der olle Kaiser Wilhelm. Und diesem gehörte gewiß auch seine Zuneigung, als viele andere bereits dem neuen Führer folgten. Der alte Gusek, der neben seinem Geschäft als Bauunternehmer größere Landstücke besaß, hatte alles, was man so zum unabhängigen Leben brauchte, Kühe, Schweine, Puten, Gänse, Hühner und Enten. Deren Versorgung fiel allerdings in die Zuständig-

Das Elternhaus in Niedersee
(oben noch im Bau befindlich; im Vordergrund die Mutter mit dem Autor, im Fenster dahinter Schwester Ruth)

keit der Oma Charlotte Gusek, die in einem langen Leben ihrem Ehemann 16 Kinder geschenkt hatte. Alle von ihnen erreichten ein hohes Alter und kamen – wie an anderer Stelle zu erwähnen sein wird – unter anderem auch in Amerika zu einem anständigen Besitz, der es ihnen erlaubte, vor dem Zweiten Weltkrieg regelmäßig nach Ostpreußen zu kommen. Auch wenn das Korn gedroschen wurde, war das nie die Aufgabe des Alten, der erst dann in Erscheinung trat, wenn seine Frauen die Arbeit gemacht hatten und er mit den Arbeitern abends den Korn trank.

Zu dem Grundstück des Großvaters gehörte auch ein Kolonialwarenladen, der die Bewohner von Schönfeld mit dem Nötigsten an Lebensmitteln versorgte. Ein anderes Geschäft gab es nicht in dem Ort.

Wir verbrachten manches Wochenende bei den Großeltern. Einmal, es war tief in der Nacht, schreckten wir durch laute Rufe auf: „Es brennt!" Wir nahmen das Bettzeug und die Kleidung in die Hand und liefen ins Freie. Als wir draußen vor dem Haus waren, brannte bereits das Obergeschoß aus.

Aufgeregt liefen Mutter und Tante Emma in den Laden und versuchten, noch an Lebensmitteln zu retten, was möglich war. Die Mutter brachte einen ganzen Karton voller Schokoladen heraus. Als endlich die Feuerwehr kam (und der Dorfpolizist dazu), war das Hauptgebäude bereits bis auf die Grundmauern abgebrannt. Aber es dauerte nicht sehr lange, bis es wieder aufgebaut war. Wie immer in solchen Situationen wurde bald gemunkelt, wer dem Feuer wohl nachgeholfen haben könnte. Doch das konnte sich keiner vorstellen. Der alte Gusek hatte jedenfalls genug an Besitz und Geld und brauchte wohl nicht auf die Auszahlung einer Versicherungspolice für die Absicherung seines Lebensabends zu warten. Die 16 Kinder waren damals versorgt, bis auf das Nesthäkchen, die Hertha. Diese aber war ein gar hübsches Kind, um das sich der Vater keine Sorgen zu machen brauchte, und die Aussteuer für sie hatte die Großmutter schon lange in der Hochzeitstruhe. Es konnte wohl nur Brandstiftung gewesen sein. Doch wer könnte der Täter gewesen sein? Trotz aller Bemühungen war dies nicht zu ermitteln.

Masuren, welch ein Kleinod unter den deutschen Landschaften! Es war nicht einfach nur ein Ausläufer der norddeutschen Tiefebene. Es war ein Wunderland. Die masurischen Wälder waren dunkel und voller Geheimnisse. Da war direkt bei Niedersee, zwischen dem alten Ortsteil Dibowka und Niedersee, ein versunkenes Dorf, nicht weit vom Bahnübergang, vom nahen Friedhof nur durch die Straße von Johannisburg nach Sensburg geteilt, mit dichtem Moos bedeckt. Am Abend, wenn es ganz ruhig war, konnte man schon einmal Stimmen hören, die aus der Tiefe des Waldbodens zu kommen schienen. Dort wuchsen die dicksten und wohlschmeckendsten Gelböhrchen (Pfifferlinge, Eierschwammerln). Sie gediehen besonders an der Stelle des versunkenen Schiffes, dessen vermoderter Kiel durch das Farnkraut an die Waldoberfläche ragte. Es war oft recht gruselig dort. Wie manche andere Kinder des Dorfes hatte auch ich in der Dämmerung einmal diese lichte Frauengestalt, in ein weites, weißes Kleid gehüllt, über das Moos schweben gesehen. Nein, das Gewand war nicht weiß, wie ich zunächst gemeint hatte, es war eher völlig durchsichtig. Ich wollte das, was ich beim Pflücken von Blaubeeren gesehen hatte, den Eltern zuerst nicht erzählen, weil ich fürchtete, von ihnen ausgelacht zu werden, aber sie lachten gar nicht. Vor allem meine Mutter deutete das, was ich gesehen und berichtet hatte, als ein Zeichen für böse Zeiten, die da über Masuren einmal hereinbrechen würden.

Es passierte selten etwas in diesem Stückchen Heimat, nur 16 Kilometer von der deutsch-polnischen Grenze entfernt.

Wenn man vor den Kreuzen auf dem Friedhof stand, auf dem auch die Gefallenen des Ersten Weltkrieges, deutsche und russische Soldaten, ihren Platz gefunden hatten, dann bewegten sie sich in der ostpreußischen Dämmerung von links nach rechts, immer von links nach rechts. Und einmal wurde wohl auch ein armer Sünder von einem solchen schmiedeeisernen Kreuz erschlagen. Danach ging man für ein Weilchen nur noch zu den Beerdigungen dorthin. Am Heldengedenktag aber, da versammelte sich die ganze Schule auf dem Friedhof vor den Gräbern der in der Schlacht von Tannenberg 1914 gefallenen Soldaten. Auch viele Erwachsene waren dabei, selbstverständlich der Lehrer und der Dorfpolizist. Und auch der Pfarrer natürlich. Da wurden Gedichte vorgetragen, eine Rede gehalten und zum Schluß das Lied vom guten Kameraden gesungen. Einmal war auch ein Trompeter dabei, der dann dieses Lied spielen mußte. Das war immer sehr feierlich, und auch vor den Gräbern der Russen wurden Blumen niedergelegt. Es war aber immer auch etwas bedrükkend, wenn zum Beispiel: „Wohl sehr glücklich ist, wer zu sterben weiß für Gott und das teure Vaterland!“ gesungen wurde. Einem Zehnjährigen konnte es da schon ganz schön gruselig werden – besonders dann, wenn der Redner mit dem toten Helden an einem Grab Zwiesprache hielt. Und wenn der Tote dort unten im Grab sich wünschte, daß das Vaterland blühen möge, und meinte, daß dies für ihn der schönste Toten-Hain sei, das blühende Vaterland! Ach nein, das Leben war doch zu schön.

Doch, wie gesagt, eigentlich passierte nicht sehr viel, wenn man nicht an die anderen schrecklichen Vorkommnisse denkt, wie an den nächtlichen Brand des eigenen Hauses, das völlig zerstört war und am nächsten Tag doch wieder unversehrt dastand, als der Lorbaß sich auf 100 Meter dem Grundstück näherte. In der Nacht hatte es wirklich gebrannt, der ganze Himmel hatte gebrannt, aber dann war ein Regen gekommen, der den Brand löschte. Was war Wirklichkeit? Und was war Traum? Man sah ja auch oft diese durchsichtig erscheinende und doch in weißem Gewand gekleidete Frau. Ja, bei Gott, ich habe sie selbst gesehen. Sie bewegte sich zwischen den Bäumen vom versunkenen Dorf zum Friedhof und wieder zurück, mit großer Leichtigkeit. Nein, es war ganz gewiß keine phantastische Erscheinung, es war einfach „die weiße Frau“, die viele gesehen hatten und die auch manchmal sprach, von Unheil und Unglück, von Krieg und Not. So war es damals in Masuren.

Masuren, das war vor allem ein endloser Wald, der am Himmel seine Grenze hatte und sonst nirgends. Ein Wald, der viele tausend Seen in sich einschloß, so klar wie der Himmel war auch das Wasser, es war so tief wie die Seele des masurischen Menschen: in den Tiefen unergründlich, dunkelschwarz und von einer ebenso endlosen Stille. Alles schien hier kein Ende zu haben. Der Himmel war höher und blauer als im Reich, die Wolken waren weißer als in Bayern. Nein, Masurens Landschaft hat kein Abbild, kann nicht geklont werden.

In Masuren, diesem Land der tiefdunklen Wälder und kristallklaren Seen, konnte der Wanderer von West nach Ost oder von Süd nach Nord gehen und mußte dabei immer Wälder durchqueren, er traf immer auf einen See, auf einen verträumten Fluß, wie die Kruttinna, die ganz von Baumkronen zugedeckt war, die sich über dem Fluß vereinten – dunkler konnte kein Himmel sein als jener über der Kruttinna –, er kam durch kleine und saubere Dörfer, in denen die Menschen das letzte Brot und die letzten Kartoffelplinsen mit ihm teilten. Es konnten ihm wirkliche Wunder begegnen, dem Wanderer, der aus dem Reich nach Masuren kam.

Man sagt dem Masuren eine Neigung nach, alles mit Bedacht zu machen, gründlich und zuverlässig. Sein Wort gilt, wie der Handschlag der Käufer und Verkäufer auf dem Pferdemarkt in Angerburg oder Sensburg. Man sagt ihm auch nach, daß er stets Zeit braucht, bevor er einen Entschluß faßt. Wenn er ihn dann gefaßt hat, hält er daran fest, stur wie ein Panzer. Und wenn er einen Menschen an sein Herz drückt vor lauter Liebe oder Zuneigung, dann tut dieser gut daran, darauf zu achten, daß er nicht erdrückt wird – so stark ist die Liebe des Masuren.

Nun ist der Masure ja nicht nur Bauer, wenngleich in der Vorstellung der Menschen westlich der Johannisburger Heide ein solcher Eindruck überwiegt. Doch seine Verbundenheit mit der Heimaterde und mit der Natur bedeutet nicht, daß sein Geist beengt ist. Man weiß schließlich, daß dieses Land Menschen hervorgebracht hat, Wissenschaftler und Literaten, die der Welt manches Gute gegeben haben. Aber den typischen Masuren gibt es sowenig wie den typischen Sachsen. Oder doch? Die Bedächtigkeit des Masuren darf nicht darüber hinwegtäuschen, daß er von ähnlichem Temperament sein kann wie der Rheinländer, man muß ihn nur zu Frohsinn motivieren können. Dann ist er jedenfalls zumindest nicht von anderer Art als der Westfale. Andererseits gibt es – im Bereich der Intellektuellen vor allem – etliche Ostpreußen, deren Anpassungsfähigkeit durchaus abstoßend sein kann. Doch das ist nicht der typische Masure. Kratz den Masuren, und ein Stück Tatar kommt zum Vorschein, zumindest ein Stück Russe.

Doch hüten wir uns besser davor, den Masuren ganz zu begreifen. Er ist nun einmal – in mancherlei Beziehung – von anderer Art als die Menschen zwischen Rhein und Oder, zwischen Flensburg und Garmisch-Partenkirchen.

Wenn die Menschen in Masuren zuweilen etwas robust miteinander umgingen, dann hatte das wohl seine Ursachen in der wechselhaften Geschichte der Deutschen in diesem Raum, die bis in das 13. Jahrhundert zurückverfolgt werden kann. Bevor der Deutsche Ritterorden seine Rösser gen Osten lenkte, war dieses Gebiet, in dem unsere Geschichte beginnt, das vom Hauptteil des preußischen oder masurischen Landrückens gebildet wird, nur sehr schwach besiedelt. Der Ritterorden eroberte einen Landstrich, der vorwiegend aus Kiefernwäldern, Ackerflächen und zahlreichen Seen bestand. Die Johannisburger Heide bedeckte einen großen Teil Masurens und hatte bis in die jüngere Vergangenheit noch den Charakter eines Urwalds. Nach der Eroberung wurde dieses Gebiet weitgehend kultiviert und besiedelt. Die Kolonisierung des Landstreifens vom Kurischen und vom Frischen Haff bis an den Südostrand der Johannisburger Heide dauerte fast 300 Jahre an. Der preußische Orden bemühte sich um die Ansiedlung von Siedlern aus dem Reich. Er konnte das nahezu ungestört tun, nachdem er gegenüber Polen im 1. Thorner Frieden nach der verlorenen Schlacht von Tannenberg (1410) sein Gebiet mit Ausnahme von Samogitien behaupten konnte.

Hierbei wurde der Orden stark von den preußischen Herzögen unterstützt. Überall im Land entstanden Burgen wie die Marienburg, das Hauptquartier der Hochmeister des Ritterordens, weiters in Ortelsburg, Bischofsburg, Sensburg oder Hohenstein, Allenstein und vielen anderen Orten. Im Schatten der Ordensburgen und der Kirchen siedelten sich schließlich später auch Menschen aus der Mitte Europas an – aus Salzburg, aber auch aus Frankreich kamen zahlreiche Protestanten bzw. Hugenotten in das Land – und vermischten sich mit der spärlichen Urbevölkerung aus Sudauern und anderen baltisch-prußischen Stämmen sowie mit den Masowiern. Die Zuwanderer übten durchaus einen positiven Einfluß auf die Entwicklung in Masuren aus. Es waren tüchtige Handwerker und auch gute Kaufleute, die da aus dem Salzburger Land und aus Frankreich zugewandert waren. Und diese Mischung mit salzburgischem und französischem Blut hat den Masuren ganz gewiß nicht geschadet. Die Spuren der Einwanderer kann man heute noch in beachtlicher Zahl vor allem in den Kirchenbüchern Masurens, wo die Namen der Neugeborenen verzeichnet sind, finden.

Die zahlreichen Seen Masurens bilden ein zusammenhängendes, geschlossenes Gebiet, das durch natürliche Verbindungen und Kanäle sehr eng vernetzt ist. Der größte von ihnen ist der Spirdingsee, nördlich vom Niedersee gelegen, mit einer Gesamtfläche von 114 Quadratkilometern, der durch den Beldansee mit dem Niedersee verbunden ist.

Der Ort Niedersee, nur 16 Kilometer von der deutsch-polnischen Grenze entfernt, der für unsere Geschichte eine bedeutende Rolle spielt, hatte den Ersten Weltkrieg mit der russischen Besatzung verhältnismäßig gut überstanden, obwohl die Erinnerung der Alten an die Russenzeit

Die Kirche von Niedersee im Jahre 2002 (im Vordergrund die Schwester des Autors)

schon damals die Menschen erschaudern ließ. Doch die Alten sprachen wenig über den Krieg und die Schlacht von Tannenberg.

Niedersee war, wie die meisten Dörfer Masurens, ein Reihendorf. Die Menschen lebten nicht nur von der Arbeit im Sägewerk des Kommerzienrats Anders, sondern durchaus auch vom Fischfang und den Früchten und dem Holz der Wälder. Im Sommer durchströmten ganze Kolonnen von Kindern den Wald auf der Suche nach Blau- und Erdbeeren, später dann nach Pilzen, Gelböhrchen und Steinpilzen vor allem. In großen Eimern verpackt, wurden die Produkte, die von Wald und See kostenlos zur Verfügung gestellt wurden, zum Bahnhof gebracht und mit dem Zug in das Reich, vor allem nach Berlin, verschickt.

In den Jahren vor dem Zweiten Weltkrieg erlebte Niedersee eine beachtliche wirtschaftliche Blüte, vor allem nach seiner staatlichen Anerkennung als Luftkurort. Das neu erbaute Kurhaus am Ufer des Sees spielte dabei eine bedeutende Rolle. Die Berliner kamen, das heißt, ganze Gruppen von Berliner Urlaubern reisten nun nach Niedersee, mit Zug oder Auto, und zogen neue Reisende nach sich. Hotels und Gaststätten hatten nicht die notwendige Kapazität für einen solchen Ansturm von Urlaubern. So breitete sich der Geldsegen bald auf alle aus, die ihr Wohnzimmer räumten und auf dem Dachboden schliefen. In den heißen Sommern war das Ganze kaum problematisch, da die Kinder sich fast überall in eine Decke rollen konnten und dort schliefen, wo sich ein Plätzchen fand.

Ja, damals durfte das schöne Niedersee, am Ufer des gleichnamigen Sees gelegen, einer glücklichen Zukunft entgegensehen, der Krieg sollte die positive Entwicklung aber beenden. Doch wir sind in der Chronologie der Ereignisse zu weit fortgeschritten.

Kindheit in Niedersee

Die Kindheit unseres Lorbasses in Masuren verlief, wie gesagt, recht friedlich. Er besuchte die dreiklassige Volksschule, in der ein strenges Regime herrschte. Das wurde besonders durch den Lehrer, den die Kinder „Kräjätz“ nannten, bestimmt. Kräjätz konnte sehr hart sein, am Rhein würde man sagen, er war eine „janz fiese Möpp“. Doch Kräjätz' Erziehungsmethode folgte einem einfachen Prinzip: gelobt sei, was hart macht! Vielleicht hat diese Art von Erziehung den Jungen gar nicht einmal geschadet. Aber es konnte schon schmerzen, wenn man den oft – nicht nur am Heldengedenktag – gesungenen Text „Wohl sehr glücklich ist, wer zu sterben weiß für Gott und das teure Vaterland“ nicht auswendig aufsagen konnte. Dann mußte man sich über das Knie von Kräjätz legen und bekam 10 bis 15 Hiebe mit der Rute, je nach Umfang der Gedächtnislücken. Er schlug auch manchmal mit dem Rohrstock auf die offenen Handflächen oder mit der flachen Hand in das Gesicht. Rechts und links und immer wieder rechts und links.

Das wahre Glück des Lorbasses in Niedersee lag wohl eher außerhalb der drei Klassenräume. Es gab gewiß auch dort in der Volksschule manche interessante Ereignisse, als zum Beispiel einmal wieder zwei „richtige“ Katholiken in die Schule kamen, in der in aller Regel nur Evangelische unterrichtet wurden. Ein Junge und ein Mädchen waren es, die aus dem Ermland zugezogen waren. Aber sonst gab es nicht viel Abwechslung.

Da der Vater meist nicht zu Hause war und die Mutter stets beschäftigt blieb, war das Leben auf dem elterlichen Hof, im Wald und auf den Feldern sehr viel aufregender als in der Schule. Hier lernte der Knabe vieles von den Arbeiterjungen, die in der nahen Siedlung lebten und deren Väter meist bei Kommerzienrat Anders im Sägewerk arbeiteten. Das war interessant. Da wurde ein Handwagen zum Panzer umgebaut, das Dach über dem Stall wurde zur Sammelstätte für allerlei Dinge, die den Jungen brauchbar erschienen, tote Schlangen etwa, ein Seitengewehr aus der Schlacht von Tannenberg und andere nützliche Sachen. Es war aber auch nicht ungefährlich. Cousin Willi hatte beim Spielen mit einem Sprengkörper aus dem Ersten Weltkrieg ein Auge verloren. Die Jungen machten vor allem regelmäßig Feuer. Wenn das Wetter schlecht war, trafen sie sich auf dem Heuboden über dem Wirtschaftsgebäude, in dem auch zwei Plumpsklos untergebracht waren, denn vor dem Krieg gab es dort noch kein Wasserklosett.

Dann aber kam die Hitlerjugend – und mit ihr auch Disziplin. Unser Lorbaß kümmerte sich zunächst nicht sehr darum, doch als der Lehrer ihn eines Tages auf die Wandtafel aufmerksam machte, auf welcher säuberlich geschrieben war – anders als ostpreußische Jungen sonst zu schreiben pflegten – „Der Hitlerjunge Komossa wird aufgefordert, auch wieder zum Dienst zu erscheinen", da wurde es ihm doch ein bißchen mulmig, und er mußte bald Hitlerjunge mit allen Konsequenzen und Laufbahnmöglichkeiten werden. Am meisten Freude bereitete ihm wohl das laute Singen beim Marschieren und noch mehr beim Lagerfeuer, besonders dann, wenn „Land der dunklen Wälder" gesungen wurde, „Masurenfarben blau – weiß – rot" oder „Wild flutet der See". Doch in der Hitlerjugend lernte man auch andere Lieder, deren Texte man heute mit gutem Gewissen nicht wiederholen möchte.

Einmal marschierten Soldaten, sehr, sehr viele, auf der Straße von Ortelsburg nach Niedersee. Pferde zogen schwere Geschütze. Eine ganze Panzerkompanie fuhr über die schmale Straße und beschädigte dabei manchen Bordstein. Aber das machte nichts. Und der Himmel war voll von lärmenden Flugzeugen. Stukas stießen von oben aus dem tiefblauen Himmel auf unseren Niedersee herab, in dem die Jungen so gern schwammen, ruderten und auch zuweilen angelten und auf dem sie sich im Winter im Eissegeln übten. Die Maschinen stießen Habichten gleich herab, sie heulten auf, daß das Trommelfell schmerzte. Das war dennoch toll.

Es war aber wohl, wie die Erwachsenen meinten, ein weiteres Zeichen – nach der weißen Frau –, dafür, daß etwas geschehen würde in unserem so schönen und ruhigen Masuren. Etwas Unbekanntes. Etwas Unheimliches. Vielleicht gab es sogar Krieg? Warum diese vielen Soldaten?

Den Soldaten ging es immer ganz gut in Masuren. Wenn da einmal eine Gefechts- oder Marschpause war, dann brauchten sie nur auf einen Hof zu gehen und kamen gesättigt wieder zurück. Die Bratkartoffeln, die masurische Frauen ihren Soldaten zubereiteten, waren berühmt und wurden in der ganzen großen Wehrmacht bis zum letzten Tag des Krieges gelobt. Na, und die Mädchen, die Marjellchen, die waren auch nicht von schlechten Eltern. Da hat schon so mancher Soldat aus Bayern oder Baden sein Herz in Masuren zurücklassen müssen.

Die Jahre gingen dahin. Heiße Sommer folgten auf kalte, strenge Winter. Der Schnee kam früh, oft schon zur Mitte des Oktober, und manches Jahr lag er im Mai immer noch auf den Feldern und auf den Kronen der Kiefern und Eichen, drückte diese hernieder und ließ sie oft auch brechen unter der schweren Last. Doch das war schon die Ausnahme. Meist setzte in einer der ersten Novembernächte Frost ein. Diese Nächte waren von großer Klarheit, mit äußerst hellen und hohen Sternen über den Baumwipfeln. Am frühen Morgen trat Wild aus dem Unterholz, kam schon einmal ganz dicht an das Gehöft heran und schnupperte am Gartenzaun. Der Frost ließ dann plötzlich wieder nach, und es kam der Schnee. Es schneite Tage und Nächte, wohl eine ganze Woche lang oder auch mehr. Der Schnee überdeckte das ganze Land. Nur auf den Dächern der Häuser bildeten sich rund um die Schornsteine kleine, dunkelbraune Flecken. Sie wurden zwar größer im Laufe der Zeit, denn es mußte ja gut geheizt werden in Ostpreußen, jedoch blieb immer ein Rest Schnee auf den Dächern liegen, oft einen ganzen Winter lang. Zu Weihnachten und danach war es immer bitter kalt. Der Schnee knirschte unter den Füßen, das Eis auf dem Niedersee war einen Meter dick und mehr. Die Menschen packten sich in dicke Wollmäntel ein, und die Fenster der Häuser wurden nur ganz kurz geöffnet. Es war zwar nicht wie in Rußland, wo die Fenster im Herbst mit Blättern der Prawda zugeklebt wurden, die erst im April wieder entfernt wurden, aber der Masure achtete schon sehr darauf, daß es im Zimmer schön gemütlich und stets warm blieb. In den großen braunen oder grünen Kachelöfen der Wohnzimmer brutzelten die Bratäpfel. Und wenn der Großvater aus Schönfeld dem Enkel einen Bratapfel schenkte, dann war dies fast wie Weihnachten.

Auf den Straßen bimmelten die Glöckchen der Schlittenpferde. „Hühä!" riefen die Kutscher, knallten mit der Peitsche, „Hühä!", und das klang fröhlich, ja glücklich. Masurischer Winter! Die Kinder durften sich auf die hinteren Kufen der Schlitten stellen und mitfahren. Unser Lorbaß schnallte für den Weg zur Schule die Ski an, und die zweite Hälfte des Tages – doch die war nicht sehr lang, denn es wurde immer bald dunkel im Winter – verbrachte er beim Rodeln. Gewiß, dieses Vergnügen blieb begrenzt, denn in und um Niedersee gab es nur kleine, wellige Erhebungen, vielleicht drei Meter hoch. Aber wenn es zu langweilig war, dann wurde Senta, die Schäferhündin, vor den Schlitten gespannt, und die hatte beim Schlittenfahren so viel Freude wie die Kinder selbst.

Ruthchen, die Schwester, vergnügte sich mehr auf dem Eis. Dort war sie ein As! Die Älteren übten sich im Eissegeln. Dies war zweifellos das größte Wintervergnügen für einen Jungen. Wie die Segel knatterten auf dem See, dann im Wind heulten, wie sich die Kufen in das Eis einschnitten und der Wind in das Gesicht schlug! Das kann niemand beschreiben, dieses Gefühl von Freiheit auf einem masurischen See im Winter ist nicht zu vermitteln. Die Fahrt ging bei uns immer um die Königsinsel herum, am Kurhaus vorbei, hinaus auf das kleine masurische Meer, den Niedersee. Alle tummelten sich auf dem See, entweder auf Schlittschuhen, oder sie rutschten einfach mit ihren Schuhen auf der glattgeräumten Eisfläche. Beim Eissegeln allerdings war man ganz allein. Die Welt war weit weg, auch die Schule, Gott sei Dank. Dort warst du mit deinem Herrgott allein, du konntest mit ihm reden.

Masuren ist im Winter ein hartes und rauhes Land, kalt, aber doch oft auch sonnig. Der Masure liebt den Winter.

Wenn dann der Frühling kam, im April oder Mai, mit den Maiglöckchen, mit Osterblumen und dem starken Geruch aufgebrochener Erdschollen, war der Masure besonders glücklich. Er liebte seine Heimat, seine Bindung an sie war gleich stark wie die an seine Familie. Der Masure war schon ein besonderer Mensch. Alles, was er tat, war irgendwie langsam, überlegt, ausgewogen. Einem masurischen Bauern beim Pflügen zuzuschauen, wenn Krähen und Stare über ihn und seine Pferde hinwegzogen, das war immer Anreiz, ein Bild zu malen. Die weiten Felder, der schwere Ackerboden, die etwas schwermütigen Menschen, das war Harmonie der Schöpfung.

Und wie konnten die Masuren singen, wenn etwa die Mutter mit den Arbeiterfrauen die Gänse rupfte! Das ging bis in die Nacht hinein. Sie sangen die alten Küchenlieder, von Mariechen, von Glück und unglücklicher Liebe. Ach, konnten unsere Masuren froh, lustig, voller Humor und zugleich traurig sein! Sie waren immer leicht im Gemüt zu rühren. Als z. B. Jolanthe, das Schwein, immerhin von zwei Zentnern Lebendgewicht und damit schlachtreif, vom Metzger zum Schlachten vorbereitet wurde, mußte die Mutter schrecklich weinen. Die Tränen wischte sie mit dem Zipfel ihrer Schürze ab. Und alle Frauen weinten mit, wie sie auch danach, als alles vorüber war, mit ihr gemeinsam sangen und einander alte Geschichten erzählten.

Beim Schlachten war der Vater übrigens stets unterwegs, er war dann auswärts beschäftigt. Nun, gewiß, der Vater war ja im Grunde immer Soldat und hatte im Ersten Weltkrieg in der Schlacht bei Tannenberg an den Masurischen Seen gegen die Russen gekämpft und mitgeholfen, sie aus Alt-Ukta, Schönfeld und Niedersee zu vertreiben. Er war auch sehr hart gegenüber der Familie, wenn er bei einem kleinen Wehwehchen, das die Kinder quälte, zu sagen pflegte, er kenne keine Kranken, nur Tote und Verwundete. Und doch war er ein Vater, in dessen harter Männerbrust ein weiches Herz schlug.

Beim Schlachten war er jedenfalls nicht dabei, vielleicht auch, weil er die Mutter nicht so gerne weinen sah? Auch wenn bei der Erziehung der Kinder Autorität geboten schien, war er zumeist anderweitig beschäftigt. Dann blieb wieder einmal alles bei der Mutter hängen. Und die konnte sich ärgern über die Unarten des Jungen, wenn er zum Beispiel aus den Ziegeln, die das Fundament des Hauses nach oben begrenzten, mit dem Meißel Ziegelstaub produzieren wollte oder gar einmal im Alter von acht Jahren Vaters Auto aus dem Vorhof am Brunnen vorbei gegen den Zaun rollen ließ, weil dieser – was in Masuren sicher nicht leichtsinnig war – den Zündschlüssel steckengelassen hatte und die Handbremse leicht zu lösen war. Das war alles sehr traurig, und der Vater hätte vor allem beim letztgenannten Ereignis schon ganz gern dem Lorbaß den Hintern versohlt, doch der lief einfach ganz schnell in den Wald, blieb dort drei oder vier Stunden, und als er wieder zu Hause war, am Abend, waren Vater und Mutter nur noch glücklich.

So vergingen die frühen Jahre, sie waren ganz ohne besondere Vorkommnisse, wie der Junge später zu sagen pflegte, als er Soldat war. Die Schulzeit in Niedersee war ohne Höhen. Allein die Wege zur Schule wa-

Der Bach bei Niedersee, in dem die Kinder des Dorfes fischten (Aufnahme 2002)

ren interessant, wenn die Jungen im Bach mit Harpunen fischten – eine Küchengabel wurde einfach an einem langen Stock befestigt –, manches Mal wurde auch Karbid dafür verwendet. Das stank und knallte, und es war natürlich nicht erlaubt. Aber Niedersee hatte nur einen Polizisten, den Oberwachtmeister Preuss, der für Ordnung sorgen sollte, und das tat er auf andere Weise, als die Jungen beim Fischen zu stören. Was machte es schon, wenn man dabei einmal in den Bach fiel! Heute ist dieses Gewässer, zwischen Niedersee und Dibowka gelegen, schon ziemlich zugewachsen.

In der Schule sorgte der Kräjätz für Ordnung nach seiner Art. Dem Lorbaß brachte er wohl nicht immer die wünschenswerte Sympathie entgegen. Das war oft schmerzhaft. Als einmal auf dem Stundenplan Sport angesetzt war, teilte der Kräjätz ihm zum Boxen einen Gegner zu, einen Waldarbeitersohn von beachtlicher Kraft und entsprechender Statur, gegen den es natürlich keinerlei Chance gab. Der Lorbaß wurde so zusammengeschlagen, daß das ganze Gesicht voller Blut war, die Oberlippe aufgeplatzt (die Narbe ist heute noch zu sehen). Der Kampf wurde bis zum Ende ausgetragen. Ich hatte danach ganz entsetzliche Kopfschmerzen und ging still nach Hause, wusch mir erst im Bach, von dem zuvor die Rede war, das Gesicht, ging zu meiner Schäferhündin Senta und schimpfte über den Kräjätz. Dieser Boxkampf war gewiß eine Strafe für irgend etwas, aber eben nicht, wie sonst üblich, in Form von Rutenschlägen auf den Hosenboden oder auf die Innenfläche der Hände.

Die Politik kommt nach Masuren

Einmal legten sich Schatten über das Land. Es war Wahlkampf, und die Menschen begannen zu diskutieren, auch zu streiten. Plötzlich waren alle ganz sonderbar. Es gab viele Parteien, und alle klebten ihre Wahlplakate an die Wände. Die Bäume hat damals in Masuren noch niemand verletzt, sie wurden von Plakaten verschont. Der Lorbaß war zu dieser Zeit acht Jahre alt. Man wird sagen können, daß er damals noch völlig unpolitisch war. Unter den vielen Wahlplakaten im Dorf fand er an einem besonderen Gefallen. Das war lustig, es stand darauf: „SA hat neue Tressen, das Volk hat nichts zu fressen!" Der Knabe nahm das Plakat von der Wand, steckte es in seine Tasche und heftete es zu Hause an den Gartenzaun hinter der Garage. Dem Vater gefiel sein Sohn in der Funktion eines jungsozialistischen Wahlkampfhelfers gar nicht, und er entfernte das Plakat, nicht ohne ein Gefühl der Peinlichkeit vor den Nachbarn zu empfinden. Man war in Masuren nicht so sehr sozialistisch eingestellt, eher national, konservativ auf jeden Fall. Für Kommunisten gab es keine Sympathien, wenn es denn sein mußte, wählte man die Sozialdemokraten. Mancher hätte sein Kreuz auf dem Wahlzettel wohl gerne bei einer monarchistischen Partei gemacht, aber die gab es ja nicht mehr. Eigentlich war das nicht zu verstehen. Der Kaiser wurde gezwungen abzudanken, nun gut, nach diesem Krieg vielleicht verständlich. Aber was war denn so verwerflich an einem Kaiserhaus, an der Monarchie? Ein Reichspräsident kostete auch viel Geld. Und die Engländer, die Niederländer, Belgier, Dänen, Norweger und Schweden, die hatten doch alle noch ihren König, auch Spanien. Es kam doch, so dachten sicher nicht wenige in Ostpreußen, darauf an, daß bei einer konstitutionellen Monarchie die richtigen Männer gewählt wurden. Das allein war entscheidend. So haben die Ostpreußen den Reichspräsidenten von Hindenburg bis zu seinem Tod verehrt, die Zuneigung zum Feldmarschall saß tief in den Herzen der Menschen. Er war es, der die Russen 1914 aus Ostpreußen wieder hinausgetrieben hatte.

In Niedersee gab es damals keine Polen, einen solchen sah ich erst, als ich schon in Hohenstein zur Oberschule ging. Es war ein Kriegsgefangener, der dort in einem Sägewerk arbeiten mußte. Das Attentat auf den Legationssekretär Ernst vom Rath in Paris 1938 trug dann erste politische Erschütterungen an die Masurischen Seen. Der Kräjätz schimpfte auf alle Juden, die Leute sprachen von einer Reichskristallnacht, und alle – oder besser fast alle – waren der Meinung, dafür müßten die Juden bestraft werden. Der Junge verstand das nicht.

Wenn es auch so wenige Polen gab, so kannte der Lorbaß zumindest einige Juden: Da war zunächst die jüdische Familie in Johannisburg, wo das Schwesterchen Ruth das Lyzeum besuchte, sie war mit einer Tochter dieser Familie befreundet. In Alt-Ukta gab es dann den Juden Schätzer. Dieser betrieb einen Handel mit Bekleidung, Schuhen und Kurzwaren. Er führte das einzige Geschäft dieser Art in der Gegend. Mutters jüngste Schwester Hertha kaufte dort ihre ersten Pumps. Weiters gab es noch unseren Dr. Lewinson. Er war ein geschätzter, geachteter Arzt, der unsere Familie regelmäßig betreute. Natürlich wurde er nur bei besonderen Erkrankungen in Anspruch genommen, einfachere Dinge heilte die Gemeindeschwester. Dr. Lewinson wirkte immer etwas unnahbar; nicht daß er unfreundlich gewesen wäre, oh nein, er hatte auch für mich immer ein freundliches Wort, aber er war doch zumeist sehr ernst. Der Mutter gefielen vor allem seine schmalen Künstlerhände, sie waren so anders als die Hände der Männer in Masuren. Und schließlich war da noch der Herr Cohn. Dieser war eigentlich nicht sehr beliebt, man hätte ihm schon gern manches Ungemach gewünscht. Es lag daran, daß er Pfandleiher war. Das Problem im Verhältnis zu Herrn Cohn war nicht so sehr die Tatsache, daß man das bei ihm geliehene Geld eines Tages auch wirklich zurückzahlen mußte, das konnte man schon verstehen. Aber daß die Zinsen für das bei ihm geliehene Geld viel höher waren als bei der Sparkasse, wenn man dort einen Kredit bekommen hätte, was in diesen Fällen nicht immer so sicher war, das war hart. Und so war das Ansehen des Herrn Cohn eben nicht besonders hoch, wenngleich man immer wieder einmal zu ihm ging. Das geschah meist heimlich, in den Nachmittagsstunden, so daß die Nachbarn es nicht merkten.

Spannungen zwischen Masuren und ihren jüdischen Mitbürgern gab es damals nicht, das Zusammenleben war von Normalität geprägt. Die wenigen Juden genossen zumeist eher hohes Ansehen. Die Katastrophe, die später jüdische Mitbürger treffen sollte, war zunächst in den dreißiger Jahren in den masurischen Wäldern nicht zu erahnen, in ihrem tödlichen Ausmaß überhaupt nicht vorstellbar. Aber allmählich drangen doch die schrecklichen Parolen auch bis Niedersee. Und im Jahre 1939 sprach jemand flüsternd von einem KZ. Da seien einige Sozis interniert worden, sagte man.

Zwischenspiel in Allenstein: Berührung mit der Kunst

Um die Mitte der dreißiger Jahre zog die Familie für zwei Jahre von Niedersee wieder zurück nach Allenstein. Ausschlaggebend dafür waren berufliche Gründe des Vaters. An der Allensteiner Schule waren die geistigen Ansprüche höher als in Niedersee, der Umgangston zwischen Lehrer und Schüler war gemäßigter. Einen Kräjätz gab es hier nicht, Gott sei es gedankt! Ich entdeckte in Allenstein eine besondere Neigung für das Theater, und das hatte zwei Ursachen. Zunächst einmal ging Schwester Ruthchen häufig in Aufführungen. Das war Grund genug, es ebenso zu tun. Und dann war da noch Änne aus Essen, eine Sopranistin, die bei der Familie zur Untermiete wohnte. Sie hatte ein Engagement am Treudanktheater und sang alle Opernarien. Zu Hause übte sie viele Stunden lang. Das war vielleicht manchmal doch sehr viel, dieses Üben, aber im Grunde genommen war es ja auch schön, obwohl Koloraturübungen für einen Dreizehnjährigen nicht immer anhaltenden Genuß bedeuten.

So kam der Junge jedenfalls mit dieser besonderen Sparte der Kunst in Berührung, und er lernte sie schätzen. Er sah und hörte mit Genuß den Freischütz, war beeindruckt von der Wolfsschlucht, erfreute sich an Rigoletto, sah Undine und den Evangelimann und all die anderen herrlichen Opern, die am Treudanktheater von guten Künstlern aus dem Reich geboten wurden. Er sang die Arien daheim immer nach. Noch heute sind ihm die meisten Texte geläufig. Am liebsten sang er die Arie des Evangelimannes „Selig sind, die Verfolgung erleiden um der Gerechtigkeit willen". Er sang einmal zart, einmal kräftig, aber immer mit Inbrunst: „denn ihrer ist das Himmelreich!" Das schallte weit über das Haus hinaus, seine ganze junge Gläubigkeit legte er in dieses Lied.

Die Eltern förderten die Theaterbesuche des Jungen. Erstmals stellte sich die Frage, ob er vielleicht einmal Künstler werden sollte. Er nahm an einem Wettbewerb für Bühnenbildgestaltung teil und erhielt für seinen Wolfsschlucht-Entwurf zum dritten Akt des Freischütz den ersten Preis. Sein Bühnenbild wurde tatsächlich im Foyer des Treudanktheaters ausgestellt. Er war mächtig stolz und dachte schon an weitere Entwürfe.

Änne, die Opernsängerin aus dem Westen, war immer heiter, lachte viel und war ohne Zweifel von einer frohen Natur. Wie alt sie war, könnte ich heute nicht mehr sagen. Sie war schön anzusehen, vor allem auf der Bühne, in diesen herrlichen Kostümen, mit den wunderschönen Perükken, ganz weiß oder hellblond.

Änne mußte immer lange schlafen, denn nach den Vorstellungen, besonders nach einer Premiere, wurde in Allenstein lange gefeiert. Da brauchte man schon am nächsten Tag seinen Schlaf. Eines Tages, es war wohl nach so einem anstrengenden Abend, rief sie aus ihrem Zimmer nach der Zeitung. Natürlich wollte sie die Kritiken lesen, das war verständlich. Der Junge hörte das, nahm die Zeitung, klopfte an die Zimmertür und trat ein. Änne lag im Bett. Er wünschte artig einen guten Morgen und reichte ihr die Zeitung. Dann geschah das Weitere überraschend und ganz schnell. Ehe der Junge noch etwas fragen konnte, wie die Vorstellung gewesen sei oder sonst etwas Belangloses, warf Änne die Decke zur Seite und sprang aus dem Bett. Sie verließ tatsächlich das Bett so, wie sie darin gelegen war, ganz nackt, und lachte. Sie kam auf den Jungen zu und nahm ihm die Zeitung aus der Hand. Dem Jungen wurde es peinlich, aber er schaute doch schnell noch einmal hin, bevor er das Zimmer verließ. Sie war sehr schön. Eigentlich mochte er ja lieber blonde Mädchen, doch er mußte beim Hinsehen feststellen, daß sie, obwohl nicht blond, dennoch sehr hübsch war. Der Junge verließ nun hastig das Zimmer. Er genierte sich, obwohl sich doch eigentlich die Sängerin eher hätte genieren können als er.

Er nahm gleichsam das Bild, das er gesehen hatte, mit sich aus dem Zimmer. Später versuchte er einmal, aus der Erinnerung den Akt eines schlanken Frauenkörpers zu malen: auf dunkelblauem Hintergrund, aus dem der schöne Körper leuchtete, so als werde er gerade angestrahlt von vielen Bühnenscheinwerfern, in einem ganz zarten Rosa. Das Bild gefiel seinen Eltern durchaus, und er genierte sich auch nicht, es ihnen zu zeigen. Sie konnten allerdings den Frauenkörper nicht identifizieren, obwohl die Mutter glaubte, irgendwelche Ähnlichkeiten mit einem Mädchen feststellen zu können. Der Junge hatte die Frau mit leicht abgewandtem Gesicht gemalt. Er war dann aber doch überrascht, als der Vater sich das Bild erbat, es rahmen ließ und in sein Arbeitszimmer hängte, gleich neben dem Bücherschrank. Dies war durchaus ein Erlebnis von besonderer Art, doch es hatte, gottlob, keine weiteren oder gar ernsthaften Folgen.

Änne bekam bald ein neues Engagement, und der Junge zog mit seinen Eltern wieder zurück an die Masurischen Seen. Alle Ordnung war wiederhergestellt, und die Jahre in Allenstein waren bald vergessen.

Meine Onkel aus Amerika und die Ausreise des Dr. Lewinson

Im Jahre 1937 kam wieder einmal Onkel Fritz aus Amerika zu Besuch nach Schönfeld. Er kam regelmäßig alle zwei bis drei Jahre, bis zu seinem Tod, denn er konnte sich nicht lösen von seinen ostpreußischen Wurzeln. Die Besuche waren immer sehr aufregend. Amerika, das war natürlich eine ganz andere Welt als Masuren, weit, weit weg. Onkel Fritz war der älteste Bruder der Mutter, der als erster von vier Brüdern nach dem Ersten Weltkrieg ausgewandert war. Er brachte immer süße Sachen mit, Kaugummi und auch Cola. Für die Mädchen brachte er bunte Kleider aus fremdartigen Stoffen. Vielleicht waren sie etwas zu bunt, aber auf jeden Fall fiel es auf in Masuren.

Onkel Fritz, wir mußten aber nun „Fred“ zu ihm sagen, war bei diesem Besuch im Jahre 1937 sehr bedrückt, das paßte eigentlich gar nicht zu ihm. Er redete jetzt immer von Politik, von Hitler und vom Krieg, vom Verbrecher gar. Er fand plötzlich alles in Deutschland ganz schlecht. Ihm gefiel das Land nicht mehr, mit Ausnahme von Masuren natürlich. Das Wort Nazi brachte er mit aus Amerika, wir hörten es aus seinem Mund zum ersten Mal. Die Familie hörte ihm aufmerksam zu, man war nachdenklich, bekam wohl auch plötzlich Angst – Angst vor etwas Unbekanntem, das die Menschen und das Land tatsächlich bedrohen könnte.

Eines Tages, es war im frühen Herbst, die Astern und Gladiolen blühten in ihrer ganzen verschwenderischen Pracht, reiste Onkel Fritz wieder ab, nachdem er vorher einige Tage sehr beschäftigt gewesen war. Er hatte bei den Behörden für Dr. Lewinson eine Ausreisegenehmigung besorgt und die dazu notwendige Bürgschaft in US-Dollar gestellt.

Amerika, welch ein schönes Land mußte das sein! Aber wahrscheinlich war es nicht so schön wie Masuren. Kurz nach dem Ersten Weltkrieg waren nach Onkel Fritz auch die Brüder Willi, Heinz und Hermann ausgewandert. Alle waren dort zu Wohlstand gekommen, aber Fritz war Millionär geworden. Onkel Heinz mußten wir nun „Henry" nennen, Onkel Willi „William", nur Hermann blieb „Herman" – aber nun mit einem „N", so merkwürdig war es damals.

Onkel Fritz also fuhr wieder ab, mit großen Überseekoffern und in Begleitung von Dr. Lewinson. Alle weinten. Warum?

Berlin

Es war ein Tag im Juli, während der Sommerferien. Die Sonne brannte hoch am Himmel, und der Asphalt auf der Straße nach Ortelsburg und nach Sensburg begann zu schmelzen, klebte an den Rädern der Autos, ja sogar des Fahrrads. Der Postbote fluchte über das Wetter, „pschakräw", sagte er – das hieß soviel wie „verdammt" –, „das Wetter hat wohl der Deiwel gemacht". Er genehmigte sich trotzdem ein Schnäpschen, das Mutter für solche Zwecke immer bereit hielt. Man sah dem Briefträger an, daß er heute etwas Besonderes brachte. Es war ein Brief aus Berlin.

Mein Gott, Berlin, aus dem Reich! Alle waren aufgeregt, neugierig. Der Brief enthielt eine Einladung. Man würde sich sehr freuen, so hieß es darin, wenn ich für zwei Wochen zu Besuch käme, zu einer Familie in Steglitz. Die Mutter hatte erst Bedenken, ich war doch noch klein, und dann so allein ins Reich, durch den polnischen Korridor? Das sollte man sich doch gut überlegen. Ich aber war zunächst begeistert, doch gewisse Hemmungen hatte ich dann später schließlich auch. Es waren Ferien. Ich lag den ganzen Tag am See, schwamm, ruderte, genoß die Tage, den heißen Sommer, den ich liebte. Mir konnte es nie heiß genug sein. Und Berlin? Das war die riesige Stadt, ohne Wald und See, nur Häuser! In dieser Zeit sollte ich mein schönes Niedersee verlassen? Meinen See? Vielleicht gab es auch in Berlin einen See, er konnte aber gewiß nicht so schön sein wie der Niedersee, mit den bewaldeten Ufern, den kleinen, sandigen Badebuchten mit erstaunlich flachen Stränden, den Kiefern dahinter, den

Inseln im See, die man anschwimmen konnte, und mit dem Kurhaus, das wie ein Schloß aussah, hoch über dem See gelegen, mit seinen zum Ufer abfallenden Terrassen – wie Sanssouci in Potsdam.

Schließlich wurden nach längeren Erörterungen im Familienkreis, an denen sich auch die Nachbarn beteiligen durften, die letzten noch notwendigen Utensilien für eine so weite Reise beim Schätzer gekauft, und die Fahrt ins Ungewisse konnte beginnen. Die ganze Familie begleitete mich zum Bahnhof. Onkel Otto aus Johannisburg, der Pächter des Bahnhofsrestaurants, bedachte mich reichlich mit Schokoladen, die leider bald in der Hitze schmolzen. Einige Jahre später sollte er dies wieder tun, wie wir ja schon wissen, als ich von Niedersee nach Stettin fuhr, um Soldat zu werden.

Als der Eilzug nach Allenstein abfuhr, wurde auch viel geweint auf dem Bahnsteig in Niedersee. Herzerschütternd wurde da geweint. Man weinte ja schon, wenn jemand bis nach Allenstein fuhr. Und nun nach Berlin? Es wurde auch viel gewinkt, bis der letzte Waggon hinter einer Biegung der Gleise entschwunden war und niemand im Zug das Winken mehr sehen konnte.

Die Reise nach Berlin dauerte sehr lange. In Allenstein mußte man in den D-Zug umsteigen. Bald hinter Osterode, vor Erreichen des polnischen Korridors, wurden die Fenster und Türen geschlossen, zum Teil auch versiegelt. Polnische Uniformierte gingen durch die Abteile und kontrollierten, ob alles den Vorschriften entsprach. Sie redeten dabei kaum miteinander und natürlich schon gar nicht mit den Deutschen, herrschten höchstens einen Reisenden an, der im Weg stand. Es wirkte alles bedrückend. Bei Thorn fuhr der Zug über die Weichsel, eine hohe Brücke überspannte den Strom. Wie gern hätte ich das Fenster geöffnet und mich hinausgelehnt, auch in die Weichsel gespuckt, natürlich. Ich hatte bisher in alle Seen und Flüsse gespuckt. Doch das war hier nicht möglich.

Über Posen ging die Fahrt weiter bis Frankfurt an der Oder. Dort hatte der Zug erstmals wieder Aufenthalt in einer deutschen Station. Die polnischen Beamten verließen den Zug, und sofort begannen im Abteil alle wieder zu sprechen. Von Frankfurt bis Berlin war es dann nur ein Katzensprung. Mit jedem Kilometer stieg in mir die Erwartung, was ich wohl in Berlin erleben würde. Der Zug fuhr in eine riesige Halle ein, so etwas gab es in Ostpreußen nicht, nicht einmal in Königsberg, der Hauptstadt. Gott sei Dank wurde ich abgeholt und mußte mich nicht ängstigen in der großen Stadt. Ich hätte mich ja auch ganz sicher verlaufen. Wie hätte ich Steglitz finden sollen?

Berlin, das waren Straßen, so breit, so voller Autos, in Viererreihen fuhren sie tatsächlich nebeneinander, am Alexanderplatz, wenn ich mich recht erinnere, sogar zu sechst. In Niedersee hatten damals nur Kommerzienrat Anders, der Sägewerkbesitzer, und mein Vater ein Auto. Berlin war ein Traum. Häuser gab es da, so groß wie daheim die Kirchen oder die Ordensburgen, die es ja in jeder Stadt gab. Und erst die Geschäfte!

Da konnte sich der Schätzer in Alt-Ukta ganz schön verstecken mit seinem kleinen Kramladen. Ich begann, alles, was ich sah, in mich aufzusaugen, und dabei versäumte ich allerdings auch nicht, das, was mir wert erschien, mit meiner Box-Kamera abzulichten.

Ich rannte durch Berlin, fuhr mit der Straßenbahn, mit der U-Bahn, ich lief und lief, bis die Füße brannten. Dahlem, welch herrliche Villen! Der Funkturm! Ach, wie sollte ich das alles nur in meinem Gedächtnis behalten, um später nach der Heimkehr über das Erlebte berichten zu können? Die Menschen hatten es immer eilig in Berlin. Sie sahen natürlich auch ganz anders aus. Die Mädchen waren vielleicht nicht gerade schöner als die ostpreußischen, aber irgendwie anders. Kühner, kesser – ganz bestimmt. Frecher? Mutiger? Wer weiß! Auf jeden Fall: sehr schick waren die Berlinerinnen schon.

Ich mußte natürlich auch die Wilhelmstraße sehen mit der Reichskanzlei. Auch hier wirkten die Gebäude sehr wuchtig, aber eigentlich war die Reichskanzlei gar nicht so groß, wie ich sie mir vorgestellt hatte. Die Bäume daheim in Masuren hätten sie schon noch überragt.

Eines Tages füllten sich die Straßen mit vielen Menschen. Sie standen so dicht gedrängt auf dem Bürgersteig, daß man eingezwängt war wie Sardinen in der Dose. Der Führer würde kommen, hieß es.

Man mußte sehr lange warten, und ich konnte nicht viel sehen, denn vor mir am Straßenrand standen die vielen Menschen, die doch alle größer waren als ich. Ich lehnte mich etwas an ein Gebäude mit dicken Quadern im Fundament an. Ein Fenster des Hauses war geöffnet, und ich konnte hören, daß die Leute in dem Haus englisch sprachen. Neugierig schaute ich zu ihnen hinauf. Da streckte ein Herr seine Hände aus dem Fenster herunter, mir entgegen. „Komm“, sagte er, „ich ziehe dich herauf, du kannst dich hier auf die Fensterbank setzen. Du mußt doch deinen Führer sehen!“

Von der Fensterbank aus hatte man tatsächlich eine gute Übersicht über die Köpfe der Menschenmenge hinweg. Die Straße selbst war ganz leer. Die Menschen standen nur auf dem Bürgersteig und unterhielten sich lebhaft, es war wie auf einem Volksfest. Dann kam Marschmusik, sie wurde lauter und lauter. Und schließlich wurde es ganz laut, so daß man kein Wort mehr hätte verstehen können. Die Menschen klatschten in die Hände und schrien. Mitten auf der breiten Straße, ganz allein, kam Hermann Göring daher. Ich erkannte ihn gleich aufgrund der Fotos in den Illustrierten. „Hermann, Hermann!“ schrien die Menschen. Und Hermann Göring ging breit lachend über die große Straße. Er schob dabei mutig und sichtbar seinen dicken Bauch vor sich her. Ganz allein ging er, wie gesagt. Er deutete so etwas wie einen deutschen Gruß an, aber das war nicht so zackig wie beim „Führer“. Die Leute lachten, und sie machten auch schon einmal einen Witz über Hermann. Kurz danach fuhr ganz langsam eine große Limousine heran, es war ein Horch, wie ich erkannte. Im Fond des Wagens stand – hochaufgerichtet, so gut es ging – der

Reichspropagandaleiter und Gauleiter von Berlin, Dr. Joseph Goebbels. Auch dieser wurde freudig begrüßt, vielleicht nicht ganz so laut wie Hermann Göring.

Und dann kam der „Führer"! Das war ein Jubel! „Heil!" Da rissen die Menschen die Arme hoch, daß ich nun selbst aus dem Fenster heraus kaum noch richtig sehen konnte. Das „Heil"-Rufen nahm kein Ende. Mein Gott, die Berliner schienen ja ganz verrückt geworden zu sein. Adolf Hitler strahlte nicht wie Hermann Göring, er lächelte auch nicht leicht, wie Joseph Goebbels es tat, er blickte ganz ernst den Umstehenden in das Gesicht. Nun, Hitler war ja auch der „Führer". Das laute „Heil"-Rufen ebbte erst ab, als Hitler rechts abgebogen war in das Gebäude der Reichskanzlei. Ein Engländer reichte mir seine Hände und ließ mich ganz langsam herabgleiten vom Fenstersims. So war ich, der Junge aus den masurischen Wäldern, dem „Führer" des Deutschen Reiches begegnet. Er hatte mir tatsächlich in die Augen gesehen, meinte ich. Oder? Später bin ich ihm nie mehr begegnet. Damals wußten wenige, welches Unheil die Politik dieses Führers bringen mußte und wo das Marschieren und der Jubel eines Tages enden würden.

Aus Berlin brachte ich meiner Mutter einen Wellensittich in einem sehr schönen Käfig mit.

Schulzeit in Hohenstein

Schließlich kam der Tag, an dem ich endlich die Klötzchenschule in Niedersee verlassen durfte. Es war die Mutter, die den Vater lange bedrängt hatte, mich doch auf ein Gymnasium zu bringen. Das war in Masuren damals nicht ganz einfach. Nach einigem Suchen fand sich – auf eine NAPOLA (Nationalpolitische Erziehungsanstalt) sollte und wollte ich nicht gehen – die Behringschule in Hohenstein.

Die Anmeldung zur Schule erwies sich als gar nicht so einfach. Zuerst mußte eine Prüfung abgelegt werden, und sogar die sportlichen Leistungen waren zu benoten, noch bevor der erste Schritt in das Klassenzimmer getan war. Bei dieser Prüfung war es wohl vorteilhaft, daß der Vater für die Kommission eine Aufmerksamkeit in Form von einigen guten Flaschen von der Mosel in seiner Aktentasche hatte. Das tat der Vater übrigens in späteren Jahren, nach Ende des Krieges, auch stets gern, wenn es zum Beispiel um die Beschaffung einer Wohnung im Ruhrgebiet ging oder auch bei anderen Anlässen im Berufsleben. Es war ein Charakteristikum der damaligen Zeit der dreißiger wie auch der späteren fünfziger Jahre, bei entsprechenden Gelegenheiten einander Freundlichkeiten zu erweisen. Bei meinem Vater konnte man das oft erleben, und er verließ mit dieser Methode selten ohne Erfolg eine Amtsstube.

Bei der Direktorin der Behringschule, Frau Dr. Schlez, die aus Südwestafrika gekommen war, probierte mein Vater diese Methode erst gar nicht aus, da er wußte, daß er keinen Erfolg gehabt hätte. Sie war stattlich, hochgewachsen und schlank, blond – wie man sich eine Walküre vorstellt – und blickte ihr Gegenüber immer ein wenig zu streng an. Sie war Nationalsozialistin und hob sich allein durch diese Tatsache, die sie durch stetes Tragen des Parteiabzeichens noch unterstrich, vom einfachen Kollegium ab. Deutscher als die Schlez konnte eine Direktorin damals nicht aussehen. Sie hatte ihre „nationalen Weihen" in den Kolonien erhalten, und das prägte eben einen Menschen auf besondere Art und wohl auf Lebenszeit. Man hatte dort schließlich lernen müssen, auch als Frau stets „Herr" zu sein. Auch ihre Frisur war ohne jeden Makel, und wie ihr Blusenkragen hochgeschlossen war, war auch ihr Haar hochgeknotet. Hinter ihrer spröden Fassade aber verbarg sich doch ein Mensch mit Gefühlen. Man hat sie sogar einmal weinen sehen, was einigermaßen überraschte. Ein Weißer weinte doch nicht, und ein Deutscher schon gar nicht. Man mag daraus ersehen, daß es nicht nur in Masuren oft schwer war, hinter einer gepflegten Fassade tatsächlich einen Menschen zu erkennen.

Schließlich nahm ich Abschied von den Wäldern, den Seen sowie von Eltern und Schwester. Die Aufnahme in die Behringschule war der Abschied von der Kindheit. Ich würde in den Ferien immer nach Niedersee kommen, natürlich, aber dazwischen sollten doch Wochen und Monate liegen. Der Vater gab mich in Hohenstein bei einem Sägewerkbesitzer in Pension, wo ich ein eigenes Zimmer hatte. Mein Bett aber nahm ich aus Niedersee mit, auch meinen Zeichenblock – und manche Träume.

Immer noch war ich das Bubchen in der Familie, doch ich war nun Pennäler, zwar ohne die bunte Mütze, die Pennäler früher gerne getragen hatten und die der Führer in den dreißiger Jahren abgeschafft hatte, aber eben doch schon eine Stufe weiter.

Es folgte eine schöne Zeit. Hier machte Lernen Spaß. Die Lehrer waren freundlich, sympathisch, ja sogar manchmal kameradschaftlich. Es gab plötzlich Vorbilder. Der Lateinlehrer Pilum war so eines – wie hieß er eigentlich wirklich? Spieß, glaube ich, doch mit absoluter Sicherheit vermag ich dies nicht zu sagen. Oder Studienrat Hasse, der mir den Blick für Kunst öffnete und die erste Maltechnik beibrachte. Von nun an wurde durch Malen gelernt. Ganze Kladden füllte ich mit meinen Zeichnungen, in Scripthohl schwarzweiß oder auch in Farben gemalt, je nachdem, um welches Fach es sich handelte. Die Physik- und Chemie-Hefte waren eben meist schwarzweiß, aber die Biologie-Hefte, die Blumen und Pflanzen, natürlich bunt.

Studienrat Moll unterrichtete Deutsch. Er war ein Lehrer, den man bewundern mußte, der es verstand, die Jungen und Mädchen ganz nahe an die Literatur heranzuführen, an die Klassiker natürlich. Ich lernte, Schiller tief zu verehren. Den „Tell" konnte ich bald deklamieren vom

Anfang bis zum Ende. „Nein, eine Grenze hat Tyrannenmacht!“ schrie ich in die Klasse. Keiner trug Tell so engagiert vor wie ich, das ist gewiß nicht übertrieben. Oder den alten Attinghausen in der Sterbeszene: „Seid einig, einig!“ Die Worte gruben sich ein in mein Herz. Es folgte später dann meine Begegnung mit Faust. Rasch lernte ich den Prolog im Himmel, dann den ganzen Faust Teil I. Das Faustische schien ich in mich aufzusaugen, der größere Reiz lag für mich aber darin, Mephisto zu sprechen – ach was, Mephisto zu leben. Viele Jahre später durfte ich die Rolle in Kriegsgefangenschaft auf der Bühne in Tilsit spielen, in einen aus Bettüchern gefertigten weiten Mantel gehüllt, schwarz und rot eingefärbt. Helmut Knuth, Bruder des Schauspielers Gustav Knuth, spielte den Faust. Faust und Mephisto, das war das Leben! Es war die Welt.

Wenn einmal eine Stunde ausgefallen war, ließ Studienrat Moll die Klasse in die Aula kommen, und dann durfte ich in diesem riesigen Raum mit seinen meterdicken Mauern, der einmal Versammlungssaal gewesen war, der Klasse aus einem Roman vorlesen, „Krieg und Frieden“ oder „Soll und Haben“ vielleicht, auch von Grimm „Volk ohne Raum“ und „Alle Wasser Böhmens fließen nach Deutschland“. Die Klasse war ganz still dabei. Überhaupt, es war eine tolle Klasse. Jungen und Mädchen waren gemischt, und die Mischung war von der Art, die durchaus anregend sein konnte. Man begegnete einander in großer Natürlichkeit. Die Mädchen waren überwiegend nicht so gut in Mathematik wie die Jungen, in manchen Fächern aber durchaus besser, sie entwickelten auch sonst besondere und ansehnliche Vorzüge, die ganz allgemein einem jungen Gymnasiasten zur Freude gereichen konnten. Es war eine harmonische Klasse, in der natürlich auch manche Streiche verübt wurden, doch immer hielten sich diese in einem vertretbaren Rahmen. Höhepunkte gab es auch, wenn Studienrat Moll am Flügel seine Balladen vortrug. „Ich hab’ es getragen sieben Jahr, und ich kann es nicht tragen mehr“, das klingt einem alten General noch heute in den Ohren. Dieser Schrei nach Heimat, diese ganze menschliche Sehnsucht nach der Heimat!

Zwischen Studienrat Moll und unserem masurischen Pennäler hatte sich ein ganz besonderes Verhältnis entwickelt. Nicht nur der Junge gegenüber seinem Lehrer, nein, auch der Lehrer schien seinem Schüler Respekt entgegenzubringen. Es war ganz eigenartig. Meine Aufsätze gefielen ihm besonders gut. Da ich weder orthographische noch grammatikalische Fehler machte, wurde jeder Aufsatz mit einer Eins zensiert. Studienrat Moll war auch immer mit dem Inhalt einverstanden. Das Maß der Übereinstimmung im Denken zwischen Lehrer und Schüler war erstaunlich.

Einmal – die Klasse hatte einen umfangreichen Hausaufsatz geschrieben, und der Lehrer gab den Schülern die Hefte mit jeweils kurzen Bemerkungen zurück – wurde der Studienrat plötzlich fast feierlich. Er rief mich nach vorn zum Pult, gab mir dort meinen Aufsatz zurück, erklärte – zur Klasse gewandt –, dieser Aufsatz sei druckreif, und bat mich, ihn der Klasse vorzulesen. So gefordert, vergaß ich fast, wo ich war. Das war auch später oft so, ich war immer ganz konzentriert auf meine Aufgabe, die mir gerade gestellt war. Ich verschmolz – das ist keine Angeberei – mit der Aufgabe. Ich las also meinen Aufsatz, und es war fast wie eine Dichterlesung. Das Thema hieß „Land um Hohenstein“, es war ein Stück Geschichte des Landes zwischen 1410 und 1914, geschrieben mit großer Liebe zur Landschaft und zu den Menschen, die in ihr lebten. Vorlesen konnte ich, das mußten die Klassenkameraden schon anerkennen. Als ich im Vortrag geendet hatte, kam Studienrat Moll wieder zum Pult und streckte mir seine Hand entgegen. Mir war es etwas peinlich, natürlich. Es war eine Form der höchsten Anerkennung. Darüber hinaus gab es für den Lehrer Moll kein anderes Mittel des Lobes.

Der Aufsatz wurde später der Reichsschrifttumskammer in Berlin vorgelegt mit dem Hinweis auf ein mögliches schriftstellerisches Talent. Zu meinem Erstaunen erhielt ich nach Monaten ein Anerkennungsschreiben von Admiral Dönitz zu dem Aufsatz. Wie war er wohl in die Hand des Admirals gekommen, mein Aufsatz aus den masurischen Wäldern?

In Hohenstein gab es eine bemerkenswerte Frau, und zwar die Gattin des Lateinlehrers Pilum. Sie war groß, schlank, vielleicht 40 Jahre alt. Von ihr ging immer eine große Ruhe und Harmonie aus. Sie sammelte einen Kreis von Schülern um sich, mit denen sie sich einmal in der Woche zu einem literarischen Zirkel traf. Kunst und Literatur waren die Themen der Abende. Es war ganz anders als die Abende der Hitlerjugend, und so sollte es ja auch wohl sein. Rainer Maria Rilke erreichte hier mit dem „Kornett“ das Herz der Jungen. Grillparzer faszinierte die jungen Köpfe, auch Hölderlin. Und es wurden viele Bilder betrachtet, Reproduktionen alter Meister, Abbildungen von Skulpturen: Michelangelo und Thorak, Rodin und auch Breker. Wir lernten zu begreifen, zu verstehen, was Kunst konnte und vermittelte. Es bedeutete viel für uns Schüler. Diese Abende waren immer ein Erlebnis, eine neue Erfahrung mit nicht gekannten Deutungen. Es entstand ein Kreis von Menschen, die einander prägten. Was war schöner, als ein Kunstwerk zu betrachten? „Nenne mir das Ding in der Welt, das schöner als Wolken ist“, sagte einst Hermann Hesse. Gibt es Schöneres als Kunst? Doch, die Natur, die Schöpfung in ihrem Wunder! Aber Hesse hatte nicht unrecht mit seiner These.

Wenn ich zur Schule ging, konnte ich in einiger Entfernung das Tannenbergdenkmal sehen, das an den Ersten Weltkrieg erinnerte und in dem die letzte Ruhestätte des Feldmarschalls von Hindenburg sowie vieler deutscher und russischer Soldaten lag. Ich setzte mich schon einmal nach der Schule auf einen Findling, den Zeichenblock auf den Knien, und zeichnete: das Denkmal, einen einzelnen Turm davon, einen Eichenbaum, einen Strauch oder was ich sonst dort sah. Ich sah immer in Bildern, und jeder Ausschnitt der Natur war eben ein Bild für mich. Ich blickte zuweilen durch meine Hände, die ich vor die Augen hielt, benutzte sie als Rahmen und sah dann alles viel näher als zuvor. – Dort rauchte ich auch meine erste Zigarette. Scheußlich, man sollte es nie wieder tun.

Das Tannenbergdenkmal hatte für mich eine bestimmte Bedeutung. Es erinnerte an die Schlacht, aber es war auch Hinweis auf die notwendige Wehrhaftigkeit hier an der Grenze des Landes. Schließlich wollten die Polen nach dem Ersten Weltkrieg ja ganz Masuren haben, man mußte sich doch wehren!

Ich hatte Schwierigkeiten, das ganze Denkmal in einem Bild zu erfassen. Es war zu mächtig, zu weitausladend, zu breit. Zudem bereitete es mir auch kein besonderes Vergnügen, wenn ich im Turm hinabstieg zur Gruft des Feldmarschalls, wo die Fackeln leuchteten, Soldaten mit Stahlhelmen das Gewehr präsentiert hielten, wo die Stille körperlich kalt zu fühlen war; der schwere, mächtige Sarkophag und die Fahnen an der kalten, weißen Wand. Da war ich schon lieber draußen im Freien. Die Gräber der toten Soldaten machten mir nichts aus. Da waren viele deutsche Soldatengräber, aber auch russische, wie gesagt, mit diesen merkwürdigen Kreuzen, die ich schon von Eckertsdorf kannte, als Vater mich in das Philipponenkloster mitnahm. Es war das russisch-orthodoxe Kreuz (mit einem zusätzlichen oberen und einem schrägen unteren Kurzbalken), unter dem die russischen Gefallenen ruhten. An diesen Ausflug nach Eckertsdorf erinnerte ich mich gerne.

Russen, Salzburger und Hugenotten suchten in Ostpreussen eine neue Heimat

In Eckertsdorf hatten sich seit dem 17. Jahrhundert in einer kleinen Exklave russische Mönche angesiedelt. Sie bestellten ihre eigenen Äcker, betrieben Gemüsebau und auch ein wenig Viehzucht. Vor allem aber beteten und sangen sie. Ihr Gesang wirkte sehr fremd, er war langgezogen, schwermütig und doch wieder kräftig, irgendwie hoffnungsvoll. Der Vater stellte mich bei unserem Besuch dem Abt oder Prior vor. Dieser war ein großer alter Mann mit einem langen weißen Bart. Die Augen waren traurig, als hätten sie schon viel Böses sehen müssen. Die Mönche und später die Nonnen wurden in Rußland verfolgt. Hier in Masuren nahm niemand Anstoß an ihrem Glauben. Friedrich Wilhelm, der Große Kurfürst, der den Salzburgern und den Hugenotten eine Heimat in Preußen gab, schenkte auch den Philipponen eine neue Heimat und garantierte ihnen die Freiheit ihres Glaubens. Sie erkannten nur die Taufe und die Beichte als Sakramente an, die Ehe nicht. Auch sonst lebten sie nach eigenem

„Gesetz“: Sie verweigerten den Wehrdienst und auch die Eidesleistung. Den Gottesdienst in der Kirche hielt der „Älteste“ ab, der von der Gemeinschaft gewählt wurde. Bis zur Mitte des 19. Jahrhunderts sollen um Eckertsdorf herum rund 1.500 Philipponen gelebt haben.

Ich staunte, als ich die Klosterkirche betrat, mit den dunklen Bildern, herrlichen Ikonen in kräftigen Farben, Gold, Grün, Braun mit silbernem Hintergrund, die Kirche bestückt mit ganzen Feldern von brennenden Kerzen. Der Gesang der Mönche klang lange in mir nach. Es war eine neue, eine andere Welt, an deren Rand ich hier stand. Das wurde mir ganz deutlich. Hier war Gott nahe, das war sicher, dachte ich. Und ich begann damals nachzudenken über Gott und den Glauben. Wenn dann bei der Hitlerjugend auf der Straße gesungen wurde: „Was hat einer deutschen Mutter Sohn mit Gott und den Pfaffen zu schaffen?“ dann war mir nicht mehr sehr behaglich dabei. Es war ja wohl auch mancher Widerspruch in diesen Liedern der Hitlerjungen, denn sie sangen auch: „... und die großen Glocken in den Domen schwingen im Choral“. Es war alles doch sehr schwer zu verstehen.

Die Philipponen lebten sehr zurückgezogen. Sie hatten sich im 17. Jahrhundert in Rußland von der russisch-orthodoxen Kirche getrennt, da sie die Reformen, die damals der Patriarch Nikon eingeführt hatte, nicht anerkennen wollten. Sie nannten sich „Altgläubige“ oder eben Philipponen. Als der Druck der „Eingläubigen“ stärker wurde, verließen sie das Land und siedelten sich in Masuren an, wo sie zunächst eine kleine Siedlung gründeten und sich später um Eckertsdorf herum ausbreiteten. Aus dieser Kleinsiedlung entstand nach einigen Jahren das Kloster in Eckertsdorf, das unter dem Prior Michail Chawronin 1849 gegründet wurde. Die Verbindung zur Heimat war nie ganz unterbrochen, doch gab es im Laufe der Jahre immer wieder Schwierigkeiten zwischen den Eingläubigen und den Philipponen. Das Kloster verfiel im Laufe der Jahre, bis eine junge Nonne, Jelena Pietrowna Dikopolska, das Anwesen kaufte, in dem sich daraufhin einige Nonnen ansiedelten. Es kam zu einer Blütezeit vor dem Ersten Weltkrieg, die Nonnen bearbeiteten den Acker und die Gärten.

Mein Vater kannte die Geschichte des Klosters recht gut und wollte, daß auch ich sie kenne. Doch ist mir von seinen Erzählungen nicht viel in Erinnerung geblieben. – Heute wird das Kloster wieder bewirtschaftet, es sollen noch zwei Nonnen dort leben. Die Polen haben es nach dem Ende des Zweiten Weltkrieges umbenannt, es heißt heute Kloster der Heiligen Dreifaltigkeit und des Erlösers in Wojnowo.

Aber nicht nur aus Rußland strebten aus religiösen Gründen Verfolgte nach Preußen, sondern vor allem auch aus den österreichischen Ländern und aus Frankreich flohen Protestanten und Hugenotten in großer Zahl dorthin. Es war die Zeit des Dreißigjährigen Krieges und der Gegenreformation, als diese Menschen besonders gerne in Preußen aufgenommen wurden und hier auf Dauer ihre neue Heimat fanden.

In Österreich bestimmte im 16. Jahrhundert die Auseinandersetzung des Herrscherhauses mit den Ständen, die zumeist Vorkämpfer des Protestantismus waren, die Geschicke des Landes. Es war eine unruhige Zeit, schon lange vor Ausbruch des Dreißigjährigen Krieges. Im Jahre 1564 wurden die habsburgischen Länder gemäß der Ferdinandeischen Hausordnung (1554) unter Ferdinands Söhnen aufgeteilt. Kaiser Maximilian II. – zugleich König von Böhmen und Ungarn – erhielt Österreich unter und ob der Enns, Erzherzog Ferdinand II. Tirol und die Vorlande, Erzherzog Karl II. Innerösterreich (steirische Linie). Maximilian II. neigte längere Zeit dem Protestantismus zu, blieb jedoch katholisch. Er sah sich aber dann wie auch Erzherzog Karl gezwungen, wieder volle Religionsfreiheit zu gewähren (1568/71). Nach dem Trienter Konzil begann unter Maximilians Sohn Rudolf II. die Rekatholisierung aller habsburgischen Länder. Schließlich aber mußte Rudolf den böhmischen Ständen im Majestätsbrief von 1609 wieder die Religionsfreiheit garantieren. Die entscheidenden Maßnahmen gingen allerdings von Innerösterreich aus, wo Karls Sohn Ferdinand, der spätere Kaiser Ferdinand II., den Protestantismus unterdrückte.

Die Erbitterung der Protestanten über die Maßnahmen der Gegenreformation entlud sich 1618 im Aufstand von Böhmen, der den Dreißigjährigen Krieg auslöste. In dessen Verlauf erreichte das Haus Österreich 1629, als der Kaiser das Restitutionsedikt erließ, einen Gipfel seiner Macht im Heiligen Römischen Reich Deutscher Nation. Durch das Eingreifen von Schweden (1630) und Frankreich (1635) änderte sich dann allerdings die Lage wesentlich. 1648 mußte Kaiser Ferdinand III. schließlich gegen den eigenen Willen dem Westfälischen Frieden zustimmen. Damit war das Kaisertum in seiner Machtstellung im Reich wieder geschwächt. In den österreichischen und böhmischen Ländern allerdings hatten der Absolutismus über den Adel und der Katholizismus über den Protestantismus gesiegt. Der ständische Adel der Länder wurde mehr und mehr durch eine gesamtösterreichische Aristokratie ersetzt. Diese entwickelte sich dann zum stärksten Träger des österreichischen Staatsgedankens. Es war somit nicht verwunderlich, daß unter dem Druck dieser Verhältnisse in vielen Menschen, vor allem in Salzburg, der Entschluß reifte, die geliebte Heimat zu verlassen.

Zur gleichen Zeit kämpften in Frankreich die Hugenotten um die Anerkennung und Ausbreitung ihres Glaubens und für ihre politischen Rechte. Diesem Ringen um Religionsfreiheit stand das Bemühen der französischen Krone gegenüber, eine Abweichung im Glauben auf keinen Fall zu akzeptieren.

Mit dem von Ludwig XIV. verkündeten Revokationsedikt von Fontainebleau (1685) wurde die Möglichkeit freier Religionsausübung so stark beschränkt, daß sich die Hugenotten nur noch – wie sie sagten – als „Kirche in der Wüste“ verstanden und sich allein in der Verborgenheit halten konnten. Aufgrund der wachsenden Bedrohung, die bis zur Konfiszierung des Eigentums ging, verließen nach und nach rund 200.000 von ihnen ihre französische Heimat. Die französische Wirtschaft erlitt dadurch großen Schaden, von dem sie sich bis zur Französischen Revolution nicht erholen konnte. Gegen die Restgemeinde der Hugenotten in Frankreich wurde von 1702 bis 1704 Krieg geführt. Erst unter dem Einfluß des geistigen Klimas der Aufklärung wurden die hugenottischen Gemeinden seit dem Toleranzedikt von Versailles 1787 wieder geduldet. Die volle Gleichberechtigung erhielten sie aber erst durch den Code Napoléon.

Von besonderer Bedeutung waren die Hugenotten für Preußen, wo der Große Kurfürst sie mit dem Erlaß von Potsdam am 8. November 1685 in verschiedenen Gebieten ansiedelte. So entstand in Königsberg in Ostpreußen eine besonders starke Kolonie der Hugenotten. Sie hielten zusammen, pflegten ihre Sprache und feierten Gottesdienste in französischer Sprache. Um 1700 soll sogar jeder dritte Einwohner Berlins ein Hugenotte gewesen sein. Erst im Laufe des 19. Jahrhunderts fand eine Angleichung an die deutsche Sprache statt.

Die Aufnahme der Salzburger und der Hugenotten in Preußen hatte positive Auswirkungen auf die Entwicklung des Landes. Es war durchaus eine geistige Befruchtung, die Preußen erlebte. Die Einwanderer – vor allem die Salzburger – hatten an der Gestaltung der Städte in Ostpreußen durch ihr handwerkliches Geschick einen großen Anteil. Man fand bis 1945 in den Städten und Dörfern Ostpreußens Namen, die ebenso im Salzburgischen zu finden sind. Ähnlich war es mit den Hugenotten. Überall stieß man auf französische Namen oder Bezeichnungen. So war auch in meiner Klasse auf der Behringschule in Hohenstein ein Hugenotte, der auf den schönen Namen Bongé hörte. Eigenartigerweise war er der einzige von uns, der 1943 zur Waffen-SS eingezogen wurde. Er ging nicht freiwillig.

Der Grenzwald brennt

Mit 14 Jahren wurde auch in Ostpreußen jeder Pimpf Hitlerjunge, das ging ganz automatisch, und man wurde auch nicht gefragt. Zunächst war es ja auch wohl zu begrüßen, denn es war ein Stück Erwachsenwerden. Jeden Mittwoch traf man sich im Heim, es wurde viel gesungen, auch Geländekunde betrieben. Sport stand immer auf dem Dienstplan, man übte sich im Schießen, es gab auch weltanschauliche Schulung, und es wurde immer viel marschiert. Das konnten die Jungen am besten. Später wurde der Geländedienst besonders gepflegt: Hinlegen, Aufstehen, Tarnen, das alles wurde häufig und lange geübt. Beim Hinlegen richtig zu fallen, ohne sich zu verletzen, mußte ganz schnell gehen. Und die Hacken mußten dann fest auf den Boden gepreßt werden, damit die feindliche

Kugel nicht die Fersen treffen konnte. Wenn es regnete, war der Geländedienst ziemlich hart. Man mußte immer wieder Prüfungen ablegen und bekam nach Bestehen einen bestimmten Ärmelstreifen für die Uniform. „Schießwart", „Sportwart" oder „Schulungswart" stand darauf. Ich bekam alle nacheinander.

August 1939: Die Ferien gingen zu Ende. Die Menschen waren besorgt, sie hatten einfach Angst vor irgend etwas Ungewissem. Die Grenzen zu Polen und Rußland waren nahe. Es sah nicht gut aus in der Welt, Onkel Fritz aus Amerika hatte das wohl schon richtig gesehen: Das Deutsche Reich war nach dem Einmarsch der Wehrmacht in das Sudetenland, dem England, Frankreich und Italien auf der Konferenz in München zugestimmt hatten, fast wieder in seinen alten Grenzen wie vor dem Ersten Weltkrieg. Das Memelland war wieder Teil des Reiches. Doch da war noch das Problem um Danzig und den polnischen Korridor. Alle dachten, daß der Zugang nach Ostpreußen natürlich auf irgendeine Weise gesichert werden müsse. Man hörte schließlich viel von polnischen Schikanen und Übergriffen.

Die eigentliche Krise begann um Danzig. Als es zum Thema der europäischen Politik zu werden drohte, gaben England und Frankreich überstürzt Garantieerklärungen für die Stadt ab. Sie sollte nicht angetastet werden. Die politische Lage wurde immer unruhiger, man hörte von Zwischenfällen mit Polen. In Polen wurden Deutsche verfolgt, es gab Tote. Es hieß in den Nachrichten des Senders Königsberg, Engländer und Franzosen verhandelten nun gar in Moskau mit den Russen um einen Beistandsvertrag. Angst überkam die Menschen. Polen stellte den kleinen Grenzverkehr mit Deutschland ein. Die Furcht wuchs.

Die Jungen der Behringschule übten im Sommer 1939 ein Theaterstück für die Tannenbergfeiern ein, das am 1. September 1939 in Hohenstein uraufgeführt werden sollte. Es erinnerte an die Schlacht von Tannenberg 1410, in welcher der Deutsche Ritterorden durch Polen und Litauer geschlagen wurde. Die Behringschule war ja eine alte Ordensburg, und so sollte die Aufführung in der Schule, vor einer historischen Kulisse, stattfinden – die ganze Burg war Kulisse. In dem Stück mußte ein Melder auf einem Pferd durch das Tor in den Schulhof reiten. Um diese Rolle rissen sich die Jungen. Das Ganze spielte in den Abendstunden. Der Bote auf dem Pferd brachte eine Meldung vom Beginn der Schlacht. Vom Turm der Burg schallte der Ruf eines Wächters: „Der Grenzwald brennt!" Und der Himmel hinter der Burg wurde rot, blutrot von hellem Feuerschein. „Der Grenzwald brennt!" wiederholte der Rufer. „Wacht auf, wacht auf!" rief ein Ritter, ein anderer: „Der Regen löscht das Feuer wieder aus!" – „Dies Feuer löscht kein Regen wieder aus. Das Feuer hat Jagiello angezündet, und hunderttausend Reiter schüren ihm die Flammen." Die Jungen spielten das Stück mit aller Hingabe, zu der sie in ihrem Alter fähig waren, mit ganzem Einsatz. Sie stellten hier in der Burg nicht Geschichte dar, sie erlebten Geschichte. Sie erlitten die Schlacht.

Es war Ende August, kurz vor der Generalprobe: Alle, Lehrer und Schüler, wurden überrascht von der Rundfunkmeldung, daß in Moskau am 23. August Außenminister von Ribbentrop mit Molotow im Beisein von Stalin einen Nichtangriffspakt unterzeichnet hatte. Die Bedrückung war verflogen, die Drohung eines neuen Weltkrieges schien gebannt. Auf jeden Fall konnte es nun keinen Zweifrontenkrieg geben, den alle mehr fürchteten als sonst etwas in der Welt. Der Friede schien gesichert. Nun würden auch Engländer und Franzosen Deutschland in Frieden lassen müssen, das war ja klar.

Schließlich kam der Tag der Generalprobe. Es regnete ununterbrochen, den ganzen Tag über. Hoffentlich wird es bei der Premiere besser, wünschten sich die Jungen. Der Burghof war naß und glatt, es wurde schwierig für das Pferd, zu glatt. War es richtig beschlagen? – Dann plötzlich ein Befehl: „Die Probe ist sofort abzubrechen! Alle Schüler der Behringschule melden sich auf dem Schulhof!“ Kurz darauf fuhren Lastkraftwagen der Deutschen Wehrmacht vor. Wir mußten aufsitzen, und die Motoren heulten auf. Die Wagen fuhren an, verschwanden in der Nacht. In einem Waldstück kamen die Fahrzeuge zum Stehen. „Absitzen!“ hieß es. Überall im Wald waren Soldaten, überall wurde befohlen, doch mit gedämpften Stimmen. Dann wurden die Jungen klassenweise in Gruppen eingeteilt und bekamen die Aufgabe zugewiesen, Fahrzeuge der Wehrmacht mit Munition zu beladen. Es war eine ungewohnte Arbeit, denn die Kisten waren sehr schwer. Nachdem alle Fahrzeuge beladen waren, wurden die Jungen mit den Wagen wieder in ihre Schule gefahren und durften nach Hause gehen. Es war schon früh am Morgen. Immer noch regnete es, wir waren ganz naß.

Zum Wochenende holte mich der Vater nach Hause, und am Samstag fuhr die Familie zu Onkel Adolf Bahlo nach Altkirchen. Die Bahlos hatten dort ein Hotel mit einem Restaurant und einem Kolonialwarenladen. Die Eltern fuhren mit uns Kindern oft nach Altkirchen, und uns machte das auch Spaß, denn es gab da einen großen Saal, in dem oft Feste gefeiert wurden, mit einer richtigen Bühne und Vorhängen, die man elektrisch auf- und zuziehen konnte. Was wurde hier lustiges Theater gespielt!

Diesmal war Onkel Adolf nicht zu Hause, er hatte eine Einberufung zur Wehrmacht erhalten. Es war nicht so lustig wie sonst an den Wochenenden.

„Seit 5.45 Uhr wird zurückgeschossen!“

Am Sonntag, dem 1. September 1939, wurde in der Frühe das Radio eingeschaltet. Eine ernste Stimme kündigte eine Rede des Führers an. Marschmusik folgte. Alle saßen vor dem Radiogerät, das in einer großen

Truhe untergebracht war. Eine ungeheure Spannung erfaßte uns. Dann sprach der Führer: „Seit 5.45 Uhr wird zurückgeschossen!“ Wir hielten den Atem an. Es war Krieg.

Das Restaurant in Altkirchen wurde zu dieser Zeit von Onkel Otto aus Johannisburg versorgt. Er wurde nicht eingezogen, denn er war nicht kriegsverwendungsfähig. Otto mochte mich sehr. Er schenkte mir auch meinen ersten Schnaps ein. Nicht zuviel, aber doch gerade so, daß man die Engelchen auf den Lippen spüren konnte. Kosakenkaffee war es. Ich wäre nun auch gerne Soldat geworden wie Onkel Adolf. Aber noch wollte das Vaterland mich nicht zu den Fahnen rufen. Es war noch nicht die Zeit, da der Führer die Vierzehnjährigen mustern und einziehen ließ und ihnen die Wangen tätschelte.

Eine Woche voller Sorgen folgte. Niemand wollte mehr Theater spielen, niemand wollte singen. Dann kam die Nachricht: Onkel Adolf war kurz nach Überschreiten der deutsch-polnischen Grenze von einem polnischen Heckenschützen aus einem Kirchturm heraus durch einen Schuß in den Kopf getroffen worden. Er war gefallen. Die Zeit blieb stehen. Tante Lene konnte nicht aufhören zu weinen. Sie konnte es einfach nicht fassen, nicht begreifen. Aber es sollten nicht die letzten Tränen sein, die in Masuren geweint wurden in dieser sehr schweren Zeit.

Kriegsgefangene in Hohenstein

Das Leben ging weiter, auch die Schule mußte wieder besucht werden. Aber alles hatte sich verändert. Erste polnische Kriegsgefangene kamen nach Hohenstein, die in einem Lager unweit vom Tannenbergdenkmal untergebracht wurden. Immer mehr kamen. Sie hinterließen einen ärmlichen Eindruck. Das galt aber nur für die Mannschaften, die Offiziere schienen mir eleganter gekleidet als unsere. Schließlich wurden die meisten Soldaten zur Arbeit auf die Höfe und die Betriebe verteilt. So bekam auch der Sägewerkbesitzer Wieczichowski, bei dem ich wohnte, seine ersten Gefangenen zugewiesen.

Später kamen französische Gefangene und noch später Russen, unendlich viele Russen, bis das Lager sie nicht mehr fassen konnte. Die französischen Gefangenen wurden von uns Jungen regelrecht bestaunt wie Geschöpfe von einem anderen Stern. Anders als die Polen wirkten sie sehr gepflegt. Ihre Uniformen waren sauber, wie frisch gebügelt, besonders jene der Offiziere. In langen Kolonnen wurden die Kriegsgefangenen vom Bahnhof an der Stadt vorbei in das Lager geführt, von alten Landwehrsoldaten mit alten Gewehren kaum bewacht, eher geleitet.

Der Frankreichfeldzug war bald zu Ende. In kleinen Gruppen zogen nun die französischen Soldaten durch die Straßen der Stadt. Die Offizie-

Der Autor mit seinen Eltern in Niedersee

re gingen auf dem Bürgersteig. Einige hatten Reitgerten in der rechten Hand oder hielten sie unter der Achsel. Etwas Verdruß gab es schon, wenn die Deutschen manchmal den Franzosen auf dem Bürgersteig ausweichen mußten. Aber sonst wurde das Leben in der Stadt allmählich fast wieder normal.

Die Franzosen lösten die Polen bei der Arbeit im Sägewerk ab. Die Gefangenen bekamen im Werk eine Baracke aus Holz zugewiesen und brauchten nach der Arbeit nicht mehr in das Lager zu gehen. Um 22.00 Uhr wurde die Baracke abgeschlossen. Einer von den Franzosen bekam ein eigenes Zimmer, er war Marokkaner und genoß besondere Rechte. Sie nannten ihn Moro; er war ein lustiger Bursche.

Aber auch die Franzosen gingen bald wieder, sie wurden verlegt oder entlassen, und im Jahre 1941 kamen die Russen nach Hohenstein. Sie hatten verschlissene, schmutzige Uniformen und wirkten sehr müde – vom langen Marschieren sicherlich –, man mußte Mitleid mit ihnen haben.

Ich hatte in der Behringschule im Wahlfach auch die russische Sprache erlernt, deshalb ging ich oft zu den Gefangenen. Ich setzte mich zu ihnen auf einen Baumstamm, wenn sie Pause machten bei der Arbeit im Sägewerk, und sprach mit ihnen, so gut ich es damals konnte – und ich konnte es bald immer besser. Manchmal brachte ich ihnen ein Stück Brot mit. Die Gefangenen waren anfangs scheu, aber bald sprachen sie gern mit dem jungen Deutschen. Und sie brachten mir sogar den ersten russischen Witz bei (den ich hier bedauerlicherweise nicht nacherzählen kann). Einmal fragte ich die Russen, ob einer von ihnen jemals Stalin gesehen hätte. Sie schüttelten den Kopf. Aber einer von ihnen, der aus Moskau kam, sagte, er habe Stalin einmal bei einer Feier der Großen Oktoberrevolution auf dem Roten Platz in Moskau gesehen. Es könnte aber vielleicht auch ein Doppelgänger gewesen sein, das wisse man ja nie.

Die Gefangenen waren so hilflos, so arm in ihren schmutzig-braunen Uniformen, daß ich Mitleid mit ihnen bekam. Der Sägewerkbesitzer, ein gläubiger Christ, der regelmäßig bei Tisch aus der Bibel vorlas und mit der Familie betete, gab den Russen genug zu essen, denn in Ostpreußen war damals keine Not. Jeder konnte satt werden. Er sorgte dafür, daß auch die Kriegsgefangenen nicht Not leiden mußten. Ich aber begriff sehr bald, daß Gefangensein immer auch Not und Elend bedeutet, Verlust der Freiheit. Eingesperrt, ausgeliefert einem Schicksal, das für niemanden gewiß sein konnte. Es war zum Erbarmen.

Der Krieg verschonte zunächst Hohenstein, Masuren und ganz Ostpreußen. Während im Westen des Reiches die Städte im Feuer der Bomben zugrunde gingen, waren die Städte und Dörfer in Ostpreußen noch unversehrt. Glückliche Provinz! Nur die Menschen mußten ihre Opfer bringen. Die Seiten der Zeitung reichten kaum noch aus, die Nachrufe auf die vielen Gefallenen abzudrucken. „Gefallen für Führer, Volk und Vaterland." Ostpreußische Regimenter mußten im Krieg einen hohen Blutzoll entrichten. Ostpreußen galten als besonders gute Soldaten, zuverlässig, tapfer und treu. Ihre Divisionen waren an der Front von den Nachbardivisionen immer besonders gern gesehen. Sie hielten jedem Angriff lange stand; es hieß, länger als andere Divisionen.

Hohenstein blieb fast bis zu seinem Ende ein kleines, ein wenig verträumtes Städtchen mit kaum mehr als 4.000 Einwohnern. Der Ort wurde schon im Jahre 1351 urkundlich erwähnt und erhielt 1359 das Stadtrecht. Es war somit eine alte deutsche Stadt, mit Schulen, Geschäften, Kinos und Kirchen und mit der alten Burg des Deutschen Ritterordens aus dem 13. Jahrhundert, bis der Krieg schließlich auch nach dieser Stadt griff, wie zuvor nach Hamburg, Köln, Würzburg und Gelsenkirchen. Spät geschah dies erst, aber dann mit besonderer Grausamkeit, unbarmherzig und unmenschlich. Bis dahin hatte die Stadt noch Schonzeit.

Zunächst entfernte sich der Krieg sogar noch und kam doch allmählich für mich immer näher, denn es war natürlich bald klar, daß auch ich noch Soldat werden mußte. Ich wartete ja auf die erste Gelegenheit, mich freiwillig melden zu können. Ich wollte Soldat werden, und zwar Offizier, wollte Beispiel geben und anführen. Und der Krieg war lange geduldig. Zuerst brachte er nur die Kriegsgefangenen, dann viele Feldpostbriefe, aus Frankreich, Norwegen, Finnland, aus Griechenland und Nordafrika, und viele Briefe aus Rußland. Dann kamen die Todesanzeigen.

Ich verfolgte alle Schlachten mit, im Atlantik und über den Britischen Inseln, aber ganz besonders in den Weiten Rußlands. Ich zeichnete nun Sturzkampfbomber, wie sie durch die Wolken auf den Feind stießen. Eines dieser Bilder wurde sogar im Fenster des Schreibwarenladens gegenüber der Behringschule ausgestellt. Aber ich malte auch immer wieder Landschaften, Burgen, Friedrich den Großen und meine Schwester im zartrosafarbenen Brokatkleid mit hochgeschlossenem Kragen. Später, auf der Flucht, trug meine Schwester einen Koffer mit meinen Bildern bis nach Garmisch-Partenkirchen, wo ihr Porträt und Friedrich der Große nun die Wand in ihrem Wohnzimmer schmücken.

Eine Hochzeit als schlechtes Omen

Endlich, 1942, konnte ich mich freiwillig zur Wehrmacht melden. Die Schule in Hohenstein hatte ihre Faszination verloren. Der Krieg hatte mich gerufen.

Mitten im Krieg heiratete meine Schwester einen Soldaten, der kurz nach der Trauung an die Front mußte. Was war das trotzdem für eine Feier! Alle Verwandten kamen, aus Johannisburg, Sensburg, Ortelsburg und auch aus Königsberg. Und selbst aus Wien kam eine Freundin meiner Schwester. Dieses Mädchen, so alt wie Ruth, im Gegensatz zu dieser aber Mitglied im Bund Deutscher Mädchen, hatte die ostpreußische Mundart in kurzer Zeit total vergessen. Sie sprach perfekt den Wiener Slang und war stolz, daß sie es so gut konnte. So sind auch heute manche Ostpreußen, die in der Fremde nicht gern als solche an ihrer Sprache erkannt sein wollen. Aber es ist ganz gewiß die Minderheit. Den meisten macht es nichts aus, wenn sie in der Fremde als Ostpreußen identifiziert werden, es sei denn, sie arbeiten in den Fernsehanstalten. Dort haben viele Sprache und Heimat vergessen.

Das Haus konnte die Hochzeitsgäste kaum fassen, und es wurde gefeiert bis tief in die Nacht hinein. Man hatte aber auch allen Grund, recht viel in sich hineinzuspülen bei diesem Fest, denn nach der kirchlichen Trauung, als das Paar das Gotteshaus verlassen hatte und die Kutsche besteigen wollte, brannten die Pferde plötzlich durch. Sie rissen den Wagen nach vorn, über die Straße hinweg, und galoppierten tief in den Wald hinein. Ein Aufschrei, und dann war Stille. Jemand lief dem Wagen nach, um die Pferde zum Stehen zu bringen, aber alle anderen wußten, daß sich damit ein großes Unglück angekündigt hatte. Das war unvermeidlich!

Und es kam noch schlimmer. Nach Mitternacht mußte ich die Freundin von Ruthchen zum Bahnhof bringen, zu Fuß natürlich. Es passierte dabei auch noch nichts Schlimmes. Aber nachdem ich sie ordnungsgemäß auf dem ersten Bahnsteig verabschiedet und ihr eine gute Fahrt nach Wien gewünscht hatte, ging ich froh im Herzen nach Hause zurück und erschrak plötzlich zu Tode. Ich war gerade hinter dem Gemeindehaus in der Nähe des Friedhofs, dort, wo jenseits der Straße die Lichtung mit dem versunkenen Schiff war, da stockte mir wirklich, und das ist wahr, der Atem. Geradeaus vor mir in der Richtung des Elternhauses sah ich einen riesengroßen Feuerschein. Mein Gott, das Elternhaus brannte! Alle werden im Schlaf verbrennen! Nein, lieber Gott, bloß nicht! Ich lief querfeldein wie vom Teufel getrieben in Richtung auf unser Haus zu. Als ich den kleinen Bach überquert hatte und den Höhenrücken hinauflief, der uns im Winter als Rodelbahn diente, sah ich plötzlich kein Feuer mehr. Am nächsten Tag sagte man aber, daß in der Nacht ein Strohhaufen auf einem Feld des Großvaters abgebrannt war. Das sei ein richtiges Feuerwerk gewesen.

Als der Krieg nach mir rief – der Einberufungsbefehl traf kurz vor Weihnachten ein –, packte ich in Hohenstein meine Sachen, verlud mein Bett auf einen Karren und ging, begleitet von den Kindern des Sägewerkbesitzers, Arnold und Ruth, zum Bahnhof. Ich verließ die Stadt, mit der mich so viele gute Erinnerungen verbanden, in der ich wohl geformt wurde für das Leben, in niedergedrückter Stimmung. In meiner Tasche trug ich ein gehäkeltes Armband mit mir, auf dem die Worte eingestickt waren „Gott beschütze dich". Und wie Rilkes Kornett von dem Bildnis einer fremden Frau beschützt wurde, so begleitete mich damals das Gebet eines jungen Mädchens bis zur Front. Nur wenige Tage blieben mir, bis ich auch von Mutter und Schwester auf dem Bahnhof von Niedersee Abschied nehmen mußte. Der Vater war schon lange im Krieg. Ich würde ihn nicht mehr sehen, bevor ich nun selbst Soldat wurde.

Die Mutter hatte auf dem Bahnhof zum Schluß keine Tränen mehr. Aber der Junge dachte: Ich komme wieder. Ganz bestimmt.

Dieser verdammte Krieg

Die Last, Soldat zu werden

Der Zug fuhr nach Stettin. Ein sehr langer Zug mit einer schwer keuchenden Lokomotive, die ständig Dampf ausstieß. Die Bänke waren hart, es war die dritte Wagenklasse. Wieder fuhr ich bei Thorn über die hohe Weichselbrücke, jedoch wurde ich dieses Mal nicht von polnischen Beamten kontrolliert. Ich war Soldat, unterlag ab sofort der Militärgesetzgebung und hatte Reisepapiere der Deutschen Wehrmacht. Die Fahrt ging über Bromberg, Schneidemühl, vorbei an vielen pommerschen Seen, über Stargard nach Stettin. Der Zug hatte gleichsam die Angst mit an Bord. Bei einem Aufenthalt, es war wahrscheinlich in Bromberg, hörten die Reisenden eine Meldung des großdeutschen Rundfunks: Die 6. Armee in Stalingrad war der feindlichen Übermacht erlegen.

Im Kriegstagebuch der Wehrmacht vermerkte der Chronist am 29. Januar 1943: „In Stalingrad konnte der Feind die Zariza-Front westlich der Eisenbahn durchbrechen. Die Nordgruppe setzte ihren Widerstand fort. An Verwundete und Kranke kann keine Verpflegung mehr ausgegeben werden."

Am 31. Januar 1943 hieß es: „In Stalingrad brach trotz heldenmütiger Abwehr die bisherige Front des Südkessels zusammen. Im Nordkessel meldet das XI. Armeekorps, daß es befehlsgemäß bis zum Letzten kämpft."

Am 1. Februar 1943, als ich zu meinem Dienstantritt fuhr, meldete die 6. Armee aus den Ruinen von Stalingrad: „Russe vor der Tür, wir bereiten Zerstörung vor. Wir zerstören."

Am 2. Februar 1943 die letzte Meldung: „Das XI. Armeekorps hat mit seinen 6 Divisionen in schwerstem Kampf bis zum Letzten seine Pflicht erfüllt. Es lebe der Führer. Es lebe Deutschland." Damit brach die Fernmeldeverbindung mit Stalingrad ab. Die 6. Armee bestand nicht mehr.

Mit dieser Nachricht vom Untergang der 6. Armee belastet, meldete ich mich als Soldat zum Dienstantritt beim Artillerieregiment 2 in Stettin.

Stettin war sehr schön, am Westufer der Oder gelegen, die an der Stadt vorbei über das Papenwasser durch das Große und das Kleine Stettiner Haff, durch die Peene und an Swinemünde vorbei in die Pommersche Bucht der Ostsee floß. Südlich von Stettin teilte sich die Oder in zahlreiche Arme, in Westoder und Ostoder mit vielen kleinen Verzweigungen.

Stettin, die Hauptstadt von Pommern, hatte 1943 an die 400.000 Einwohner, zehnmal soviel wie Allenstein. Die Stadt hatte den drittgrößten Hafen Deutschlands, den größten an der ganzen deutschen Ostseeküste. Von dort gingen Güter nach Dänemark und Schweden, und Passagierdampfer liefen von hier aus nach Rügen und zu den ostpreußischen Häfen.

Die Stadt war im 12. Jahrhundert aus einer kleinen deutschen Kaufmannssiedlung entstanden und hatte schon im Jahre 1243 das Magdeburger Stadtrecht erhalten, war also 700 Jahre alt. Die Altstadt war reich an schönen, alten Bauten. Die Johanneskirche, erbaut um 1300, war vielleicht die schönste Backsteinkirche in Pommern. Dann gab es die Hallenkirche mit ihrem 120 Meter hohen Mittelturm und die Peter- und Paulskirche aus dem 15. Jahrhundert. Stettin gehörte ab dem Jahre 1278 zur Hanse, wie Lübeck, Hamburg und Bremen.

Es war eine Stadt der Werften, der Industrie, mit Papierfabriken, Eisen-, Stahl- und Zementwerken, ja sogar mit einer Kraftwagenfabrik und einer Ölraffinerie, eine Stadt mit großem bäuerlichem Hinterland. Am Ende, 1945, brannte die Altstadt im Feuer des Krieges aus. Die Trümmerreste der alten Gebäude wurden abgetragen und nach Warschau gebracht.

Zu Beginn des Jahres 1943 aber war Stettin noch eine blühende Stadt und eine große Garnisonsstadt. Der Krieg hatte sie noch nicht erreicht. Hier meldete ich mich zum Dienst und betrat die Bühne einer anderen Welt. Ich wurde eingekleidet, und alle Uniformstücke paßten, auch der Stahlhelm, obwohl er doch sehr am Kopf drückte. Die ersten Schritte als Soldat waren überhaupt nicht schwer. Gehorsam kannte ich bereits. Der Karabiner, das Gewehr 98 k – nach Meinung der Ausbilder war es fortan meine Braut –, war mir vertraut aus der militärischen Vorausbildung in der Hitlerjugend. Ich konnte schon militärisch richtig gehen, Tempo 114, konnte exerzieren, mich im Gelände bewegen, wie auch meine Kameraden es konnten, Uli Bünting aus Stettin, Werner von Schwerin, Jelto von Schuckmann, der Berliner, der Wiener Graf Stosch, der seine Mama in Briefen mit „Verehrte Frau Mutter“ anredete, und all die anderen. Es waren viele Adelige im Regiment. Artillerist zu sein, besonders ein „bespannter“ Artillerist, mit Pferden also, das war durchaus schick, fast so, wie im Infanterieregiment 9 zu sein, in dem ja neben anderen hohen Herren auch der spätere Bundespräsident Richard von Weizsäcker diente. Der „richtige Herr“ konnte aber auch Aufklärer werden.

Stettin, das war auch die Begegnung mit pommerschen Mädchen. Man sagte immer, diese Mädchen hätten ganz wie die ostpreußischen „dicke Beene“, Kartoffelstampfer. Das war natürlich die reinste Verleumdung. Nun, sie waren anders als die Berlinerinnen zum Beispiel, aber lustig waren sie auch, voller Frohsinn und Freude an ihrem jungen Leben. Diese Mädchen hatten durchaus ihren besonderen Charme. Ohne natürlich hier einen Vergleich anstellen zu wollen, aber wer wollte allen Ernstes behaupten, daß es in Ostpreußen nur schwerblütige Pferde mit dikken Beinen gegeben habe? Nein, um Gottes willen, es war doch das Land der Trakehner mit ihren schlanken, ganz besonders schönen Fesseln. Als Junge in Hohenstein hatte ich oft Trakehner beobachtet. Ich hatte sogar einen Aufsatz verfaßt über die Bewegung des Pferdes und dafür die Bewegung eines jeden Muskels beim Trab oder Galopp beobachtet, stundenlang, und dann beschrieben.

In Stettin gab es eine junge Abiturientin mit ganz blonden, sehr langen Haaren, die weit über die Schultern fielen. Die Haare waren wie reifer Weizen auf einem ostpreußischen Feld vor dem Schnitt. Helma hieß sie und war die Freundin des besten Kameraden. Ein Tabu natürlich, aber man schrieb einander doch einige Zeit Briefe aus der Heimat an die ferne Front in Rußland und zurück. Und dann war da auch noch Evchen, ein Mädchen mit dunklen Haaren.

Eines Tages bekamen die Soldaten eine Einladung zu einem Hausball, das hatte wohl Uli mit Helma gedeichselt. Man traf sich nach schwerem Dienst, die jungen Soldaten, die in ihren Knobelbechern doch kaum tanzen konnten, und die Mädchen, die wiederum so gerne tanzten und fröhlich sein wollten. Man war einander beim Tanzen ganz nah, das war sehr schön. Die Mädchen hatten natürlich einen anderen Duft als die Soldaten, die ständig mit Karabiner-Öl arbeiten mußten oder im Stall mit Pferdemist. Ein lachendes junges Mädchen mit blitzenden Augen im Arm, das war schon etwas anderes, als dem Unteroffizier in das Auge zu schauen. Auch die Tochter eines Generals war dabei. Vielleicht wußte sie, daß sie in diesem Kreis etwas Besonderes war, sie wirkte jedenfalls so. Ganz schön eingebildet kam sie mir vor.

Die Mädchen in Stettin nahmen den Soldaten aus Masuren an, als wäre er ein Stettiner, als hätte ich – wie Schwede-Coburg, der Gauleiter, so jedenfalls behauptete es Uli – im UFA-Café Swing gelernt. Es waren recht harmlose Begegnungen. Gelitten oder gar Schaden genommen hat niemand, als die Soldaten eines Tages von Stettin nach Köslin zur Fortsetzung der Ausbildung versetzt wurden.

In Köslin erhielten wir täglich eine reiterliche Ausbildung. Das Leben konzentrierte sich nahezu auf das Pferd, jedoch kam die militärische Grundausbildung keineswegs zu kurz. Wenngleich ich oft dachte, daß so viel Reitausbildung und so viel Dienst im Stall nach Stalingrad vielleicht doch ein Luxus sein könnte, machte das Reiten natürlich Freude. Für manche Kameraden war es ja der eigentliche Grund, warum sie sich zu dieser Truppe freiwillig gemeldet hatten. Aber einen Kameraden hat das Reiten sein Leben gekostet: Aus Beständen der ehemaligen französischen Kriegsschulen wurden uns Berberhengste zugewiesen. Es waren bildschöne Tiere, mit weißem Fell, sehr temperamentvoll. Es war schwierig, die Pferde zu satteln, so unruhig waren sie im Stall. Für die Offiziersanwärter waren sie eine große Herausforderung. Wir mußten sie in der Bahn reiten und später auch im Gelände. Bei den Ausbildern beliebt war

Auf Heimaturlaub in Niedersee (unten mit Schwester Ruth)

eine Strecke durch den Wald zum See, in dem wir am Ufer entlang eine Strecke von ungefähr 500 Metern im Wasser reiten mußten. Bei einem solchen Ausritt scheute ein Tier in der Waldschneise und warf seinen Reiter ab. Er wurde aus dem Galopp in höchster Geschwindigkeit gegen einen Fichtenstamm geschleudert und war sofort tot. Die meisten Offiziersanwärter konnten ihre Pferde nicht zum Stehen bringen und ritten, wie immer, in das Wasser. Erst nach dem Ausritt erfuhren sie, was passiert war. Wir waren sehr betroffen. Wir hatten unseren ersten Toten.

Beim Handgranatenwerfen aus dem Schützenloch verloren wir unseren zweiten Kameraden. Wie üblich standen wir in den Einmannlöchern, lösten auf das Kommando des Unteroffiziers die Sicherung, zählten 21 bis 25 und warfen die Granate im hohen Bogen gegen den Feind, hier waren es noch Pappkameraden. Wer bereits geworfen hatte, mußte 20 Schritt zurücktreten und von dort den Wurf des nächsten Soldaten beobachten. Einmal geschah Unfaßbares: Der Kamerad, der als nächster an der Reihe war, die Handgranate zu werfen, richtete sich im Schützenloch auf, riß die Sicherung aus ihrer Halterung, nahm mit dem rechten Arm Schwung und – wir erstarrten – behielt die Handgranate in der Hand, warf sie nicht. Kurz bevor die Granate explodierte, schrie der Unteroffizier: „Hinlegen!“ Wir warfen uns zu Boden und blieben so von Verletzungen verschont. Unser Kamerad aber war sofort tot. Dieses Sterben eines Kameraden, das wir nicht begreifen konnten, hat uns damals sehr berührt. Warum hatte er das getan? fragten wir uns immer wieder in den Stuben. Doch wir fanden keine Antwort. Auch eine später angesetzte Untersuchung konnte keine Aufklärung bringen.

Von Köslin ging es anschließend an die Grundausbildung nach Graudenz und von dort nach Amberg in die Oberpfalz. Dort sollten wir im 7. Offizierslehrgang zu Oberfähnrichen ausgebildet werden. Urlaub bekam ich nur einmal von Graudenz aus. Ich verbrachte die wenigen Tage, schon als Gefreiter, natürlich in Niedersee. Im Urlaub trug ich die Uniform, auch beim Rudern auf dem See, öffnete dabei lediglich den Kragen des Uniformrockes. Der Krieg hatte Masuren noch nicht erreicht. Die Mutter hatte zwei kleine Schafe gekauft, mit denen ich herumspielte und die ich gerne streichelte. Aber die Stimmung der Menschen war sehr bedrückt. Oft kam ein Bote mit der Meldung über einen Gefallenen von der Ostfront. Dem folgte dann der Brief eines Kompaniechefs, der den Angehörigen aus weiter Ferne Trost geben wollte. Meist hieß es in diesen kurzen Feldpostbriefen, daß der liebe Mann oder Sohn für Führer, Volk und Vaterland den Heldentod gestorben sei. Um zu trösten, hieß es meist, der Soldat sei sofort tot gewesen und habe nicht leiden müssen. Und in den Zeitungen waren täglich Anzeigen über Gefallene zu lesen.

Wenn auch der Krieg Ostpreußen noch nicht erreicht hatte, so machte er sich doch allmählich immer mehr bemerkbar, vor allem eben durch die Anzeigen in der Zeitung. Es gab noch keinen Hunger in Masuren, aber man merkte doch, daß alles knapp wurde, vor allem das Fleisch. So aß man oft an Stelle von Fleisch zum Mittagessen Fisch, den gab es reichlich im Niedersee. Also fuhr ich während des Urlaubs mit dem Fahrrad an den See, ließ es am Ufer liegen und ruderte mit einem Boot, das einem Fischer gehörte und dort am Ufer vertäut war, auf eine kleine Insel, wo er sein Haus hatte. Der Fischer war nur über das Wasser zu erreichen. Er hatte immer die frischesten Fische, und dazu waren sie besonders preiswert. Viele Leute machten das so wie ich.

Amberg war eine zauberhafte kleine Stadt in der Oberpfalz, mit einer alten, gut erhaltenen Stadtmauer, der Garnisonskirche, dem Nabburger Tor und dem Mariahilfberg. Dieser Stadt fühlte ich mich bald sehr verbunden. Hier bekam ich nun meine Spezialausbildung, die mit der Beförderung zum Oberfähnrich abschließen sollte. Der Dienst wurde wirklichkeitsnah mit Schwerpunkt im Gelände durchgeführt, auf dem Übungsplatz, auch im freien Gelände um Amberg und Sulzbach-Rosenberg, bei Tag und oft auch bei Nacht. Amberg, das war vor allem die erste Begegnung des Ostpreußen mit Bayern und seinen Bewohnern. Für einen Masuren war manches, was man dort in der knappen Freizeit erlebte, schon sehr erstaunlich. Was waren denn eigentlich Rohrnudeln, Dampfnudeln und ähnliches? Wie, das waren gar keine Nudeln?

Die Ausbildung wurde immer fordernder. Ich wurde an die Grenze der Belastbarkeit geführt. Es gab aber auch schöne Stunden, vor allem im Kreis der Kameraden.

Als Vorgesetzte entdeckten, daß ich recht gut zeichnen konnte, befreiten sie mich für Tage vom Dienst, um, statt zu exerzieren, was ich ja bereits vortrefflich beherrschte, die Stuben der Fähnriche mit Wandbildern auszuschmücken. Ich tat dies mit Freude. Und als am Tag der Wehrmacht Amberger Bürger durch die Stuben der Kaiser-Wilhelm-Kaserne geführt wurden, da schmunzelte doch so mancher alte Herr – die Damen schauten lieber rasch weg –, wenn er an der Wand sah, was der junge Soldat dort farbig dargestellt hatte zu dem Motto: „Wovon kann der Landser denn schon träumen? Er träumt von einem Mägdelein." Der Künstler in Uniform hatte seine Träume nur mit einem Hauch von Kleidung versehen, lediglich die unteren Körperpartien leicht verdeckt. Und wieder zerbrach man sich den Kopf, wie es die Mutter vor Jahren einmal in Allenstein kurzzeitig getan hatte, wer da wohl Modell gestanden haben mochte.

In Amberg wurde viel gesungen in der Freizeit. Marschlieder, gewiß, jedoch mehr noch die guten alten deutschen Volkslieder, von dem Jäger, der „in das Horn blus", dem Heideröslein und dergleichen mehr. Ich sang immer laut und kräftig mit; ja, als an jenem Tag der Wehrmacht der Soldatenchor vom Flakgerüst auf dem Wirtschaftsgebäude heruntersang, da übertönte ich, der Bursche aus Masuren, ganz sicher alle anderen. Man hat mich jedenfalls sicher immer gehört. Denn ich hatte ja eine Stimme, die später einmal, in Gefangenschaft, den russischen Lagerkommandanten des Lagers 445/2 in Tilsit, Major Pawlitschenko, zu dem Ausruf bewegen sollte: „Welch ein Baß!"

In Amberg erhielt ich regelmäßig Post von meiner Mutter. Sie schickte mir auch genauso regelmäßig selbstgebackene Torten, die immer in der Stube gerecht verteilt wurden. Leider waren sie manchmal aufgrund des langen Wegs von Masuren, den der ostpreußische Mohn nicht immer gut überstand, verschimmelt.

Der Krieg und der Tod rücken näher

Eines Tages, wir waren schon Fähnriche, wurde über Nacht einer nach dem anderen in das Lazarett in Amberg eingeliefert. Nach einer Diphtherieschutzimpfung bekamen sämtliche Fähnriche eine Brustwandentzündung, die operativ behandelt werden mußte. Ein Kamerad starb, einem anderen blieb der linke Arm gelähmt, und er mußte aus der Wehrmacht entlassen werden, er war zum Offizier nicht mehr geeignet. Ursache dafür war ein absichtlich in München verschmutztes Serum, so hieß es später. Widerständler wollten diesen Offiziersjahrgang ausmerzen, es habe Verhaftungen gegeben. Zum ersten Mal hörten wir Soldaten über Widerstand.

Als ich nach meiner Operation, die ich gut überstanden hatte, erwachte, sah ich auf dem Stuhl neben meinem Bett eine junge Schwester sitzen, die meine Hand hielt, was ich als äußerst angenehm empfand. Auch an den Betten der anderen Kameraden saßen Schwestern. Ich hatte den Eindruck, daß alle, sofern sie aus der Narkose schon erwacht waren, ganz vergnügt schienen, ja sogar lachten. Sie freuten sich, daß auch ich wieder erwacht war und lebte. Die Schwester aber fragte: „Was haben Sie denn in der Narkose nur geträumt?" Sie wartete eine Antwort gar nicht erst ab. „Sie haben immer wieder gesagt, Sie hätten Ihren Beruf verfehlt. Sie hätten Künstler werden sollen." Mein Gott, Herr im Himmel, war mir das peinlich vor den Kameraden! Auch vor der Schwester. Ganz schnell mußte ich wieder einschlafen, aber einmal wacht – zumindest in der Regel – jeder aus der Narkose endgültig auf, und mit diesem Vorfall mußte ich also weiterleben. Es ging dann eigentlich doch recht gut und besser, als im ersten Augenblick erwartet. Ich war gewiß ein guter Soldat und gab mir auch viel Mühe.

Ich begriff in Amberg, daß der Krieg immer näher zu uns kam. Ein Großangriff feindlicher Bomber traf Nürnberg, als ich gerade auf Wache stand. Die Erde bebte in Amberg. Feuerschein zuckte am Himmel auf. Nürnberg, diese herrliche, schöne alte Stadt, verglühte in berstenden Bomben. Die Kirchen fielen in sich zusammen. Es war Krieg!

Krieg, das waren zunächst Sondermeldungen des Rundfunks, Erfolgsmeldungen der Wehrmacht, die immer von Fanfaren begleitet waren.

Offiziersausbildung in Amberg (links der Autor)

Krieg, das waren zuerst Siege und Sieger. Prien, Mölders, Hartmann, Dietl und von Manstein, Heerführer und Kämpfer. Der Krieg hatte allmählich eigene Gesetze entwickelt. In Nordafrika wurde immer fair gekämpft, und der Unterlegene nahm die Hand an die Mütze, wenn er in die Gefangenschaft gehen mußte. Engländer oder Deutscher, das machte keinen großen Unterschied unter der Sonne Afrikas. In Rußland, das wußten die jungen Soldaten in Amberg schon, war der Krieg von anderer Natur. Dort diktierte, vor allem seit Stalingrad, der Haß das Gefecht. Es war nicht mehr Kampf, sondern wurde zum Bekämpfen, zum Vernichten des Feindes.

Wir waren nun gut ausgebildete Soldaten und würden bald zum Einsatz kommen, zur Frontbewährung. Soldaten des Führers? Wir fühlten uns als Soldaten für unser Land. Soldaten der Wehrmacht! Soldatsein, damals, das war Unterwerfung, Gehorsam, Aufgabe des eigenen Wollens. Der Unteroffizier übernahm das Denken, wie er selbst sagte. Das Denken, so meinte er, sollten wir lieber den Pferden überlassen, die hätten die größeren Köpfe. Und wenn der Unteroffizier sagte, jener Baum da drüben sei gar nicht grün, sondern weiß, dann war der Baum eben weiß. „Hinlegen, auf, hinlegen, auf und stehen! Was, ihr wollt Abiturienten sein? Ihr wollt Offiziere werden? Daß ich nicht lache!“ schrie Unteroffizier Herman. Und schien sich köstlich zu freuen. Er gab uns Fähnrichen den letzten Schliff, wie er sagte. Unteroffizier Herman schliff uns wie Diamanten.

Soldatsein, nicht denken! Aufstehen um 5.00 Uhr früh, Betten bauen, Stalldienst, Spindordnung einhalten, exerzieren, Essen fassen, hinlegen und aufstehen und dann Zapfenstreich, schlafen gehen. Und immer marschieren, singen und marschieren. Nachts wecken: Antreten auf dem Flur der Kaserne, Gasmaske aufsetzen, Gasmaske wieder absetzen. Ein Befehl! „Gelobt sei, was hart macht, Junker. Weggetreten!“ Kurz schlafen, um 4.30 Stalldienst. Das Leben des Soldaten! Langsam begann man zu funktionieren. Man wurde belastbar.

Nahkampf: immer häufiger wurde das geübt. „Nahkampf, Junker“, so der Hauptmann, „heißt, das Weiße im Auge des Feindes zu sehen!“ Wir hatten in letzter Zeit in einer gefechtsnahen Infanterieausbildung stets den Einbruch in eine feindliche Stellung geübt, mit Schnellschuß und Hüftschuß, wir lernten schießen, ohne richtig zu zielen. Alle Bewegungen mußten schnell ablaufen. Man mußte immer schneller sein als der Feind, schneller und härter zupacken. Und dabei wurde mit ganzer Kraft „Hurra“ gerufen.

Nahkampf wurde nun anders geübt, immer aus der Abwehr heraus. Der Feind griff an. Man mußte ihn abwehren lernen, Mann gegen Mann. Der Feind, das war bei der Übung immer ein Kamerad. Auch beim Nahkampf mußte man zuerst laut schreien, doch das Schreien wurde bald mehr zum Ächzen und Stöhnen. Nach äußerstem Kräfteeinsatz kam die Erschöpfung. Es wurde alles gleichgültig, man konnte einfach nicht mehr. Der Junker legte sich ins Gras und blieb liegen. Mein Gott, war der Himmel blitzblau! Und Wolken türmten sich ganz weiß und etwas grau zu riesengroßen Bergen mit runden Kuppen. Gott, dachte ich, der Junker, Gott, wo bist du?

Aber – da waren ja die Kameraden. Uli, Hans und Werner, all die anderen. Kameraden. Man konnte sich auf sie verlassen. Sie würden sich vor einen stellen, wenn es erforderlich war. Und sie würden immer hinter einem stehen, einen aus dem Dreck holen, wenn man liegenblieb. Es waren Kameraden, Soldaten der 7. OA-Inspektion, der Offiziersanwärter-Inspektion in Amberg. Kameradschaft hielt nicht nur die Gruppe zusammen, diesen kleinsten militärischen Organisationskörper, sie trug den einzelnen Mann, war ganz persönlicher Halt und Stütze. Mit all dem Drill, aber etwa ohne Kameradschaft, wären die Junker ganz gewiß nicht bis Saporoshje gekommen. Soldatsein wurde zu mechanischen Abläufen. Man funktionierte, verläßlich. Der Vorgesetzte dachte, der Mann gehorchte. Befehl – Ausführung – und Meldung. Das war das Hermansche Prinzip! Auch andere Unteroffiziere waren hart in der Ausbildung, hatten aber immer das Ziel im Blick, aus diesen Fähnrichen tüchtige Offiziere zu machen. Es gab verdammt gute Unteroffiziere in der Deutschen Wehrmacht. Auf ihren Schultern ruhte weitgehend der militärische Erfolg der ersten Kriegsjahre.

Und es gab Perspektiven. Einmal werde auch ich Vorgesetzter sein, dachte ich. Dann werde ich alles anders machen. Oder doch so wie Hauptmann Töpfer, mein Chef?

Hauptmann Töpfer war an der Ostfront mehrfach ausgezeichnet worden. Der Russe hatte ihm die rechte Hand zerschossen. Nun führte er Offiziere an ihren Beruf heran, bereitete sie vor für den Einsatz an der Front, der ja immer näher rückte. Hauptmann Töpfer hatte das Eiserne Kreuz erster Klasse, das Sturmabzeichen und das goldene Verwundetenabzeichen erhalten, auch die Nahkampfspange. Wenn er vor seinen Junkern stand, massierte er ständig mit seiner Linken die rechte Hand. Er wartete nur auf seine Versetzung an die Front, und bis diese kam, wollte er seinen Junkern der Fähnrichvater sein. Sein „Guten Morgen, Junker!" klang immer gleich, aufmunternd und zugleich Mut machend. Und es wurde klar, nur wer Mut selbst zeigte, konnte auch anderen Mut machen. Natürlich hatte das ständige Massieren der rechten Hand nichts direkt mit Mut zu tun, eher war es eine Frage der Haltung oder Ausdruck seines Pflichtbewußtseins. Der Hauptmann wollte eben so schnell wie möglich wieder an die Front. Wir Junker aber begannen nachzudenken über die Tugenden des Soldaten. Mut zu haben, so dachte ich, war eigentlich einfacher, als tapfer zu sein. Man konnte notfalls die Augen schließen, sich auf den Gegner stürzen und schießen. Wie auch immer, Tapferkeit mußte die wichtigere Tugend sein. Durchhalten, liegenbleiben. Tapfer ausharren bis zum Letzten! Ich wollte ein guter und tapferer Soldat sein. Und ich lernte und verstand, daß die Ausbildung fordernd sein mußte, hart, ausgerichtet auf das Gefecht. „Tjerpi, Kasak, Ataman budjesch!" – „Dulde, Kosak, dann wirst du Hetman!" sagt ein altes russisches Sprichwort. Nimm es auf dich, Kosak, dulde, dann kommst du vorwärts.

Hauptmann Töpfer war uns Junkern ein Vorbild. Viele Jahre später sollte die Führung der Bundeswehr ihn nicht als Vorbild sehen, aus welchen Gründen auch immer. Sie würde ihn „verstrickt" sehen in das damalige System. Wie kleingeistig und ungerecht ist doch eine solche Sichtweise.

Dennoch, immer wieder überlegte ich damals: warum denn so oft diese Schikane bei der Ausbildung? Wir wollten doch dienen, Dienende sein an unserem Volk und für unser Land. Mir wurde plötzlich bewußt, „Dienender" zu sein – ich haßte auch später bei der Bundeswehr immer die Worte „Diener", „Längerdiener" oder „Kurzdiener". Dienender, das war nicht nur Aufgabe von Eigenständigkeit, es war mehr Opferbringen. Damit konnte ich später vieles erklären. Ich konnte letzten Endes auch immer damit leben, Dienender am eigenen Volk und für dessen Freiheit zu sein.

Immer häufiger wurden wir im Nahkampf ausgebildet. Es war eine Erfahrung des Rußlandfeldzuges, daß es im Gefecht selten Zeit gibt, vor dem Schuß das Gewehr hochzunehmen und zu zielen. Nahkampf – das Weiße im Auge des Feindes sehen, das sagte Hauptmann Töpfer immer wieder. Und immer wieder wurde es geübt. Das Bajonett wurde auf das Gewehr gesteckt, dieses mit beiden Händen erfaßt und dann in den Gegner hineingestoßen. Ein Kamerad war in dieser Ausbildung der Gegner, der den Angriff abwehren mußte.

Einmal, nach einer sehr schwierigen Ausbildungsphase, für die Hauptmann Töpfer mich als Vorgesetzten eingeteilt hatte, schrieb er in großer, deutlicher Schrift auf einen Fetzen Papier: „Ich spreche dem Fahnenjunker K. eine Anerkennung aus!" Das wog so schwer wie der Händedruck von Studienrat Moll in Hohenstein. Ich bewahrte den Zettel auf, auch als ich schon General war. Er hatte den Krieg auf wunderbare Weise überlebt.

Im Dezember 1943 erfolgte die Beförderung zum Oberfähnrich, und bald wurde der Tornister gepackt für die Fahrt nach Rußland. An die Front.

Es begann an der Weichsel, in Danzig

Der Transport ging von Amberg über Berlin nach Danzig. In Berlin erlebten wir Oberfähnriche die Bedrückung der Menschen in einer geschundenen, zerbombten Stadt. Das war doch eigentlich schon die Front, dachten wir.

Von Berlin aus wurde die Fahrt in einem Fronturlauberzug fortgesetzt. Eingepfercht in alte, schmutzige Abteile eines D-Zuges, suchte jeder einen möglichst erträglichen Platz. Wer es schaffte, eroberte sich einen Liegeplatz im Gepäcknetz. Viele Soldaten trugen das Eiserne Kreuz, aber wie Helden wirkten sie ganz gewiß nicht. Die Stimmung war gedrückt, an einen Sieg glaubte wohl niemand mehr von ihnen. Eher kam Sarkasmus auf, wenn einer von ihnen einen Schluck aus der Feldflasche nahm und sagte: „Genieße den Krieg, der Friede wird fürchterlich."

Und es war hier wieder die Angst zu spüren, wo doch eher der Mut hätte an die Front rollen sollen. Ich dachte an meine Träume in Niedersee. In meiner Kindheit haben mich im Traum oft russische Soldaten verfolgt. Ich hatte zur damaligen Zeit noch keinen Russen gesehen, aber ich wußte, daß es Russen waren. Ich versuchte zu fliehen, doch sie waren schneller und kamen näher. Ich lief um mein Leben: um den Hof herum, um den Vordergarten und schließlich um das ganze Gehöft. Aber ich konnte den Russen nicht davonlaufen. Diese Träume hatte ich schon lange vor dem Krieg gehabt. Und nun trug ich sie in meinem Gepäck mit mir an die Front.

Im Abteil schimpfte einer über die Goldfasane in der Heimat, die uniformierten Hoheitsträger der NSDAP, die Drückeberger, wie er meinte. Ein anderer erzählte von einem intimen Erlebnis mit einem Mädchen auf dem Anhalter Bahnhof in Berlin, während die Bomben um sie herum detonierten. Niemand lachte. Die Luft im Abteil wurde unerträglich, ein Gemisch von entlausten Soldatenuniformen und Tabakrauch. Plötzlich ein Halt. Bombenangriffe hatten Gleise umgepflügt, doch der Zug konnte die Fahrt bald fortsetzen. Schließlich rollte er in den Danziger Hauptbahnhof ein.

Auf den Bahnhöfen zur Front war die Prozedur immer gleich. Man meldete sich bei der Bahnhofskommandantur, legte den Marschbefehl vor, gab die Waffe ab und hatte dann immer etwas Zeit bis zur Weiterfahrt. Die meisten Soldaten blieben im Wartesaal für Fronturlauber, ließen sich von Rotkreuzschwestern Kaffee reichen und rauchten. Ich aber wollte Danzig erleben. Mit meinem Kameraden Hans, der mit mir zum gleichen Regiment fuhr, das bei Saporoshje in schweren Abwehrkämpfen stehen sollte, wie es hieß, ging ich durch die Straßen der Altstadt. Wir sahen uns die Marienkirche an, die mit ihrem massigen, 80 Meter hohen Turm, dessen Spitze abgeschnitten zu sein schien, den Langen Markt überragte. Am schlanken Rathausturm vorbei, der noch etwas höher war, zum Artushof und zu den alten Bürgerhäusern in der Langen- und Frauengasse mit ihren gotisch-barocken Fassaden, den reich verzierten Giebeln und den hohen Treppen vor den Häusern, schlenderten wir durch die schmalen Gassen, bis wir zum Krantor kamen, das 1411 erbaut wurde. Das Leben schien im Dezember 1943 ganz normal zu sein. Selbst das Wetter war erträglich, mit etwas Sonnenschein, der sich ab und zu hinter einer Wolke hervorwagte. Ach, wo war die Zeit, als ich in Niedersee, den

Zeichenblock auf den Knien, die Häuser der Siedlung unter den großen Bäumen und die dicken Wolken malte!

Wir erwarben eine Flasche Danziger Goldwasser, setzten uns auf die Kaimauer unterhalb des Krantores – ich würde später einmal das Krantor in Kohle zeichnen, nahm ich mir vor – und leerten langsam die Flasche. Aber es machte uns nicht froh. Schließlich gingen wir doch lieber wieder zum Bahnhof zurück, obwohl bis zur Abfahrt des Zuges noch reichlich Zeit war, setzten uns zu den anderen Soldaten und warteten.

Der Zug war sehr lang, die Lokomotive hatte ihre Probleme beim Anfahren. Dann rollten die Wagen und trugen ihre Last durch die Tucheler Heide, die im Polenfeldzug hart umkämpft war, nach Osten.

In Warschau, einer feindlichen Stadt

Der Zug lief in den Warschauer Hauptbahnhof ein. Warschau! Wieder – wie in Danzig – war ich neugierig. Ich wollte mir die Stadt ansehen. Da mein Kamerad Hans aber diesmal keine Neigung dazu hatte, ging ich allein. Etwas unwillig gab ich auf dem Bahnhof meine Waffe ab, denn ich fühlte mich nicht ganz wohl dabei. Man sagte, Warschau sei sehr gefährlich, und mancher deutsche Soldat sei dort auf offener Straße getötet worden, mit einem Messer oder einer Giftspritze. Dies geschehe vor allem dann, wenn der Soldat eine Waffe trage, auf die die Polen ganz scharf seien.

War es Mut oder Leichtsinn, Naivität oder Dummheit? Ich marschierte jedenfalls allein durch die Stadt, vom Bahnhof bis zum Zentrum. Dabei war ich doch überrascht, daß die Stadt gar nicht stark zerstört schien, sondern recht ordentlich und sauber wirkte. Reges Leben herrschte auf den Straßen, Kinder spielten. Die Leute schienen aber sehr in Eile zu sein. Irgendwann fuhr ein Lastwagen mit einigen SS-Soldaten auf der Ladefläche durch die Hauptstraße. Niemand achtete darauf. Dann fielen einige Gewehrschüsse. Und wieder schien alles ganz normal zu sein.

Die Menschen wirkten sauber, waren sehr ordentlich gekleidet, ja, es war sogar Eleganz im Straßenbild. Ich staunte über die vielen adretten und sehr hübschen jungen Mädchen, von denen manche leuchtend rote Lederstiefel trugen. Ich hatte bisher ein völlig anderes Bild von den Polen, doch es war ja ausschließlich geprägt von den gefangenen Soldaten, die ich in Hohenstein erlebt hatte, und der jungen polnischen Frau im Haus des Sägewerkbesitzers, die neben meinem Zimmer ihren eigenen Raum hatte und dort an den Wochenenden regelmäßig Besuch von jungen polnischen Arbeitern bekam. Der Sägewerkbesitzer hatte gegen diese Treffen keine Einwände, obwohl man ja eigentlich nicht wissen konnte, was diese jungen Männer dort vielleicht ausheckten. Sie kamen jeden

Samstag, grüßten höflich, aber zurückhaltend, und waren sehr leise. Im Zimmer der jungen Frau wurde nur geflüstert.

Warschau schien eine ganz normale friedliche Stadt zu sein, die natürlich im Krieg arg gelitten haben mußte, doch – erstaunlich war es schon – hier pulsierte das Leben. Ich betrat ein Café, bestellte mir Kaffee und ein Stück Kuchen und schlenderte anschließend zurück zum Bahnhof. Natürlich sahen die meisten Polen den jungen deutschen Soldaten nicht mit Wohlwollen an, auch Haß glaubte ich in manchem Blick zu erkennen, viele aber nahmen mich eigentlich überhaupt nicht wahr. Sie blickten an mir vorbei oder durch mich hindurch.

Auf dem Weg zum Bahnhof hatte ich plötzlich die Orientierung verloren. Da ich nicht sicher war, welche Richtung ich einschlagen sollte, fragte ich einen älteren Polen in russischer Sprache nach dem Weg. Als er mir höflich Antwort gegeben hatte – er tat es in gebrochenem Deutsch –, legte ich die Hand an den Rand meiner Feldmütze. Der Pole verneigte sich leicht, und mir wurde in diesem Augenblick bewußt, daß die Polen keineswegs Barbaren waren, wie uns doch oft erzählt wurde. Vielleicht noch wichtiger erschien mir die Erkenntnis, daß die Polen auch unter deutscher Besatzung ihre Würde nicht abgelegt hatten – wie ich mein Gewehr bei der Bahnhofskommandantur.

Am türkisblauen Schwarzen Meer

Die Fahrt ging weiter über Winniza nach Odessa. Sowjetische Partisanen, die in den Abendstunden die Schienen gesprengt hatten, erzwangen in Winniza einen mehrstündigen Aufenthalt. So verbrachte ich den größten Teil der Nacht wartend im Soldatenheim am Bahnhof. Und auch hier gab es das gleiche Bild wie zuvor in Danzig und Warschau: Soldaten, Unteroffiziere, Feldwebel und Offiziere, viele hochdekoriert, saßen an ungedeckten Holztischen, tranken Kaffee, aßen eine Schnitte Brot und rauchten. Die von Zigarettenrauch erfüllte Luft stand im Raum. Die meisten hatten müde Gesichter. Anders als noch in Amberg, wurden die Unteroffiziere von den Mannschaften nicht mehr mit „Sie“ angeredet, und sie selbst liefen mit aufgeknöpftem Uniformrock durch die Gegend. Die Disziplin schien nicht besonders ausgeprägt zu sein. Zwischen ihnen saßen an eigenen Tischen einige Blitzmädchen, Luftwaffenhelferinnen. Auch sie sahen sehr müde aus und übernächtigt, sie wirkten fremd in der Welt der Soldaten. Und auch die Schwestern des Roten Kreuzes, die immer frisch gefüllte Kaffeekannen durch den Warteraum trugen und auffallend weiße Blusenkrägen hatten, schienen am Ende ihrer Kraft zu sein. Es war Krieg, und der Krieg hatte die Menschen müde gemacht. Er hatte auch seine eigenen Gerüche. Die Soldaten waren hier nicht mehr in

Frankreich, Griechenland oder Norwegen, sie waren nun auf der ersten Station in Rußland. Am Anfang ihres Weges erst, und doch schon am Ende ihrer Kraft. Hier waren wenige, die an die Front drängten, aber feige waren sie ganz sicher nicht. Nur konnte ihnen niemand mehr verschweigen, was sie von nun an erwartete. Dulce et decorum est pro patria mori? Das galt hier nicht mehr. Nicht hier im Wartesaal vor der Front.

Draußen schossen die Partisanen erbarmungslos, sprengten Gleise und Brücken, schoben den Krieg vor die Tür des Soldatenheims. Ich dachte: so also sieht der Krieg aus! Ob wir darauf auch wirklich richtig vorbereitet wurden in Stettin und Amberg, als künftige Offiziere der Deutschen Wehrmacht? Auch ich war nun sehr müde, doch ich würde meine Pflicht tun. Das nahm ich mir vor, mit großem Ernst!

Bevor wir bei der Weiterfahrt unser nächstes Ziel Odessa, die Stadt am Schwarzen Meer, erreichten, blieb der Zug wieder auf offener Strekke stehen und hatte einen durch Partisanen erzwungenen mehrstündigen Aufenthalt. Bis hierher hatten wir noch keinen gefallenen deutschen Soldaten gesehen. Was wir in dieser Nacht, im dünnen Schein der Taschenlampen, neben dem Bahngleis sahen, hat uns tief erschüttert, betroffen gemacht. Die Partisanen hatten durch Sprengung der Schienen den Zug vor uns entgleisen lassen und waren dann von zwei Seiten vorgestürmt, sie hatten auf alle Soldaten geschossen, die aus dem Zug fliehen wollten, noch bevor diese ihre Gewehre durchladen konnten.

Odessa: Noch einmal erlebte ich eine ähnliche Situation wie in Warschau. Nachdem ich meine Waffe im Bahnhof unter Verschluß gegeben hatte und der diensthabende Offizier mich lediglich vor dem Betreten des Hafengebietes gewarnt hatte, ging ich durch die fremde Stadt. Es war die erste russische Stadt für mich, und ich war sehr neugierig.

Die Menschen auf den Straßen wirkten alle sehr viel ärmer als die Polen. Sie waren blaß und trugen meist graue, gefütterte Wattejacken. Die Männer hatten flache graue oder dunkelblaue Mützen auf dem Kopf. Alle Frauen trugen Kopftücher.

Eine lange, gerade Straße führte ein wenig geneigt auf das Schwarze Meer zu. An einer Straßenecke wurden Kastanien geröstet. Hundert Meter weiter bot eine Ukrainerin Piroschki – gefüllte Pfannkuchen – an. Ich kaufte einen und, da er mir köstlich mundete, sogleich auch einen zweiten und zahlte mit 20 Tscherwonzen. Die alte Frau bedankte sich sehr bei dem Herrn Offizier. „Laß nur", sagte ich, „ich bin nur" – mir fiel das russische Wort für Oberfähnrich nicht ein – „ein Unterleutnant. Wo kann ich das Meer sehen?" fragte ich das Mütterchen. „Bitte", sagte sie, „bitte, gehen Sie nicht zum Hafen! Sie sind noch so jung. Von dort kommt niemand wieder." „Nun gut", sagte ich, „doch ich wollte das Schwarze Meer sehen." „Oh, das Schwarze Meer", sagte die Babuschka, „das Schwarze Meer, das müssen Sie sehen, natürlich. Darf man Sie begleiten?"

Und so ging ein Oberfähnrich der Deutschen Wehrmacht mit einer Ukrainerin, die einen Korb mit Piroschki trug, zum Ufer des Schwarzen

Meeres. Das heißt, das Ufer erreichten wir nicht. Die alte Frau blieb an einer Querstraße stehen, von der es steil zum Hafengebiet hinabging.

Über den Hafen hinweg, über Kräne, Speicher und Schiffe, sah ich das Schwarze Meer. Leuchtend türkisblaues Wasser verlief sich am Horizont in einer grenzenlosen Weite. Welch ein Bild! Ich stand und staunte. Als ich mich nach einer Weile bei dem Mütterchen bedanken wollte, war sie bereits mit ihrem Korb verschwunden. Ganz allein stand ich wie auf einer Plattform und konnte mich nicht losreißen. Ich nahm das Bild in mich auf und mit mir auf die weitere Reise wie ein Geschenk.

Weiter ging es nach Osten. Immer weiter. „Vorwärts gen Osten, du stürmend Heer!" hatte es aus dem Lautsprecher auf dem Bahnhof Odessa geklungen. Ein Feldwebel mit Ritterkreuz hatte das Radio abgeschaltet – ohne Protest der anderen. Nach Osten dampfte und keuchte der Zug. Die Waggons waren nun primitiv, russische Waggons, und die Landschaft zu beiden Seiten der Bahnlinie wurde eintönig flach. Aus der Weite tauchte ein Dorf auf, die Häuser duckten sich in den Schnee. Frost lag in Form von Eisblumen auf den Fenstern. Der Zug fuhr durch Nikolajew weiter nach Osten. Rußland im Winter 1943, kurz vor Weihnachten.

Immer weiter ging es nach Osten. Da saßen mit dir Kameraden im Zug, doch du warst allein, allein mit deinen Gedanken. Ein Christ, sagt man, sei nie allein, er habe ja seinen Gott. Aber, Gott, wo bist du? Und verstehst du, Herr, hier tief in Rußland, deutsch? – Ein bedrückendes Gefühl überkam mich. Es war nicht Angst, nein, ich kann es nicht beschreiben. Der Zug fuhr nur einfach viel zu weit nach Osten. Das konnte nicht gutgehen.

Und weiter ging es, durch Steppenlandschaft, durch einen kleinen Ort. Auf einem Bahngelände lag eine abgeschossene deutsche Me 109. Eine abgeschossene deutsche Maschine, dahinter noch eine weitere! Nichts passierte. Dann – plötzlich – doch Schüsse. Einschüsse dicht neben dem Gleis in ganz schneller Folge. Schon war der russische Schlachtflieger über den Zug hinweggeflogen. Die Front kam näher, aber am Himmel war kein deutsches Flugzeug zu sehen. Wo sind nur die eigenen, dachte ich. Der Zug hielt, aber schon wieder ein Schlachtfliegerangriff. Wir sprangen aus den Waggons, suchten die nächste Deckung, preßten unsere Körper ganz flach auf den Boden. Zwischen den Gleisen sah ich einen Deckungsgraben für zwei Mann und sprang hinein. Die Einschläge waren ganz nah. Jemand rief nach einem Sanitäter.

Das Ziel ist erreicht – Nikopol

Am Heiligen Abend erreichte der Zug seine letzte Station, es war Nikopol. Danach kam die Front. Es war nun dunkel und sehr kalt. Vor dem

Bahnhof bestiegen wir einen Wehrmachts-LKW, der Soldaten und Pakete aus der Heimat aufnahm, um sie in die Stellungen zu bringen. Die Front konnte nicht mehr weit sein. Das Schießen der Artillerie kam immer näher. Sie waren in der Nähe von Saporoshje, ich hatte also mein Marschziel erreicht.

Der LKW mit den Soldaten auf der Ladefläche polterte über holprige, gefrorene Wege. Unmittelbar nach der Schlammperiode muß hier Frost eingesetzt haben. Normalerweise wäre jede Wagenachse zu Bruch gegangen, doch diese hielten. Deutsche Wertarbeit im russischen Winter bestand ihre härteste Prüfung. Nun war das Feuer der Artillerie nicht mehr weit entfernt. Granaten schlugen direkt neben der Straße ein, und Splitter flogen knapp über unsere Köpfe.

Wir erreichten den Gefechtsstand unserer Abteilung, und ich meldete mich bei meinem neuen Kommandeur. Dieser sah sehr müde aus, und ich hatte plötzlich den Eindruck, er habe Mitleid mit dem Neuankömmling. „Sie gehen erst mal zur Zwoten in die Feuerstellung!" sagte der Hauptmann. „Die liegt ganz in der Nähe." Ich wurde noch kurz mit dem anwesenden Divisionspfarrer und den Offizieren des Stabes bekannt gemacht, bekam einen Weinbrand angeboten, und ab ging es in die Feuerstellung. Der Cognac war eine französische Marke. Hennessy vor Nikopol!

Die Feuerstellung lag ganz im Dunkel, man hätte glatt an ihr vorbeigehen können, ohne sie zu entdecken. Hinter niedrigen Erdwällen standen die Geschütze. Dann Meldung beim Batteriechef im Bunker. Es war ein Erdbunker, dessen Decke aus dicken Balken bestand, darüber war eine Schicht Erde gehäuft. Wenige Stufen führten nach unten. Drinnen war eine Luft, die man eigentlich nicht einatmen sollte, doch das war nun unvermeidlich. Aber es war auch ein Hauch von Glühwein in dieser dikken Luft, es war ja Heiliger Abend. Eine Handvoll Soldaten hockte auf dreistöckigen Pritschen. Nach kurzem Gespräch bat ich meinen neuen Chef, die nächste Wache übernehmen zu dürfen. Er war überrascht, aber damit einverstanden.

In einer Ecke dieser erbärmlichen Hütte stand doch tatsächlich so etwas wie ein Tannenbaum. An seinen Zweigen waren drei spärliche Lichter mit Draht befestigt, die eine Illusion von Weihnachten vermittelten. Die Soldaten lasen ihre Briefe, die mit unserem LKW aus der Heimat gekommen waren. Einer starrte vor sich hin, wollte nicht begreifen, daß seine Frau im Ruhrgebiet von Bomben erschlagen wurde. Eine bittere Nachricht am Weihnachtsabend.

Ich zog nun auf Wache. Es war unheimlich still in der Stellung. Doch die Stille wurde häufig unterbrochen von Einschlägen russischer Granaten. Aus Richtung der Hauptkampflinie stiegen Leuchtkugeln in den Himmel, zunächst vom Feind geschossen, dann von der eigenen Infanterie. Es wirkte alles nervös. Man hörte das Feuer von Maschinengewehren. Dann war Stille. Und wieder schoß der Russe Störfeuer, plan- und ziellos verteilt im Gelände.

Im Bunker sangen sie „Stille Nacht, heilige Nacht ..." Dann wurde die Stille unterbrochen durch den Ruf „Feuerkommando!" So etwas hatte ich in meiner Ausbildung nicht erlebt. Die Soldaten kamen aus dem Bunker, alle Bewegungen liefen nahezu lautlos ab, niemand schrie Kommandos, wie wir es doch gelernt hatten in Amberg und Graudenz. Kommandos wurden ganz ruhig übermittelt, fast geflüstert. „Vierte Ladung, Aufschlag, ganze Batterie ...", das war kein Gebrüll. Die Richtschützen an den vier Haubitzen arbeiteten routiniert und schnell, nur die Richtlatten waren ganz schwach mit einer Taschenlampe beleuchtet, um die Geschütze auf das Feuerkommando ausrichten zu können. Alles lief in äußerster Präzision ab. Selbst das Kommando „Feuern!" wurde nur gesprochen.

Danach war wieder Feuerpause. Wir hatten nicht genügend Munition. Die Richtschützen stellten die Haubitzen auf das Sperrfeuer „Elbe" ein (in jeder Feuerpause wurden die Geschütze für den Fall eines plötzlichen feindlichen Angriffs auf ein Sperrfeuer eingerichtet, das den Namen eines Ortes oder eines Flusses erhielt). Alle verschwanden wieder in den Bunkern und feierten Weihnachten 1943.

Nun stand ich schon 40 Minuten auf Wache. Die Front wurde unruhiger. Dann ein Befehl: „Stellungswechsel!" Was nun passierte, war Chaos mit System. Alle liefen scheinbar ungeordnet durcheinander, und doch erfüllte jeder eine bestimmte Funktion, wieder fast ohne Geräusch.

Stellungswechsel

Infanteristen kamen mit ganz schweren Schritten von vorn, gingen in kleinen Gruppen an der Feuerstellung vorbei, schleppten sich und ihre Waffe nach rückwärts. Die Front soll in der Nacht begradigt werden, hieß es. Andere wußten, daß der Russe in 2 bis 3 Stunden angreifen werde. Einzelne deutsche Maschinengewehre blieben als letzte am Feind, täuschten die Hauptkampflinie vor, die es nun nicht mehr gab. Dazu blieben noch ganz wenige Panzer. Sie sollten sich als letzte vom Feind absetzen.

Ich hatte am Heiligen Abend Nikopol erreicht, von Danzig aus kommend. Ich war nicht einmal einen Tag in der Stellung, da mußte sie schon geräumt werden. Von nun an ging es wieder zurück. Seit Stalingrad geht es immer zurück. Wo wird es enden?

Inzwischen waren aus der Protzenstellung die Pferde herangeführt worden. Schnell wurden sie vor die Geschütze gespannt, und ebenso schnell wurde die Stellung geräumt. Das Feuer vor der Hauptkampflinie flackerte wieder auf, dann trat Stille ein. Man hörte nur noch leise Befehle, das Schnauben der Pferde, das knarrende Geräusch des Zaumzeugs und das Rollen der Räder. Schließlich hörten die Soldaten ganz auf zu reden. Die Stellung war geräumt.

Der Frost ließ die Lippen aufplatzen, und an Wimpern und Augenbrauen bildete sich Rauhreif. Die Soldaten sahen einander ähnlich, auch die Pferde, die am Zaumzeug geführt wurden. Niemand durfte aufsitzen, die Pferde waren dafür zu schwach. Man hatte auch nicht genug Futter für sie. Die Soldaten marschierten durch die Heilige Nacht, durch eine kalte Nacht, Stunde um Stunde, ohne Pause, ohne jede Rast. Sie waren eigentlich zu müde zum Marschieren. Ein Gefühl von Gleichgültigkeit kam auf. Sie waren längst an der Grenze ihrer Leistungsfähigkeit angekommen, doch kein Offizier konnte sie in seine Fürsorge nehmen. Die Offiziere marschierten wie die Soldaten, Schritt für Schritt. Doch es war kein Marschieren mehr, es wurde zum Vorwärtsstolpern.

Ich ging tapfer hinter dem ersten Geschütz her, auch ich durfte natürlich nicht aufsitzen. Selbst der Hauptmann schritt zu Fuß neben seinem Wallach. Irgendwann in der Nacht bin ich beim Marschieren – gestützt auf das Rohr des Geschützes – eingeschlafen. Ich hätte es vorher nie glauben wollen, daß jemand beim Marschieren schlafen könnte. Doch es funktionierte. Waren es zwanzig Minuten oder zwei Stunden, die ich so schlafend verbracht hatte? Wer weiß das schon.

Man hörte das Geräusch von Pferden und Fahrzeugen und sonst nichts. Die Soldaten waren Schatten, die in den Morgen eines neuen Tages hineinstolperten. Die Füße brannten, die Gesichter schmerzten. Natürlich widersprach es jeglicher Vorschrift, daß ohne Rast immer weiter marschiert wurde. Doch die Russen würden im Morgengrauen nachstoßen, das war ganz sicher. Was galten da noch Vorschriften?

Dieser armselige Haufen Soldaten, in viel zu weite Uniformmäntel eingehüllt, die Gesichter mit Wollschals geschützt, wurde dann von der motorisierten Nachhut überholt, die als letzte am Feind geblieben war. Eine Abteilung gepanzerter Artillerie rollte auf ihren Ketten vorbei. Aus den offenen Kampfräumen der Fahrzeuge streckten sich den Marschierenden helfende Hände entgegen. „Komm rauf!“ sagte ein Gefreiter zu mir und zog mich auch schon nach oben. So konnte ich mich ein wenig erholen auf diesem mörderischen Marsch weg vom Feind.

„Nicht denken!“ hatte man uns in Amberg eingehämmert. Vielleicht war es gut so? Konnte ein Mensch überhaupt noch denken, und wenn ja, wie lange, in einem Zustand seiner völligen physischen Erschöpfung? Wurde Denken nicht einfach durch Leiden ausgeschaltet? Vielleicht nicht ganz? Mir fiel Rainer Maria Rilke und sein Kornett ein. „Reiten, reiten, reiten. Durch den Tag. Durch die Nacht. Und der Mut ist so müde geworden.“

Der deutsche Soldat der Jahreswende 1943/44 fürchtete kein Gefecht. Er hatte zu viele Kameraden neben sich fallen gesehen und war mit dem Tod vertraut. Er kannte nur eine Furcht: in russische Gefangenschaft zu geraten! Diese Furcht konnte nach Stalingrad nicht ausgelöscht werden. Sie war Teil des langen Schattens von Stalingrad. Lieber tot als in russische Gefangenschaft! Das gab allen Mut zum Durchhalten, trieb sie aber

Artillerie im Gefecht

zugleich immer wieder an zum neuen Zurückweichen. Nicht nur die Siege von 1941 gehörten der Vergangenheit an, auch das Bild des deutschen Soldaten hatte sich verändert, geprägt durch zahlreiche Niederlagen, durch die militärische Katastrophe, verfolgt von einem zahlenmäßig und materiell weit überlegenen Feind.

„Vorwärts marsch! Fertigmachen zum Einbruch!" das galt nicht mehr. Wo ist die nächste rückwärtige Auffangstellung? – das war die entscheidende Überlegung. Und dennoch: der Soldat kämpfte mit seiner ganzen Kraft. Doch diese Kraft nahm allmählich ab, und die Übermacht des Feindes wurde in gleichem Maße größer, sie wurde erdrückend.

Endlich war das Marschieren zu Ende. Die Soldaten erreichten eine vorbereitete Stellung mit Schützenlöchern und Erdbunkern. Es war eine der zahlreichen Auffangstellungen zwischen Saporoshje und Berlin. Berlin? Wo war Berlin?

Die Geschütze wurden eingerichtet, die Pferde versorgt, und es begann wieder das Warten auf den Feind. Von diesem Zeitpunkt an wurde ich als Vorgeschobener Beobachter eingesetzt. Ich meldete mich beim Kommandeur des Infanterie-Couleur-Bataillons in einer Kate mit Strohdach. Man trank einen Schnaps, diesmal war es wohl ein wodkaähnliches Getränk, und nahm das Essen gemeinsam ein. Auch hier, ganz vorn in der HKL (= Hauptkampflinie), traf ich den evangelischen Divisionspfarrer.

Noch war der Feind uns nicht gefolgt. Man hatte also genügend Zeit, sich zur Verteidigung einzurichten. Ich suchte mir meine Beobachtungsstelle so aus, daß ich etwa 2.000 m vor die eigene Linie beobachten konnte. Dahinter lag ein kleines Dorf, angrenzend an einen Wald. Ideal für den Feind, sich unter Sichtschutz für den Angriff bereitzustellen. In diesem weitgehend flachen Gelände hatte ich Mühe, mögliche Zielpunkte festzulegen, den Winkel und die Entfernung zu ihnen zu messen. Doch ich hatte ja Zeit. Waren vorne noch eigene Truppen? Ich wußte es nicht, als ich begann, mich auf einzelne Zielpunkte einzuschießen.

So gingen drei Tage dahin, ohne daß sich etwas Besonderes ereignete. Tagsüber beobachtete ich das Gelände. Ich machte auch ordnungsgemäß eine Geländeskizze und rechnete immer mehr mögliche Feuerkommandos aus.

Der Feind greift an

Dann kam der Feind. Zuerst schob sich ganz vorsichtig eine Kompanie Schützen vor. Sie kamen offensichtlich ganz ohne vorherige Erkundung, denn sie liefen direkt in das Abwehrfeuer der deutschen Maschinengewehre. Ich rief den ersten Schuß ab. Doch während ich auf das Geräusch der vorbeifliegenden Granate wartete, schlug diese nur zwanzig Meter neben meinem Beobachtungsstand ein. Verdammt, Kurzschuß! „Feuer einstellen!“ gab ich an die Feuerstellung durch. Man stellte fest, daß versäumt wurde, bei der Richtung des Geschützes die Libelle einzuspielen. Das hätte ins Auge gehen können.

Danach lag das Wirkungsfeuer mitten im Feind. Ich konnte beobachten, wie sich die Russen zunächst auf dem Bauch kriechend zurückzogen und dann aufsprangen und davonliefen.

Doch bald folgte eine andere Welle motorisierter Schützen, und schließlich fuhren aus dem Wald ganz langsam drei Panzer heraus. Jetzt galt es, die Nerven zu behalten! Die Panzer standen auf meinem Zielpunkt 106. „Feuern!“ Diesmal hatten die eigenen Infanteristen Glück, zwei Panzer drehten ab und fuhren zurück in den Wald, einer blieb liegen, drehte sich auf der Stelle und stand. Ich wartete auf eine Explosion, doch sie blieb aus. Da sah ich im Scherenfernrohr, wie zwei Mann den Panzer verließen. Das konnte nicht die ganze Besatzung sein. Ich hatte doch wohl meinen ersten Panzer abgeschossen, dachte ich.

Bei Einbruch der Dunkelheit zogen sich die Russen zurück, doch sie würden natürlich wieder angreifen, in der Nacht oder am Morgen, immer wieder und mit weiteren, mit neuen Kräften.

Die Suche nach der verlorenen Batterie

Die Wochen gingen dahin. Der Feind griff an, wurde abgewehrt, griff wieder an, mit Artillerie und Panzern, und die eigene Truppe wich aus, setzte sich wieder auf eine vorbereitete oder auch nicht vorbereitete neue Stellung ab.

Im Raum um Petrowka war nach schweren Kämpfen und tiefen Einbrüchen des Feindes die Verbindung zur dritten Batterie verlorengegangen. Ich erhielt vom Bataillonskommandeur Befehl, die Batterie zu suchen und ihr eine neue Feuerstellung zuzuweisen. Die Dunkelheit brach bereits ein. „Seien Sie vorsichtig“, sagte der Kommandeur, „der Russe ist an mehreren Stellen durchgebrochen. Sie können überall auf den Feind stoßen.“ Er zeigte mir auf einer Karte die besonders gefährdeten Stellen. Eine geschlossene Hauptkampflinie schien demnach gar nicht zu bestehen, dachte ich. Ich ließ mein Pferd satteln – diesen Auftrag konnte man schwerlich zu Fuß durchführen –, zog meinen weißen Pelz an, setzte die Pelzmütze auf und ritt, begleitet von meinem Breslauer Burschen, in den Abend. Es schneite.

Die Front war unruhig. Nach der letzten Meldung hätte die verlorene Batterie zum Dorf Alexandrowka ausweichen können. So ritt ich zunächst dorthin. Schneesturm setzte plötzlich ein. Eisig fuhr der Sturm in das Gesicht. Die Hände wurden klamm, fast konnte ich die Zügel nicht mehr halten. Da, ein schwacher Lichtschein: Alexandrowka! Am Eingang zum Dorf, ich ritt von Westen heran, stand eine Menge Hinweisschilder für die verschiedensten deutschen Einheiten. Es waren taktische Zeichen, die nur dem Sachkundigen verrieten, welche Einheit er in welcher Richtung zu suchen hatte. Zwei Schilder deuteten Richtung und Entfernung nach Berlin, Hamburg und Köln an.

Das Dorf schien verlassen zu sein. Doch nein, neben einer Kate stand ein deutscher Soldat auf Posten, und man hörte Pferde in den Stallungen. Es war der rückwärtige Gefechtsstand eines Infanteriebataillons. Ich trat in die Hütte ein und sah etliche Soldaten, die Karten spielten und rauchten, einige lagen neben Russen auf dem großen Ofen, der fast ein Drittel des Zimmers bedeckte, und schienen zu schlafen. Hier residierte die „Mutter der Kompanie“, der Spieß. Es war Etappe, mitten im Feindgebiet. Bedauerlicherweise konnte der Spieß, ein Ostpreuße aus Lyck mit unerschütterlicher Ruhe, mir nicht helfen, er kannte den Frontverlauf nicht und hatte auch von der verlorenen Batterie keine Ahnung, wie er versicherte. Artillerie habe er überhaupt nicht gesehen noch gehört in den letzten Tagen, es sei denn russische. Auch habe er keine Verbindung mehr zum Bataillon. Der Spieß bot mir ein Schmalzbrot an und meinte, ich solle vielleicht hier erst einmal übernachten, es sei doch ein fürchterlicher Schneesturm draußen, wo man keinen Hund vor die Tür jagen würde. Doch ich lehnte dankend und mit Bedauern ab und ging wieder in die

Nacht hinaus, nicht ohne ihn vorher zu ermahnen, doch besonders vorsichtig zu sein und am ostwärtigen Dorfausgang besser noch eine zweite Wache aufzustellen, denn der Feind könne jederzeit hier sein. Fast aus Versehen ließ ich meine aufgetauten, nassen Handschuhe in der Kate zurück und nahm ein dort herumliegendes trockenes Paar mit. Bis heute habe ich deshalb ein schlechtes Gewissen. Es war Krieg.

Verdammt, draußen war es ja noch kälter geworden, und der Schneesturm heulte um die Hütten des Dorfes. Na, dachte ich, wenigstens können da nicht die Russen kommen. Doch sie waren schon da! Langsam ritt ich die Dorfstraße entlang – oder wie man diese Art Weg bezeichnen wollte –, da erkannte ich die Gefahr. Fast war es die Witterung eines Tieres, die mich warnte. Ich sah mehrere geduckte Gestalten, die vom Dorfausgang im Schutz der Häuser direkt auf mich zukamen. Es wird überflüssig sein, hier einen Posten aufzustellen, dachte ich, riß mein Pferd herum, gab ihm die Sporen und ritt durch den nächsten Garten davon, so schnell es möglich war. In dem Augenblick, als ich die Situation begriffen hatte, eröffneten die Russen auch schon das Feuer, doch damit alarmierten sie nur den Gefechtsstand am anderen Ausgang des Dorfes. Im Wegreiten konnte ich gerade noch sehen, wie die Soldaten aus dem Gefechtsstand davonrannten. Einige blieben stehen und erwiderten das Feuer. Doch ich war nicht zum Kämpfen hier, ich mußte die dritte Batterie finden.

Reiten! Reiten durch den Schneesturm, durch dunkle Nacht. Reiten, bis das Pferd nicht mehr laufen kann und der Reiter keine Luft mehr bekommt. Das Herz spürt man in solchen Augenblicken ganz hoch im Hals.

Beim nächsten Dorf war ich vorsichtiger. Ich brauchte hier allerdings auch nicht lange zu suchen. Es war reger Betrieb draußen, Soldaten gingen kreuz und quer, verrichteten Tätigkeiten, die alle Soldaten machen, wenn sie sich zur Nacht einrichten. Aber es waren Russen. Weiterreiten also!

Es wurde eine sehr lange Nacht, eine der längsten meines Lebens. Ich traf auf eine deutsche Nachrichteneinheit, deren Soldaten vom russischen Durchbruch völlig überrascht worden waren. Noch einmal geriet ich zwischen die Fronten und in das MP-Feuer russischer Posten, ohne selbst auch nur einen einzigen Schuß abgegeben zu haben. Plötzlich tauchten auch noch zwei Ratas am Himmel auf, wir nannten diese einmotorigen Flugzeuge auch „UvD“ (Unteroffizier vom Dienst), weil sie mit der Regelmäßigkeit eines Postenplanes am Nachthimmel auftauchten und ihre kleinen Splitterbomben offensichtlich ziellos abwarfen. Manchmal waren es nur Metallstücke oder sogar Stahlnägel, die vom Himmel fielen. Dabei mußte ich an meinen Unteroffizier Herman denken, der uns in der Ausbildung arg geschunden hatte und sich vor wenigen Tagen bei mir an der Front als zur Abteilung versetzt gemeldet hatte. Schon am nächsten Tag wurde er von einer solchen primitiven Maschine getötet.

Als ich in Erwägung zog, zur Abteilung zurückzureiten, ohne meinen Auftrag erfüllt zu haben, traf ich plötzlich auf die dritte Batterie, die zu suchen mir befohlen war. Ich konnte es kaum fassen, es war tatsächlich die Dritte. Auch der Batteriechef war glücklich, auf diese Weise nun wieder Anschluß an seine Abteilung gefunden zu haben. Seine Funkgeräte waren ausgefallen. Er wußte nur, wo er war, aber nicht, wo die Abteilung abgeblieben war.

Auf dem Weg zurück hatte ich dann erhebliche Probleme, meinen Abteilungsgefechtsstand wieder zu finden, denn dort, wo ich ihn am Abend zuvor verlassen hatte, stand längst ein russischer Kommandeur und entwarf den Plan für seine nächste Aufgabe, die Fortsetzung des Angriffs. Aber ich fand meine Abteilung, ich hatte, immerhin erst 19 Jahre alt, inzwischen eine Nase für solche Situationen. – Mein Gott, heute ist mein Enkel 19 Jahre alt und studiert in Hamburg. Danke Gott, Florian, daß du den Krieg nur aus Büchern oder vom Fernsehen kennst!

Offiziere des Führers?

„Vorwärts, Kameraden, wir müssen zurück!" – so lachten wir manchmal, wenn wir gut geschlafen hatten, auf warmen russischen Öfen, hinter mit Papierstreifen zugeklebten Fenstern, die erst im April wieder geöffnet wurden. Wenn wir einmal ausgeschlafen waren, dann war auch die Stimmung gar nicht mehr so schlecht. Und vor allem dann, wenn man dem Iwan doch wieder einmal gezeigt hatte, wo es langging, wenn wir einige Panzer und genug Munition für Gegenangriffe hatten. Dann sah ich auch schon einmal meinen Kommandeur wieder zu Pferd, den Divisionspfarrer neben sich, gut gelaunt, aufgefrischt mit einem Tablettchen Pervitin gegen die Müdigkeit, vorbeireitend an den marschierenden Soldaten, sie immer wieder aufmunternd: „Morgen, Männer! Wir schaffen es. Die neue Stellung ist gut ausgebaut. Wir werden es dem Iwan schon zeigen." Und wir konnten doch tatsächlich wieder lachen. „Klar, Herr Hauptmann. Machen wir. Wäre ja gelacht", erwiderten die Soldaten und grinsten. Sie machten Witze, redeten über Gott und die Welt und überlegten, was sie einmal machen wollten, wenn der Krieg zu Ende war. Dieser gottverdammte Krieg!

Manchmal gab es so etwas wie ein provisorisches Offizierskasino, wenn die räumlichen Möglichkeiten dies erlaubten. Ich war ja als Oberfähnrich bereits Angehöriger des Offizierskorps. Waren dies die Offiziere des Führers? Wohl nicht ganz und schon gar nicht alle, auch die Jüngeren keineswegs, die in der Hitlerjugend groß geworden waren. Die richtigen Zöglinge der Partei waren ja als ehemalige Angehörige von Ordensburgen oder Nationalpolitischen Erziehungsanstalten (NAPOLA) zumeist in den Verbänden der Waffen-SS. Wir schimpften manchmal durchaus ganz offen und freimütig auf Hitler, den GRÖFAZ, den „Größten Feldherrn aller Zeiten“, und hielten auf jeden Fall Feldmarschall von Manstein für den einzigen kompetenten Strategen. Und Erwin Rommel natürlich.

Mancher Spott machte unter uns Offizieren die Runde. Ein Witz gefiel mir besonders gut, den ich irgendwo in einer Offiziersrunde an der Ostfront aufgeschnappt hatte. Er lautete so:

Hitler fährt in Begleitung seiner Getreuen Hermann Göring und Joseph Goebbels in seinem Mercedes durch das Münsterland. Plötzlich kreischende Bremsen, der Wagen hält. Hitler fragt seinen Fahrer, was denn passiert sei. „Ach, mein Führer“, antwortet dieser, „ich glaube, wir haben einen Hund überfahren.“ Das ist unangenehm. Hitler schaut sich um, sieht in etwa 500 Meter Entfernung ein einzelnes Gehöft und zieht daraus die Schlußfolgerung, der Hund müsse dort dem Bauern gehören. Für Hunde hatte der Führer, wie heute ja hinlänglich bekannt ist, ein Herz. Also befiehlt er Hermann Göring, zum Bauern zu gehen, sich im Namen des Führers zu entschuldigen und vielleicht als Entschädigung ein Buch „Mein Kampf“ mit persönlicher Widmung zu überreichen. Nun kennt Göring durchaus die Münsterländer und empfiehlt dem Führer daher, doch besser den gewiß eloquenteren Joseph Goebbels mit dieser Aufgabe zu betrauen. Goebbels will zwar auch nicht, da er ebenfalls die Münsterländer kennt, doch ihm hilft keine Ausrede. Er muß den Auftrag übernehmen.

Stunden vergehen. Hitler beginnt sich Sorgen zu machen um seinen Propagandaminister. Da kommt ein strahlender Goebbels auf den Wagen zu. Um seinen Hals hängt ein Kranz Münsterländer Mettwürste, unter dem linken Arm trägt er einen ganzen geräucherten Schinken, und in der rechten Hand hält er eine Flasche Steinhäger mit einem Paket Pumpernickel. „Sehen Sie, Göring, wie beliebt ich bei unseren Volksgenossen bin!“ wendet sich Hitler an seinen Reichsmarschall und fordert zugleich Goebbels zum Bericht über das Erlebte auf und wie er das so gut geschafft habe. „Mein Führer“, sagt dieser, „das war eigentlich ganz einfach. Ich kam zum Bauern und sagte: ‚Grüß Gott, ich komm’ vom Hitler, der Hund ist tot.‘ Und da wurde ich ganz herzlich bewirtet.“

Weiter – zurück!

Und weiter ging es zurück. Eines Tages wurde ich in die HKL nach vorne geschickt, um den Vorgeschobenen Beobachter abzulösen. Es war ein Oberfeldwebel, mit dem Ritterkreuz ausgezeichnet, der schon etliche Tage ohne Ablösung vorne im Dreck lag. Die Front wurde zunehmend unruhig. Der Beobachtungsstand lag mitten im Grabensystem der Infanterie auf einer kleinen Anhöhe, höchstens zweihundert Meter vom Feind entfernt. Durch das Scherenfernrohr konnte ich zum ersten Mal die Gesichter der Russen unter den Stahlhelmen sehen. Ich wurde sehr sorgfältig vom Oberfeldwebel in die Lage und das Gelände eingewiesen. Es sei klar, meinte er, daß ein Großangriff unmittelbar bevorstehe. Maschinengewehrfeuer prasselte auf beiden Seiten. Das war das Feuer des Krieges. Hier lagen wir mittendrin.

Dem Oberfeldwebel war bewußt, wie er sagte, daß man bei einem Großangriff in dieser Stellung keinerlei Chance hätte. Die russischen Angriffsspitzen bräuchten nur unter Feuerschutz von Maschinengewehren aus ihren Gräben in kurzen Sprüngen in die deutschen hineinzuspringen. Man stand sich viel zu nahe gegenüber. Panzer hätten es zwar zunächst schwieriger gehabt, doch von der Flanke könnten sie auch diesen Hügel überrollen.

Das Infanteriefeuer wurde immer dichter. Dazu kamen Einschläge von Granatwerfern und 122-mm-Artillerie. Die Erde war bereits umgepflügt von Einschlägen, so daß nun schon einmal eine Granate zum zweiten Mal in dasselbe Loch einschlug, was im Krieg eigentlich doch selten vorkam.

Als der Oberfeldwebel sich zum Verlassen der Beobachtungsstelle anschickte, hielt ihn ein Befehl der Abteilung zurück. Er möge auf seinem Posten bleiben, und ich solle mich schnellstens auf dem Abteilungsgefechtsstand wieder melden. Ich verstand den Befehl nicht, war ich doch erst ganz kurze Zeit auf der B-Stelle (Beobachtungsstelle), keine zwei Stunden. Doch Befehl ist Befehl! Der Oberfeldwebel riet mir noch, auf jeden Fall das flache Gelände hinten links schnell zu durchqueren, denn es sei häufig unter Beschuß. Ein Händedruck, und ich verließ den Graben.

Wie recht hatte er doch gehabt! Als ich das flache Gelände erreicht hatte, zwang mich ein Feuerüberfall der russischen Artillerie zu Boden. Einzelne Soldaten huschten wie ich durch die Nacht. Es waren Melder oder Strippenzieher, die zerschossene Leitungen flicken mußten. Wieder mußte ich mich zu Boden werfen, krallte mich in die Erde, rollte mich zur Seite und sah dabei, daß ich neben einem eben gefallenen deutschen Soldaten lag. Bald fürchtete ich, die Orientierung zu verlieren. Zwar sah man immer, wo die Front war, doch freundwärts war dunkle, kalte Winternacht. Wie finde ich nur den Abteilungsgefechtsstand? dachte ich, und ein Anflug von Verzweiflung kam auf. „Mein Gott, gib, daß ich mich nicht jetzt verlaufe. Laß mich die verdammte Stellung finden", betete ich. Und ich fand die Stellung in diesem Augenblick. Unmittelbar vor mir hinter einer Hecke feuerten die Geschütze der zweiten Batterie. Von dort ging ich weiter zum Abteilungsgefechtsstand. Der Kommandeur meinte, er brauche mich nun für besondere Einsätze als Vorgeschobenen Beobachter je nach Lageentwicklung. Auf dem Gefechtsstand war jedoch offensichtlich bereits Aufbruchsstimmung. Man bereitete den nächsten Stellungswechsel vor.

Noch in derselben Nacht überrollte der russische Angriff die deutschen Stellungen und walzte sie mit Panzerketten nieder. Von der Beobachtungsstelle, die ich in der Nacht verlassen hatte, kam niemand zurück. Auch der Oberfeldwebel mit dem Ritterkreuz mußte seiner Frau als vermißt gemeldet werden. In einer stillen Stunde stellte ich mir selbst die Frage, wer mich hier wohl geschützt habe. War es der Kommandeur, der mich vor dem Angriff herausgeholt hatte? War es Gott?

Ich gehörte nun fest zum Abteilungsstab und erhielt meine Einsätze unmittelbar vom Kommandeur befohlen. Schon bald war ich kein Greenhorn mehr. Oft leitete ich tagsüber das Artilleriefeuer – wenn auch recht spärlich wegen des permanenten Munitionsmangels –, und abends sah ich mich mit den Infanteristen hinter dem leichten Maschinengewehr, bis wir uns gemeinsam vom Feind lösen konnten. Ich erfüllte meine Pflicht gewissenhaft.

Merkwürdig war, wie selten man tief in Rußland an die Heimat dachte. Nur nachts, wenn Feuer und Anspannung nachließen, zogen einen die Gedanken nach Hause. Heimat, deine Sterne!

Ihr Name war Katja

Inzwischen war vieles zur Routine geworden. Alle vier bis fünf Tage wurde ich auf der B-Stelle abgelöst und erholte mich auf dem Gefechtsstand. Dort gab es auch einige Russen, hilfswillige Gefangene, die alle möglichen Arbeiten verrichteten, wie das Umladen von Munition und die Betreuung der Pferde, und es gab Frauen, die Kartoffeln schälten.

Da war auch ein Mädchen, das hieß Katja. Sie gehörte zum Gefechtsstand wie alle anderen Russen und hatte doch eine Sonderstellung. Katja war, wie sie sagte, 18 Jahre alt, Studentin der Germanistik in Moskau, und der Krieg hatte sie nach Nikopol verschlagen, wo sie bei den deutschen Soldaten als Dolmetscherin hängengeblieben war. Trugen die Russinnen zumeist lange, schwere Röcke, wattierte Jacken und Kopftücher, so war Katja äußerlich genau das Gegenteil dieser Uniformität. Sie trug eine enge, leichte Baumwollbluse und einen weiten, nicht zu langen Rock, den sie an der Taille ganz eng gebunden hatte. Sie war ein sehr schönes Mädchen und auch gebildet. Den „Erlkönig" von Goethe konnte sie auswendig aufsagen. Von mir lernte sie dazu „Die Füße im Feuer" von Conrad Ferdinand Meyer. Wie litt sie doch unter der Vorstellung der in der Glut zuckenden Füße!

Katja hatte dichtes, dunkles Haar, das sie meist zu einem Knoten gebunden hatte. Und ihre Augen waren so schwarz, wie der Dichter Lermontow sie in seinem Gedicht über den Sträfling beschrieben hatte, der seine schwarzäugige Jungfrau süß küßte, bevor er sich auf sein schwarzmähniges Roß schwang und in die Steppe wie der Wind hinausflog. Mit ihren schwarzen Augen schaute Katja fröhlich in die Welt, die doch dunkel und grau um sie herum war. Manchmal wurde sie richtig übermütig. Sie lachte und tanzte sogar einmal, nur ein ganz klein wenig und zaghaft, aber immerhin.

An einem Abend holte sie aus einem Keller ein Glas mit eingemachten Kirschen. Dem Hauptmann gab sie einige in eine kleine Glasschüssel, und den Rest verteilte sie an alle mit dem Löffel. Es waren köstliche ukrainische Kirschen. Ich beobachtete wohl, wie das Mädchen die Herzen der Männer anrührte, dann stand sie mit dem Glas plötzlich vor mir, einen Löffel in der rechten Hand. Sie setzte sich auf meinen Schoß und schenkte mir damit wohl eine besondere Bevorzugung gegenüber den anderen Soldaten. Eine Kirsche nach der anderen schob sie mir in den Mund, bis das Glas leer war. Mir wurde es etwas unangenehm vor den Kameraden, doch ihr schien es nichts auszumachen. Katja lebte im Feuer unter fremden Soldaten, aber sie war ganz sicher, niemand von ihnen würde ihr etwas antun. Häufig genug, damit es auch jedermann verstehe, hatte der Kommandeur erklärt, daß Katja unter seinem persönlichen Schutz stehe. Sie sei seine Vize-Tochter, und so wurde sie zum Tabu-Maskottchen des Gefechtsstandes.

Immer noch saß das Mädchen auf meinem Schoß. Ich hätte sie durchaus ganz gern in den Armen gehalten, doch die Soldaten begannen zu feixen. So faßte ich sie behutsam an beiden Oberarmen, damit sie sich langsam lösen konnte. Doch mit einer schnellen Bewegung preßte sie ihren Oberkörper an mich und drückte ihr Gesicht ganz dicht an meine Wange. Mein Gott, dachte ich, nur das nicht! Ich spürte das Mädchen auf meinem Schoß, ihren Atem, ihre Jugend. Sie wird doch nicht so eine sein? dachte ich. Doch so rasch, wie sie sich auf meinen Schoß gesetzt hatte, sprang sie auch wieder auf. „Krieg zerstört die Liebe!“ sagte sie plötzlich ganz ruhig und lief dann aus dem Zimmer nach draußen, vor das Haus.

Ich wußte nicht, was ich tun sollte, ob ich überhaupt etwas tun mußte, bis der Kommandeur sehr ernst sagte: „Gehen Sie ihr nach, so war sie noch nie. Na los, gehen Sie schon.“ Ich war leicht benommen, und es kam mir der verdammte Spruch „Reif werden und rein bleiben!“ in den Sinn, den uns die Frau des Lateinlehrers in Hohenstein beigebracht hatte. War das damit gemeint? Es war nun ganz still im Raum. Die Männer legten sich auf ihre Pritschen, die Petroleumlampe wurde gelöscht, es flackerte nur noch ein armseliges Hindenburglicht. Ich zog meinen Pelz über und ging – ohne Kopfbedeckung – nach draußen in die kalte Winternacht. Dort stand Katja an die Tür gelehnt und weinte.

Am nächsten Morgen bat ich den Kommandeur, mich wieder auf die Beobachtungsstelle zu schicken. Er hielt dies auch für richtig. Als ich nach fünf Tagen abgelöst wurde und wieder zurückkam, war Katja nicht mehr auf dem Gefechtsstand. Sie war eines Nachts verschwunden, und niemand wußte, wohin und warum sie gegangen war.

Immer wieder zurück

Weiter ging es zurück durch die schneeweiße Steppe nach Westen. Der Dnjepr wurde eines Nachts auf einer Kriegsbrücke überschritten, die nur 50 cm über der Wasseroberfläche lag. Der Fluß war nicht zugefroren. Jedes Geschütz drückte die Brücke etwas nach unten, fast unter Wasser. Und wieder waren alle so entsetzlich müde. Dieser verdammte Krieg!

Der Russe folgte mit seinen Panzern dicht nach uns und ließ uns keine Atempause. Wir waren diesmal eine der letzten Einheiten vor dem Feind. Die Nacht war tiefschwarz. Über der Brücke kreisten die Ratas und warfen ihre Bomben ab. Gefechtslärm kam näher, Panzerabschüsse waren zu hören. „Schnell, hühe, los!“ wurden die Pferde angetrieben. Dazu wurde auf sie eingedroschen, damit sie nur schnell zum anderen Ufer kamen. Ein Kamerad glitt über den ungeschützten rechten Rand der Brükke und versank lautlos im eiskalten Wasser. Kein Laut, kein Schrei. Weiter! Es hat keinen Zweck. Willst du ihm etwa nachspringen und auch ersaufen? Solltest du in voller Uniform den schon abgetriebenen Körper wieder auf die Brücke holen? Es wäre ein Versuch ohne jegliche Chance gewesen, glatter Selbstmord. Hier versagte erstmals die Kameradschaft.

Die russischen Schlachtflieger wurden immer frecher, aber es gab ja schließlich keine deutsche Luftabwehr mehr, keine Jagdflieger. Görings Luftwaffe, wo war sie? Jedenfalls nicht in Rußland. Niemand richtete sein Maschinengewehr auf die angreifenden Schlachter, es hatte keinen Sinn mehr. Wenn man sie erkannte, waren die schnellen amerikanischen oder britischen Maschinen mit dem Sowjetstern schon über einen hinweggeflogen. Ihre Bomben oder 20-mm-Geschosse schlugen ein, noch bevor man die Maschinen bemerkt hatte. Eine neue Qualität des Krieges eröffnete sich.

Wieder flogen zwei Schlachter die Rückzugsstraße entlang, ganz tief, direkt über der Rollbahn (= Nachschubstraße an der Ostfront). Volle Deckung! Die Soldaten warfen sich in jede kleinste Bodenvertiefung, krallten sich fest an den gefrorenen Erdkrumen der Ackerfurchen. Bomben detonierten, Geschoßgarben prasselten dicht neben die Rollbahn, wo die meisten Deckung suchten. Ein neuer Anflug! Und ein dritter! Jemand rief nach einem Sanitäter, und hinter der Kolonne feuerten die ersten russischen Panzer, einfach wild in das Ende der Kolonne hinein. Der Spuk in der Luft war nun vorbei. Neben mir lag ein Unteroffizier, dessen Brust von einem 20-mm-Geschoß aufgerissen war. Schnell die Erkennungsmarke abgenommen und weiter! Weiter, Kameraden!

Hinter dem nächsten Ort sollten wir wieder in Stellung gehen und den Feind aufhalten, damit die Abwehr organisiert werden konnte. Der Feind drängte zu schnell nach. Als wir die ersten Häuser des Dorfes erreicht hatten, griffen erneut Schlachtflieger an. Wohin, um Gottes willen, wohin? Die meisten liefen zu den Kartoffelmieten vor den Häusern. Das waren Gruben, mit Balken abgedeckt, in denen auf einer Erdauflage von etwa 50 cm den Winter über die Kartoffeln vor dem Frost geschützt eingelagert wurden. Kaum mannshoch waren diese Mieten. Alle liefen auf die erste zu, und vor dem Eingang entstand ein Gedränge. Ich lief weiter, egal, dachte ich, ich nehme die nächste und laufe um mein junges Leben. Kaum hatte ich die Miete erreicht, da krachten auch schon die ersten Bomben. Plötzlich spürte ich einen harten Schlag auf den Kopf. Ich war ganz mit weißem Kalk bedeckt. Wie ein Weihnachtsmann, dachte ich. Die Miete war an ihrem hinteren Rand von einer Bombe getroffen worden, und mir war ein Abdeckbalken auf Kopf und Schulter gefallen. Einige Augenblicke war ich benommen. Vielleicht gar bewußtlos? Wer weiß! Oder war ich nun tot? Nein, ich rannte heraus aus der Miete. Die Flieger waren weg, die Soldaten sammelten sich. In dem ersten Bunker, zu dem ich zunächst gelaufen war, hatte keiner überlebt. Es war ein Volltreffer. Ich bekam nun erst heftige Kopfschmerzen und mußte den Stahlhelm abnehmen. – Später sollte ich immer Kopfschmerzen haben, wenn ich einen Stahlhelm trug, auch noch nach 40 Jahren als Soldat der Bundeswehr.

Ein Gegenangriff

Einmal hatten wir im Gegenangriff die Front nach vorne begradigt. Das war allerdings die Ausnahme. Zu begrenzten Gegenstößen hatten wir uns öfters aufgerafft, aber ein richtiger Gegenangriff mit Panzern, vom Typ Tiger und Panther gar, das war ganz selten. Wir stießen dabei auf die Reste einer deutschen Rückzugskolonne. Überall sahen wir von Panzern zermalmte Fahrzeuge, Pferde und Soldaten. Die Leiber der Pferde waren schon aufgedunsen, mit in den Himmel gestreckten Beinen. Wo war der Himmel? Wo die Hölle war, mußte ich an diesem Tag begreifen. Aus den Fahrzeugen waren alle Gepäckstücke herausgerissen, aufgeschnitten mit Bajonetten, der Inhalt im Schnee verteilt. Ich bückte mich und hob einen Brief auf, dessen Umschlag aufgerissen war. Eine Frau aus Bremen hatte ihrem Mann in Rußland ihre ganze tiefe Liebe hineingeschrieben in diesen Brief, auf vielen engbeschriebenen Blättern. Ob der Gefallene diesen Brief noch gelesen hat oder ob ihn ein Russe aufgerissen und weggeworfen hat, weiß niemand.

Auf einem Bahngleis stand ein zerschossener Lazarettzug. Das rote Kreuz leuchtete auf weißem Grund, das Zeichen war wohl kürzlich erst erneuert worden. Alle Verwundeten waren aus den Waggons gezerrt worden und lagen erschossen neben dem Gleis auf dem Bahnkörper. Auch die Schwestern des Roten Kreuzes und alle Sanitäter. Zusätzlich hatte man einige Verwundete mit dem Bajonett zerstochen. Hier erlebte ich die

Von den Russen bei einem deutschen Gegenangriff zurückgelassenes Geschütz an der Rollbahn

perverse Fratze eines grausamen Krieges. Das Grauen eines Krieges, in dem Soldaten der Parole folgten: Tötet die deutschen Okkupanten! Brecht den Stolz der deutschen Frau! Ilja Ehrenburgs Saat war hier gegenüber den deutschen Soldaten in unbegrenztem Haß aufgegangen.

Auf der anderen Seite des Gleises standen drei russische Panzer, zwei davon brannten. Aus der Luke des dritten hing der Oberkörper eines Russen. Er schien sich zu bewegen. Lebte er? Es sah so aus, aber niemand kümmerte sich darum. Fassungslos standen die Soldaten vor den Resten der Unmenschlichkeit in diesem Krieg. Der Russe mußte allein in seinem Panzer sterben.

Der Ort hiess Friesendorf

Eines Tages erhielt ich den Auftrag, vom Abteilungsgefechtsstand zur dritten Batterie zu reiten, die in den Gärten eines Dorfes in Stellung lag. Der Ort hieß Friesendorf. Ich machte mich mit meinem Pferd allein auf den Weg. Zum ersten Mal nach langer Zeit schien die Sonne, ein flüchtiger Hauch von Frühling lag über der schweren ukrainischen Erde. Der Lärm des Krieges war nicht besonders nahe. Ich ritt querfeldein über eine endlose offene Fläche. Es gab keinen Baum und keinen Strauch, keinen Hügel und keine Senke, nur kilometerweit flaches Land. Ich glaube, ich habe leise vor mich hingesungen. Ganz hinten am Horizont lag Friesendorf. Hier hatten Deutsche gewohnt in schmucken Häusern, bevor Stalin sie nach Kasachstan deportieren ließ. Es war bisher ein guter Tag gewesen: Ich hatte ausgeschlafen, war frisch rasiert und hatte Post von meiner Mutter aus Niedersee bekommen. Ich mußte mein Pferd schonen und ritt darum im Schritt. Da, ganz plötzlich, ein Schlachtflieger. Der wird doch nicht dich meinen? denke ich, steige aber vorsichtshalber vom Pferd herab und bleibe stehen. Doch Deckung gibt es hier nicht. Da greift der Schlachtflieger an. Viermal stößt er herunter auf den einsamen Soldaten, der dort ganz allein mit seinem Pferd und seiner Angst ist. Viermal feuert der Russe seine Maschinenkanonen ab, bis die Magazine leer sind und er schließlich ohne Erfolg abdrehen muß. So ganz allein, in größter Gefahr, nur mit meinem Pferd an der Seite, war ich bisher nie gewesen.

Ich war unverletzt, ebenso das Pferd, nur der Sattel hatte eine Schramme. Erst später merkte ich, daß ich bei der Kleiderkasse neue Stiefel würde bestellen müssen, meine Schäfte waren von Geschoßsplittern zerfetzt, doch das Innenleder blieb unbeschädigt. Es geht wirklich nichts über deutsche Wertarbeit.

Ich saß auf und ritt weiter in Richtung auf das Dorf. Als ich die ersten Gärten erreichte – die Feuerstellung sollte am anderen Ende des Dorfes liegen –, bebte um mich die Erde. Ich konnte mich gerade noch ganz schnell auf den Boden werfen, hielt die Zügel des Pferdes fest und riß es auch nieder. Komisch, dachte ich, das Pferd nimmt auch bereitwillig Deckung. Oder hatte es einen Treffer bekommen? Ich lag mitten im Zentrum der Salve einer Stalinorgel. Dieses Feuer war unvorstellbar. Es war wirklich wie ein Erdbeben, nur dauerte ein solches gewöhnlich kaum mehr als einige Sekunden, doch hier bebte die Erde mindestens drei Minuten oder mehr. Auf die erste Salve folgte eine zweite. Und ich wunderte mich sehr, daß ich noch am Leben war. Die Geschosse wirbelten in handtellergroßen Splittern durch die Luft, zerschnitten Sträucher und beschädigten Bäume. Wie konnte ein Mensch in diesem Feuer überleben? Und auch mein Pferd? Eine große Stille war nun um mich. Die Batterie, der wohl der Feuerüberfall gegolten hatte, war nicht getroffen worden. Das Feuer lag gut 500 Meter daneben.

Im Dorf übernachtete ich mit etwa 20 Soldaten in einem leeren Raum – Möbel gab es nicht, keinen Tisch und keinen Stuhl – auf dem Lehmboden. Ich hatte nur meine Stiefel ausgezogen. Träumte ich den alten masurischen Traum? Zwei russische Soldaten standen plötzlich vor dem Fenster, stießen ihre Maschinenpistolen durch die Scheiben und feuerten. Ich riß meine eigene Maschinenpistole hoch – inzwischen hatte auch ich eine russische mit dem Trommelmagazin –, gab einen kurzen Feuerstoß in Richtung Fenster ab, griff nach den Stiefeln und lief auf Strümpfen ins Freie. Alle rannten nun nach draußen. Einige waren tot, im Schlaf gefallen.

Ein großes Durcheinander herrschte im Dorf. Niemand hatte eine Übersicht über die Lage. Und es gab keinen Offizier, der die Führung übernommen hätte. Alle liefen einfach weg, fast noch im Schlaf. Nur heraus aus dem Dorf, in dem inzwischen überall Russen waren, die die Magazine ihrer Maschinenpistolen leer schossen. Wer fiel, wurde zurückgelassen. Wenn es noch ging, wurde die Erkennungsmarke abgebrochen. Doch nicht immer war dazu die Gelegenheit. Wer verwundet war, wurde von den Russen mit dem Kolben erschlagen. Der Zweite Weltkrieg nun schon im fünften Jahr!

Es ging nur noch um das eigene Leben. Wir mußten über ein großes, freies Feld laufen. Hier in der Ukraine waren die Felder alle weit und ohne jede Deckungsmöglichkeit. Lauf, Kamerad, lauf um dein Leben! Niemand kam auf den Gedanken stehenzubleiben, sich ein Bild von der Lage zu verschaffen, die Waffe gegen die Russen zu richten und zu schießen. Nur laufen! Da wir keinerlei Deckung fanden, liefen wir bald alle im Zickzack, um den Russen das Zielen zu erschweren. Wie die Hasen, dachte ich. Ja, es war wie bei einer Treibjagd in den masurischen Wäldern.

Endlich konnten die Russen nicht mehr mithalten und blieben allmählich immer mehr zurück. Da stand plötzlich mitten im Chaos ein Hauptmann, ein Ritterkreuzträger, vor uns. „Halt! Stehenbleiben!" schrie er den Laufenden entgegen. Und sie blieben stehen. Mehr als hundert deutsche Soldaten auf der Flucht. Mit kurzen Fragen und Befehlen organisierte der Hauptmann die Verteidigung. Kannte auf der Flucht niemand den neben ihm laufenden und keuchenden Soldaten, so bildeten sich nun Gruppen, in denen wenigstens einige einander kannten.

Irgendwo tauchten Panzerfäuste auf. Und nur zweihundert Meter in der Richtung, in die wir gelaufen waren, stand eine Batterie Feldhaubitzen in einem Obstgarten in Feuerstellung. Wir gruben uns ein, brachten unsere Maschinengewehre in Stellung, manche reinigten ihre Waffen, und warteten. Warten auf den Feind, das strapaziert die Nerven. Er wird kommen! Er muß ja kommen! Warum sollte er ausgerechnet hier seinen Angriff einstellen? Warum sollte hier der verdammte Krieg zu Ende sein? Er wird also kommen, und sie werden ihr schreckliches „Urräh" brüllen und stur auf uns zustürmen. Sie werden schon im Laufen schießen, und wir werden zurückschießen. Wie viele Panzer sie wohl diesmal haben werden? Vor russischen Panzern fürchtete sich jeder.

Ich stand am Rande der Feuerstellung der Haubitzen und sah mir die knorrigen, alten Obstbäume an. Birnen und Kirschen, dachte ich. Mit dem Fernglas beobachtete ich danach das Gelände in Feindrichtung. Alles schien ruhig zu bleiben. Am Rande der freien Ebene, die wir vorhin überquert hatten, stand ein kleines Wäldchen. Es war nicht breiter als 250 Meter. Noch einmal hob ich das Glas an die Augen und dachte, von dort könnten sie auch mit Panzern kommen, denn das Gelände dahinter war nicht einzusehen. Und tatsächlich sah ich den ersten Panzer. Er schob sich ganz langsam durch die Bäume und schwenkte seine Kanone in meine Richtung. Die Besatzung des eigenen Geschützes hatte den Panzer erkannt und eröffnete das Feuer. Der Panzer brannte. So schlecht sind die 10,5-cm-Haubitzen im direkten Schuß gar nicht, dachte ich. Aber da fuhr ein zweiter Panzer aus dem Wäldchen, ein dritter, ein vierter und noch mehr. Noch ehe der Richtschütze unseres Geschützes ein neues Ziel erfassen konnte, wurde es von einer Panzergranate zerfetzt. Die Besatzung fiel bis auf den schwerverletzten Geschützführer.

Die Batterie wehrte sich, doch sie blieb ohne Chance. Stellungswechsel wurde befohlen, und die Pferde wurden mitten im Gefecht herangeführt, um die Geschütze aus der Stellung zu ziehen. Ein, zwei Pferde bäumten sich auf, getroffen von einer Panzergranate. Kein einziges Geschütz konnte aus der Stellung gezogen werden. Diese Batterie gab es nicht mehr. Nur wenige konnten sich retten. Und wieder liefen alle bis zum nächsten Dorf, wo wir für kurze Zeit Deckung fanden. Der Wehrmachtsbericht meldete von diesem Tag: „Keine besonderen Ereignisse im Südabschnitt der Ostfront." Für mich war es ein sehr schlimmer Tag.

Die Abteilung wurde für einige Tage zur Auffrischung aus der Front herausgelöst. Sie brauchte etwas Ruhe und vor allem neue Soldaten. Wir konnten uns endlich wieder ordentlich waschen und rasieren, und alle wurden auch entlaust. Mich konnte nun nichts mehr erschüttern, aber die Läuse waren doch sehr unangenehm. Einmal richtig waschen, mit viel Wasser. Nicht so wie die Russen, die einen Mund voll Wasser nahmen, dieses in die Luft spuckten und wieder auffingen, um sich damit das Gesicht zu reinigen. Nein, richtig den ganzen Körper waschen, alles hinwegspülen, den ganzen Schmutz der letzten Wochen. Und auf eine richtige Latrine gehen!

Ich trug jetzt, wie gesagt, eine russische Maschinenpistole, die ich im Häuserkampf einem Russen abgenommen hatte. Sie schoß zuverlässiger als meine alte deutsche. Sie konnte total verdreckt sein und funktionierte trotzdem. Natürlich war sie ganz primitiv gefertigt, aber sie war eben besser als die deutsche.

Mein russischer Gefangener

Und dann machte ich meinen ersten Gefangenen. Es ging alles ganz schnell. Ich stand plötzlich vor einem russischen Soldaten, brüllte ihn, selbst erschrocken, auf russisch an und schlug ihm einfach die MP aus der Hand. Es war eigentlich wie ein Reflex. Aber da begannen meine Probleme. Ich war wieder allein, hatte mich etwas weit vorgewagt, ähnlich wie in Warschau oder Odessa, und hatte nicht einmal meinen treuen Breslauer Burschen dabei. „Willst du rauchen?" fragte ich ihn auf russisch, denn ich dachte, als erstes müsse man einem Gefangenen eine Zigarette anbieten. „Spassibo, bolschoije spassibo“ – vielen Dank – sagte der Russe. Plötzlich war der Krieg weg, weit weg. Beide waren wir noch ohne Atem von der vorangegangenen Anstrengung.

Verdammt, dachte ich, und fluchte schon wieder, obgleich ich mir doch im Salvenfeuer der Stalinorgel vorgenommen hatte, in Zukunft ein frommer Christ zu sein, wenn möglich. Ja, ich hatte es mir schon angewöhnt, jeden Abend vor dem Einschlafen ein kurzes Gebet zu sprechen. Diese Gebete vor dem Feind waren natürlich zuweilen recht kurz und bestanden schon einmal nur aus den drei Wörtern: „Herr, hilf mir!“ Wenn ich Zeit hatte, schloß ich in mein Gebet Mutter und Vater und das Schwesterchen ein, und zum Schluß bat ich immer auch für mich selbst. Einmal bat ich für mich zuerst, das war mir sehr unangenehm. Ich verbesserte mich auch sogleich, nicht ohne am Schluß doch noch einmal um Gottes Hilfe in meiner eigenen Not zu beten. Diese Gebete im Krieg waren ganz anders als jene, die man in der Kirche lernte, im Konfirmanden- oder Katechetenunterricht. Ob in den Kirchen in der Heimat wohl auch für einen raschen Frieden gebetet wurde? Ob die Gemeindeschwester, die mir das fromme Bildchen mitgegeben hatte, auf dem der Spruch stand „In allen Stürmen, in aller Not, wird er dich beschirmen, der treue Gott“, auch nur um den Frieden betete und sonst um nichts mehr? Ich wußte es nicht.

Aber hier stand ich nun mit meinem Gefangenen und wußte nicht so recht, was ich mit ihm anfangen sollte. Ich konnte mich in seiner Sprache mit ihm unterhalten, gewiß, doch es fiel mir nichts Besonderes ein. So grinste ich erst einmal meinen Russen an, der wesentlich älter zu sein schien als ich. Seine Uniform war völlig verdreckt, er war unrasiert, kahlgeschoren und hatte einen ganz eigenen Geruch an sich. Eine Mischung aus Schmutz, Schweiß und Machorka-Tabak. Er muß ganz gründlich entlaust werden, dachte ich. Und plötzlich hatte ich direkt etwas Angst. Was, wenn der Russe mich mit bloßen Händen angreifen würde? Er schien körperlich kräftiger zu sein als ich. Und verhungert sah er auch nicht aus. Fast kameradschaftlich klopfte ich ihm auf die Schulter. „Dawai“, sagte ich, „paidjom“ (gehen wir)! Und der Russe kam mehr oder weniger freiwillig mit.

Wir redeten miteinander. Wie gut, daß ich in Hohenstein Russisch gelernt hatte, nun war es sehr von Vorteil. Der Russe war in Nowosibirsk geboren, hatte aber im Donez-Becken gearbeitet. Er zeigte mir ein Bild von seiner Familie: eine liebe, dicke Frau mit einem etwa dreijährigen Mädchen. Jekatjerina hieß sie, meinte der Russe, aber es war nicht seine Frau, sondern die Tochter, die er so zärtlich nannte. „Katja“, sagte er. „Ein schönes Mädchen, nicht wahr?“ fragte der Russe, und er schien nun keineswegs ängstlich zu sein. „Ja“, sagte ich, es sei ein schönes Kind. Sie würde es einmal besser haben im Leben. Der Russe hieß Gregor Wassiliewitsch.

Wir erreichten den ersten deutschen Posten. Man wollte mir sofort den Gefangenen abnehmen, doch ich sträubte mich, nein, ich wollte ihn selbst bei der Abteilung abliefern. Es war mein persönlicher Gefangener. Auf den Gedanken, ihn etwa zu verhören, bin ich nicht gekommen. So wußte ich nicht, zu welchem Regiment er gehörte oder welchen Dienstgrad er hatte. Als ich den Gefangenen im Stab übergab, wünschte ich ihm alles Gute. „Wssewo choroschewo!" sagte ich. Und der Gefangene bedankte sich und sagte: „Boch sswami" (Gott mit Ihnen)!

Ich war an diesem Tag sehr nachdenklich. Ich war vor ein paar Wochen Katja begegnet und hatte nun Gregor kennengelernt. Es waren Menschen, wie es sie auch in Königsberg, Allenstein oder Nikolaiken gab. Scheiß Krieg! dachte ich wieder. Ich hatte heute das Weiße im Auge des Feindes gesehen, ganz nah. Und der Feind war ein Mensch.

Das Eiserne Kreuz

Antreten auf dem Dorfplatz! Auf dem Platz war der Schlamm immer noch in tiefen Furchen gefroren, welche die Geschütze im Herbst gezogen hatten, so daß die Einheit sich nicht korrekt ausrichten konnte. Aber sie stand in Linie zu drei Gliedern. Ohne Stahlhelm, Feldmütze war befohlen. So brauchte ich nicht unter Kopfschmerzen zu leiden. Zuerst wurde vom Spieß die Post verteilt. Jeder mußte nach Aufruf vortreten und seine Briefe empfangen, Päckchen gab es diesmal nicht aus der Heimat. Dann kam der Kommandeur. „Stillgestanden! Richt euch! Augen geradeaus! Zur Meldung an den Herrn Hauptmann die Augen links!" Sie führten die Kommandos aus, wie sie es gelernt hatten. „Brust raus, Kopf hoch, Kinn an die Binde!" Es war vielleicht nicht ganz exakt, aber es klappte recht gut. Der Hauptmann ließ die Augen wieder geradeaus nehmen, begrüßte die Soldaten mit einem „Guten Morgen, Männer!" auf das ein lautes „Guten Morgen, Herr Hauptmann!" folgte. Das war keineswegs so leise wie in den Feuerstellungen kurz hinter der HKL. „Oberfähnrich Komossa, vortreten!" befahl der Kommandeur. Ich trat also vor, hielt drei Schritte vor dem Hauptmann und stand still. Neben ihm stand sein Adjutant und hielt einen Umschlag in der Hand, den er nun dem Hauptmann übergab.

„Ich verleihe dem Oberfähnrich Komossa für Tapferkeit vor dem Feind das Eiserne Kreuz zweiter Klasse!" hörte ich die klare Stimme meines Kommandeurs, der mir nun die Auszeichnung an das Knopfloch der Feldbluse heftete. Ich erschrak etwas, schaute aber dem Kommandeur ganz fest ins Auge. Ich wußte, daß man jetzt nicht „danke" sagen durfte. Und ich dachte, ich hätte doch bisher im Krieg gar nichts Besonderes geleistet. Doch ich war stolz.

Fronttheater hinter der Hauptkampflinie

Einige Dörfer weiter sollte es ein Fronttheater für die Truppenbetreuung geben, hieß es eines Tages. Wir wurden in mehrere Gruppen eingeteilt, die nacheinander das Theater besuchen durften. Aber es wurde dort nicht Theater gespielt, mit „Faust I“ etwa oder so etwas Ähnlichem, sondern es war eher ein Varieté. Mein Gott, trotzdem, Theater! In Rußland! Im Krieg! Es wurden Sketches aufgeführt, ein mittelmäßiger Zauberer trat auf, es wurde gesungen und getanzt auf der Bühne. „Wovon kann der Landser denn schon träumen!“ – „Heimat, deine Sterne, die strahlen mir auch am fernen Ort“ – „Glocken der Heimat“ und „Lili Marleen“, natürlich.

Dann trat Mona auf, eine Französin. Und die Landser rissen die Mäuler auf. Was für ein Weib in diesem ganz engen Seidenkleid! Mona sang Chansons. Sie tat es mit Hingabe und Wärme, als wüßte sie um die Not der Soldaten im Publikum. Sie sang „Parlez moi d'amour“ und „J'attendrais“. Die Männer in der Scheune hätten heulen können, und Mona bekam ganz sicherlich mehr Beifall, als sie es von Paris gewohnt war.

Die Männer saßen auf schmalen Bänken, wie man sie aus bayerischen Biergärten kennt. Für die Offiziere waren einige Reihen Stühle aufgestellt. Aber es war wie in der Berliner Femina. Und es gab, bei Gott, schließlich auch noch ein Ballett!

Nach der Aufführung wurden die Künstler und Künstlerinnen zum Abendessen eingeladen. Die Offiziere gaben sich die Ehre in einer Art „Offiziersprimitivheim“. Doch immerhin, die Tische waren mit Bettlaken gedeckt. Und es gab richtiges Geschirr. Die Herren waren ja zum Teil 1940 in Frankreich gewesen und sprachen leidlich Französisch. Einige konnten es nur von der Schule. Aber nun übten sie sich alle in dieser Sprache und wußten sich vor allem gegenüber Mona natürlich recht zu benehmen. Die Offiziere machten den Damen des Theaters den Hof, schenkten dabei Mona ihre ganz besondere Aufmerksamkeit, und mancher mochte sich gar Hoffnungen machen. Plötzlich war Champagner da, und der Abend wurde zum Fest.

Zunächst hatten die alten Herren das Privileg der besonderen Betreuung des französischen Gastes. Und die Sängerin genoß es. Sie lachte, scherzte, streichelte auch schon einmal einem Herrn die Wange. Krieg, wo warst du in dieser Stunde?

Ich war ohne Zweifel in dieser Situation benachteiligt, denn ich hatte ja auf der Schule Französisch abgewählt, um Russisch zu lernen. So fand ich das wenige Wissen, das ich mir in dieser Sprache angeeignet hatte, derart miserabel, daß ich es keinen französischen Ohren jemals zumuten wollte – und schon gar nicht dieser Dame. Natürlich war sie schön, ganz ohne Zweifel. Sie war schlank, hatte dunkle Haare und einen schönen, vollen – vielleicht etwas zu stark geschminkten – Mund. Doch wirkte sie sehr verführerisch. Man sah immer ihre Zähne hinter den ganz leicht geöffneten Lippen. Bei Gott, sie schien plötzlich mich zu entdecken, der ich doch kein Französisch konnte! Sie kam auf mich zu, wiegte ihren Oberkörper ganz leicht, das Champagnerglas hielt sie in der Hand. „Ihr Wohl, Herr Leutnant", sagte sie, und ihre Schönheit schien sich noch mehr zu entfalten. Ich war so verlegen, daß ich nur stammeln konnte, ich sei lediglich Oberfähnrich. Und ich sagte „lediglich" auf russisch, „tolko". Die Herren lachten. Sie aber drückte mich dann doch wahrhaftig an ihr Herz. Und wieder spürte ich den Hauch einer schönen Frau an meiner Wange. Ich hielt – plötzlich und nicht erwartet – den Duft von ganz Paris in meinem Arm. Diese Frau war ein einziger betörender Duft. Aber sonst geschah nichts. Sie gab mir einen Kuß, ganz leicht, und wandte sich mit ihrem Champagnerglas einem forschen Oberleutnant zu, mit dem sie dann französisch sprach und später auch schlafen ging.

Es ist Krieg – und das Leben nur ein Theaterstück? Vielleicht wirklich nur eine Komödie? Tragödie oder Groteske – es ist immer nur ein ganz kleiner Schritt, wie von der Kunst zum Kitsch.

Natürlich wäre es glatt gelogen, wenn ich später gesagt hätte, daß mich das Ganze eigentlich nicht berührt hätte. Ich hatte nicht nur das Parfum dieser Frau gespürt, sondern das volle und schöne Leben. Doch auf dieses Leben würde ich wahrscheinlich noch lange warten müssen. Mehr als sechs Jahre – damals wußte ich es nur noch nicht.

Kameradschaft

Wir gingen wieder in Stellung, und ich bezog eine neue Beobachtungsstelle, suchte mir wieder mögliche Ziele aus, fertigte mit besonderer Sorgfalt eine Ziel- und eine Ansichtsskizze an. Es war etwas wärmer geworden. Vielleicht könnte es doch schon im März Frühling werden. Wir waren hier ja ziemlich im Süden Rußlands, südlicher als Masuren gelegen, ungefähr auf der Höhe von Wien.

Die Stellungen waren gut ausgebaut. Ein tiefer, breiter Panzergraben durchzog das Gelände, so weit man blicken konnte. Überall waren Schützenlöcher ausgehoben. Auf einer Anhöhe stand eine 8,8-cm-Flak-Batterie, deren lange Rohre über den Panzergraben hinweg in Richtung des Feindes zeigten.

Wir warteten wieder auf den Feind. Und da war er auch schon: zuerst mit mörderischem Artilleriefeuer, und dann sah ich Panzer neben- und hintereinander auf den Graben zurollen. Warum schossen nur die Flak-Geschütze nicht? Sie hatten doch ein vortreffliches Schußfeld. Ich dach-

Vorgehen zur Beobachtungsstelle im Morgengrauen

te, daß ich etwas weiter vorne vielleicht noch bessere Beobachtungsmöglichkeiten hätte, und arbeitete mich kriechend weiter vor. Ich wollte die Kommandos meinem Unteroffizier durchrufen, die dieser dann über Funk weitergeben sollte. Ein Funkfernsprechgerät hatte ich nicht.

Ich lag in einem Schützenloch und tat das, was in der Regel jeder Artilleriebeobachter tut, ich beobachtete. Doch ich sah aus der neuen Stellung keineswegs mehr als zuvor. Aber hier lag ich schon wieder im Feuer einer Stalinorgel. Als das Feuer vorbei war und mir bewußt wurde, daß ich doch noch am Leben war, wurde es ganz still. Nur Maschinengewehrfeuer war aus Richtung des Panzergrabens zu hören, und auch Kettengeräusche. Die Geräusche von Panzerketten muß der Teufel erfunden haben, in ganz besonders schlechter Laune. Herrgott, hoffentlich war meinen Männern nichts passiert? Irgend etwas Hartes war gegen meinen Stahlhelm gestoßen oder geschlagen, und ich hatte wohl das Bewußtsein verloren, aber nur ganz kurz. Als mein Bursche mich dann aus dem Loch nach hinten zog, schimpfte er ganz schön über den Herrn Oberfähnrich, der wohl ein bißchen zuviel Mut zu haben schien – oder besser, der etwas zu leichtsinnig war. Mir taten die Füße weh. Diesmal waren Splitter auch durch das Innenfutter der Stiefel geschlagen, doch eine richtige Verwundung war es nicht. Die Kratzer wurden später mit Jodtinktur bestrichen, und der Stiefel paßte wieder.

Ich fragte meinen Burschen, warum er mir denn überhaupt hinterhergelaufen sei. „Mein Gott“, sagte er, „Sie waren doch eine ganze Weile einfach verschwunden in dem Feuer, und da dachte ich, ich muß Sie holen.“ Um ihn brauche sich der Herr Oberfähnrich sowieso keine Sorgen zu machen. Er sei verheiratet und habe zwei Kinder, das sei so gut, wie drei Schutzengel zu haben, denn seine Kinder könnten schon beten. Aber der Herr Oberfähnrich sollte sich in Zukunft vielleicht überlegen, ob er nicht besser immer in seiner Nähe bleiben wolle, dann passiere schon nichts. Er sei ja vom ersten Kriegstag an dabei. Ich verstand einmal mehr, was Kameradschaft war und daß diese nie einseitig sein durfte, sondern alle Soldaten umfaßte, den Grenadier wie den General.

Viele Jahre später sollte ich mich an diesen Vorfall erinnern, als im Jahre 2001 auf dem Truppenübungsplatz in Grafenwöhr in der Oberpfalz eine Übung vor Journalisten vorgeführt wurde. Die Soldaten durchsuchten ein serbisches Dorf. Es war alles ziemlich realistisch nachgebaut. Sie stießen auf feindlich gesinnte Zivilisten. Es wurde gebrüllt und geschrien, weitere Zivilisten tauchten mit Gewehren auf, und es wurde mit Platzpatronen geschossen. Keiner konnte Freund noch Feind unterscheiden. Nach Einlage der Leitung war ein eigener Soldat 50 Meter neben dem Weg verwundet liegengeblieben. Ein Feldwebel der Bundeswehr fragte den leitenden Oberstleutnant, ob man den Verwundeten herausholen solle. „Auf keinen Fall", sagte der Oberstleutnant, „das wäre ja glatter Selbstmord!"

Wie gut, daß im Krieg die deutschen Soldaten anders dachten als dieser Oberstleutnant der Bundeswehr. Ich hätte damals diesen Tag nicht überlebt. Schlimm wäre es, wenn heute in der Armee ein anderer Geist als im Krieg herrschte.

In den Abendstunden sprengten die Mannschaften der 8,8-cm-Batterie zuerst Unmengen von Munition und dann die Geschütze. Sie hatten nicht einen einzigen Schuß abgefeuert. Lange Zeit war der Himmel über der Stellung tiefrot gefärbt. Ein Dorf weiter weigerte sich ein Zahlmeister, das dortige Lebensmitteldepot für die hungrigen Soldaten zu öffnen. Er habe keinen Befehl dazu. Schokolade und Konserven jeder Art waren ordentlich eingelagert und schienen auf die ordnungsgemäße Übergabe an einen russischen Offizier zu warten. Die Landser nahmen sich, was sie tragen konnten, die MP im Anschlag, auf den Zahlmeister gerichtet. Bürokratie im Feindfeuer! Deutsche Genauigkeit und Verwaltungsdisziplin in Reinkultur!

Am nächsten Morgen, ganz in der Frühe, griff der Russe wieder an und durchbrach die Stellungen. Die Front war an mehreren Stellen aufgerissen, und es drohte ein Durchbruch größeren Ausmaßes. Der Krieg wurde mit jedem Tag unheimlicher. An das Sterben um sie herum hatten sich die Soldaten gewöhnt wie auch an den permanenten Munitionsmangel. Aber je mehr der Feind sie nach Westen abdrängte, um so eher begriffen sie, daß der Krieg sich der Heimat näherte – und nun nicht nur mit Bomben aus englischen und amerikanischen Maschinen, sondern mit der Sowjetarmee, die voller Haß nach Westen stürmte.

Der Oberfähnrich und der ukrainische Müller

Abseits von einem Dorf standen auf einer kleinen Erhöhung drei Kiefern. Sie erinnerten mich an meine Heimat, an das Kiefernwäldchen, das an der Straße von Niedersee nach Sensburg kurz vor Schönfeld auf einer Anhöhe lag. Dort wurden zu Ostern, wenn die Familie im Cabriolet zu den Großeltern fuhr, die Ostereier versteckt. Das war immer eine Aufgabe des Vaters, die er mit deutscher Gründlichkeit versah. Und wir Kinder fanden auch die meisten Eier, wenngleich nie alle, die der Vater versteckt hatte.

Die Stämme dieser Kiefern in der Ukraine waren im unteren Teil ganz kahl, und der Schnee war von den Zweigen schon abgefallen. Die Bäume streckten sich, ein wenig nach Osten geneigt, mehr als 15 Meter hoch in den Himmel. Am unteren Ende des Stammes war die Borke schwarz, nach oben zu wurde sie braun bis hellrot. Die Bäume hatten, wie oft auch in Masuren, keine richtige Krone. Ganz willkürlich streckten sie ihre Zweige waagerecht aus, von denen sich die meisten Nadelbüschel himmelwärts richteten, besonders an der Spitze des Baumes. Nur die unteren Zweige neigten ihre Nadeln der Erde zu. Durch die Kiefern hindurch konnte man auch hier hoch in den Himmel sehen, bei Eichen wäre das nicht möglich. Die oberen roten Zweige mit ganz hellgrünen Nadeln hoben sich vom Himmel ab, der jetzt im lichten Türkisblau leuchtete wie das Schwarze Meer.

Neben den Kiefern, bei denen ich stand, lag eine Getreidemühle. Ich brach meine romantischen Anwandlungen ab und ging zur Mühle, die, den Geräuschen nach zu urteilen, noch in Betrieb sein mußte. Ich setzte mich auf einen Stein und genoß die Sonne. Dann ging ich an die Tür der Mühle und klopfte an. Ich war wieder einmal neugierig.

Ein großer, schlanker, alter Mann stand vor mir. Seine hellblauen Augen erinnerten mich an meinen Großvater in Schönfeld, doch der hatte einen weißen Spitzbart gehabt, und dieser Mann hier hatte einen wallenden, langen, weißen Bart. Nein, es waren eher die hellblauen Augen meiner Mutter. Wie eine Gestalt aus dem Alten Testament, dachte ich. So sah sicherlich Moses aus. Oder wie Leonardo da Vinci? Ich sah das berühmte Bild vor mir, das grübelnde Auge, das durch mich hindurchzusehen schien, den in die Ferne gerichteten Blick. Diese Augen unter kräftigen Brauen, fragend, suchend, in eine Ferne gerichtet, die außerhalb der Räumlichkeit zu liegen schien. Ein Gesicht, das Fragen stellte, ohne diese auszusprechen. Die Mundwinkel waren, fast spöttisch, ein wenig herabgezogen und die hohe Stirn von Sorgenfalten durchzogen. Ja, mein Gott, das war das Antlitz von Leonardo. Doch es war nur ein ukrainischer Müller.

„Guten Tag“, sagte ich auf russisch, „sind Sie der Müller?“

„Ja“, erwiderte der Alte.

„Ist die Mühle noch in Betrieb?“

„Ja, sie arbeitet“, kam die Antwort.

„Darf man sie sich ansehen?“

„Bitte“, sagte der Alte, öffnete die Tür ganz weit und lud mit einer Handbewegung zum Eintreten ein.

Es waren nur einige Säcke Korn in der Mühle, nicht gerade viel, was hier zu mahlen war, um den Hunger eines ganzen Dorfes zu stillen. Die Säcke waren ordentlich an die Wand gelehnt. Ja, die Mühle arbeitete. Die Menschen brauchten Brot. In einem abgetrennten Nebenraum sah ich neben dem großen russischen Backsteinofen ein Holzbett, in der Mitte des Raumes standen Tisch und Stühle, an der Wand ein Schrank. Wie üblich, war auch hier in der Mühle ein Herrgottswinkel mit einer Ikone und daneben je zwei Kerzen. Es schien nur wenig Licht in den Raum, da die zwei Fenster zu klein waren, und das Auge brauchte eine gewisse Zeit, um sich auf das karge Licht einzustellen. Rechts abgesetzt von der Ikone hing das Foto eines sowjetischen Soldaten. Ich habe viele solcher Bilder gesehen in Rußland und in der Ukraine. Und viele von ihnen waren mit einem schwarzen Band versehen, doch dieses Foto nicht. War es der Sohn des Müllers? Vielleicht der einzige? Ich wollte keine Frage stellen.

Der Müller beobachtete mich, als ich mir das Foto näher ansah. Der Soldat hatte die Dienstgradabzeichen eines Leutnants der Sowjetarmee auf seinen Schulterstücken. Lebte er noch? Sicher war er irgendwo an dieser langen Front von über tausend Kilometern, von Finnland bis zum Schwarzen Meer, um sein Vaterland zu verteidigen. Und mir fiel ein Satz ein, den ich als einen der ersten in der russischen Sprache gelernt hatte: „Es ist notwendig, sein Vaterland zu verteidigen.“ Ich fand diesen Satz schon damals in der Behringschule in Hohenstein besonders bemerkenswert, vor allem auch wegen der vielen Zischlaute. „Verteidigen“, das heißt auf russisch „saschtschischtschatj“. Fürwahr, ein echter Zungenbrecher.

„Wohnen Sie hier?“ fragte ich.

„Ja, natürlich“, antwortete der Alte. Er überlegte kurz, strich mit seiner knochigen Hand das Tischtuch zurecht und sagte nach einer kleinen Pause unvermittelt ganz ruhig: „Ihr werdet den Krieg verlieren.“ Und er fügte hinzu: „Ja, ihr werdet den Krieg verlieren, weil ihr gesündigt habt. Ihr habt euch von Gott abgewendet.“

Ich war überrascht, und weil mir nichts Besseres einfiel, fragte ich: „Glauben Sie denn an Gott?“

„Natürlich, ich glaube an Gott“, erwiderte der Alte, „man darf nicht glauben, daß es Gott nicht gibt. Wer an Gott nicht glaubt, der ist verloren. Der verliert sich in sich selbst und versinkt in das Nichts. Einmal wirst du das erkennen.“

Ich sah dem Alten erstaunt in sein Gesicht. Es war ein einfaches, freundliches Gesicht, von vielen Spuren des Lebens zerschnitten, achtzig oder gar neunzig Jahre alt, wer weiß? Dieser Mann lebte am Rande eines elendig armen ukrainischen Dorfes, mahlte seit Jahrzehnten das Korn zu Mehl und dachte über Gott nach in einem Land, in dem der Atheismus als „Staatsreligion“ verfassungsmäßig verankert war. Ein Mann, der die bolschewistische Revolution erlebt und überlebt hatte, der noch das Zarenreich kannte, der das große Sterben der Bauern in Stalins Reich miterlebt hatte, Not, Verfolgung, Stalinisierung und Kolchosierung – dieser alte Mann glaubte an Gott. Über die Zeiten hinweg hat er immer nur Korn gemahlen, das andere Menschen für das tägliche Brot brauchten, und dabei hat er sicher über vieles nachgedacht in seinem langen Leben.

Ich hatte zu dieser Zeit in Wahrheit selbst zunehmend Sorge um den Ausgang des Krieges, aber verlieren, wie der Müller es sagte, durften wir den Krieg nicht. Das durfte nicht sein. Ein zweites Versailles mit abgetretenen deutschen Gebieten und Reparationen sollte es nicht geben. Was sollte aus unserer Heimat werden?

„Gott“, sagte der Alte, „ist in jedem Menschen.“ „Auch in Stalin?“ war meine skeptische Frage. „Auch in Stalin, ja, auch Stalin ist ein Werkzeug Gottes.“ – „Aber er verhöhnt doch Gott, läßt seine Priester ermorden. Warum soll Gott in Stalin sein?“ „Weil jeder, auch Stalin, jeder auf dieser Welt immer nur ein Werkzeug ist“, so die ruhige Antwort des Alten. Und dann sagte er: „Es wird eine Zeit kommen, aber erst wenn der Krieg ein Ende gefunden hat, dann werdet ihr Deutschen auch wieder zu Gott zurückfinden. Wir Russen sind schon auf dem Weg zu ihm. Wir haben die Ikonen aus den Kellern geholt. Gott wendet sich uns wieder zu, es wird nicht mehr lange dauern. In Wahrheit hat er uns nie verlassen, aber er war ferne. Er hat uns Russen großen Prüfungen unterzogen. Wer leidet, findet immer schneller den Weg zu Gott als der Glückliche. Du wirst es noch begreifen.“

Er erzählte über die Verfolgung der Kirche in der Ukraine, über die Unterdrückung des Glaubens, wie Stalin die Bauern zu Millionen verhungern ließ in einem Land, das doch die Kornkammer der Sowjetunion war. Und daß sie von Gott in Wahrheit nie verlassen wurden, nicht einmal in der Zeit der Verfolgung, auch nicht unter deutscher Besatzung. „Wir dachten“, sagte der Alte, „ihr würdet uns zu Gott zurückführen, bei euch gibt es doch in jedem Dorf eine Kirche, und wir begrüßten euch mit Brot und Salz, als ihr zu uns kamt. Doch wie könntet ihr uns zu Gott führen, da ihr doch selbst ungläubig geworden seid? Einmal werdet ihr erkennen, daß ihr Deutschen selbst alles verdorben habt, nicht Stalin allein. Einmal werdet ihr verstehen, daß ihr auch in eurem Hochmut nie etwas anderes gewesen seid als ein Werkzeug Gottes.“

Ich erzählte dem Alten von meiner Heimat, von Masuren, von dem Philipponenkloster in Eckertsdorf, und wunderte mich sehr, daß er Immanuel Kant kannte und sogar die These vom Kategorischen Imperativ.

Wir sprachen noch lange miteinander, bis die bizarren Zweige der Kiefern im Dunkeln lagen. Ich war sehr beeindruckt, als ich mich verabschiedete. Und wie unter einem Zwang verneigte ich mich dabei leicht vor dem Alten. Dieser reichte mir seine schmale, knöcherne Hand und drückte sie fest. Dann schlug er das Kreuz über mich. Mir wurde ganz komisch zumute.

Später, viele Jahre danach, dachte ich schon einmal, ob ich in der Mühle vielleicht Gott begegnet war. Nein, nicht in der Person, aber ob ich durch den greisen Müller vielleicht irgendeinen Wink erhalten hatte. Ich habe oft über dieses Gespräch mitten im Krieg nachdenken müssen. Und ich sehe heute noch das Gesicht vor mir. Ja, gewiß, es war das Gesicht des Leonardo da Vinci in seinem Selbstbildnis, von weißem, langem Haar umrahmt. Die Augen, tief unter den Brauen, schienen weit in die Ferne zu sehen.

Haare schneiden, bitte, in Kriwoij Rog

Die südukrainische Stadt Kriwoij Rog war heftig umkämpft. Der Russe soll den östlichen Stadtrand schon mit einer Vorhut erreicht haben, hieß es eines Tages. Mir wurde befohlen, am Westrand des Ortes geeignete Feuerstellungen zu erkunden.

Ich hatte meinen alten Braunen verloren und ritt nun ein russisches Panjepferd. Auf dem Weg in die Stadt stand ich plötzlich vor einer riesigen, tiefen Manganerzgrube, wo das Erz im offenen Tageabbau gewonnen wurde. Ich zögerte, ritt dann aber direkt durch die tiefe Grube, und das Pferd suchte sich mit größter Sicherheit den richtigen Weg. Eigentlich war es Wahnsinn, das zu tun. Schließlich erreichte ich doch die ersten Häuser des südlichen Vororts. Auf den Straßen waren nur wenige Menschen, meist alte Frauen, ganz wenige Männer, einige Kinder. Ein Junge bat mich um eine Zigarette, er war höchstens zwölf Jahre alt. Zunächst zögerte ich, doch dann gab ich ihm – mich ritt wohl der Teufel – eine Schachtel Attika.

Ich ritt eine breite Straße hinunter, die mich an jene zum Hafen in Odessa erinnerte. In der Mitte waren Straßenbahnschienen, doch eine Bahn sah ich nicht. Da entdeckte ich einen Friseursalon. Mein Bart war damals spärlich, leider, doch das Haar entschieden zu lang, es hätte einen Haarschnitt sehr wohl vertragen können, und wer weiß, wann es wieder eine Gelegenheit dazu geben sollte. So betrat ich den Laden. Friseure waren damals überall zuvorkommend, und auch jener in der Ukraine fragte höflich nach den Wünschen des Herrn, obwohl er doch sehr erstaunt zu sein schien über den fremden Besucher. „Was darf es sein, Herr Offizier?“ fragte der Figaro. „Schneiden Sie mir bitte die Haare“, sagte ich mit einer Selbstverständlichkeit, als wäre ich in Königsberg, in meinem ganz passablen Russisch und nahm auf einem Stuhl Platz. Es waren wohl auch noch zwei oder drei Einheimische im Salon, doch die verließen ganz unmerklich die Stätte dieses Schauspiels. Tatsächlich blickte ich jetzt in einen Spiegel. Das Bild kam mir etwas fremd vor. Nun ja, die Haare waren eben schon etwas lang. Und richtig geschlafen hatte ich ja auch lange nicht mehr. Aber war ich das wirklich? Und erst 19 Jahre alt?

„Charoschaja pagoda“ (gutes Wetter), sagte der Friseur. „Oh ja, es ist gut und wird wohl bald Frühling werden“, meinte ich. Der Friseur aber glaubte, der Frühling werde doch wohl später kommen in diesem Jahr. Schließlich konnte er seine Neugierde aber nicht zähmen und fragte, ob der Herr wohl aus Leningrad sei, er spreche ja deutlich Leningrader Dialekt. „Oh nein“, sagte ich, ich hätte in Ostpreußen Russisch gelernt, in Wosstotschnoij Prussii. Aber ich sei tatsächlich von einem Lehrer unterrichtet worden, der aus Leningrad ausgewandert sei. „Was Sie nicht sagen!“ war sein Kommentar, und er schien sich sehr zu wundern.

Der Haarschnitt gefiel mir, und ich gab dem Friseur ein gutes Trinkgeld „na tschai“, das heißt auf deutsch: für Tee. 10 Tscherwonzen, das war natürlich viel zuviel. Aber man gibt ja meist überall in der Welt Friseuren viel zuviel Trinkgeld, warum nicht auch in der Ukraine?

Ich ging recht froh auf die Straße, schaute in den Himmel – gottlob keine Schlachter! –, saß wieder auf und ritt die Straße hinunter. Doch Geräusche, gut vertraut, erregten meine Aufmerksamkeit. Ich kannte sie genau, es war so, als wenn ein Spaten gegen das Kochgeschirr schlägt, und dann waren da auf der Straße, Gott sei Dank in noch ausreichend sicherer Entfernung, doch tatsächlich russische Soldaten, die ohne einen Schuß in meine Richtung kamen. Und in der Ferne hörte man das Rasseln der Panzerketten! Doch auch hier in Kriwoij Rog sollten sie mich nicht bekommen. Ich riß das Pferd herum, und ehe ihre nun einsetzenden Schüsse mich erreichen konnten, war ich mit meinem frischen Haarschnitt hinter einem Gebäude verschwunden. Sicher war ich für sehr lange Zeit der letzte deutsche Kunde bei dem Friseur in Kriwoij Rog, dachte ich.

Heimaturlaub

Als ich mich bei meinem Kommandeur zurückmeldete, der für mich zum väterlichen Kameraden geworden war, hielt mir dieser einen Marschbefehl entgegen. Es war die Versetzung zur Fortsetzung der Ausbildung beim Ersatztruppenteil, verbunden mit fünf Tagen Heimaturlaub.

Wenige werden es nun verstehen, doch mir fiel in dieser Zeit der Abschied von der Abteilung tatsächlich schwer, obwohl ich meist sehr einsam war. Für die Landser war ich der „Schon-fast-Offizier“ und für die

Offiziere der „Noch-nicht-Offizier“. Das schuf Distanz nach beiden Seiten, wo ich mich doch so gerne angelehnt hätte an einen Kameraden in gleichem Alter, der wie ich gern Rilke las, den Wanderer zwischen den beiden Welten, und der wie ich den Krieg so schrecklich beschissen fand. Uli, Hans und Werner, die Kameraden aus den ersten Monaten der Ausbildung, waren weit verstreut, wahrscheinlich auch sie in ähnlicher Einsamkeit des künftigen Vorgesetzten. Ich hatte keine Verbindung mehr zu ihnen und litt darunter. Eines Tages erfuhr ich, daß mein guter Freund Helmut Ott, der sich auf einem Blockadebrecher von Tokio nach Deutschland durchgeschlagen hatte, um hier Soldat zu werden – er war der Sohn des damaligen deutschen Botschafters in Japan –, am ersten Tag seiner Frontbewährung in Rußland gefallen war.

Eigentlich hätte ich vor der Fahrt in die Heimat meine Waffe abgeben müssen, doch ich nahm die russische MP mit nach Masuren. Mit einer Luftwaffenmaschine wurde ich aus der Front herausgeflogen, und in Warschau bestieg ich den Zug nach Allenstein, nicht ohne vorher auf dem Bahnhof mein Frontkämpferpaket mit Sonnenblumenöl, Zucker, Mehl und Hartwurst empfangen zu haben. Diesmal verspürte ich keine Neigung zu einem Bummel durch Warschau. Die Entlausung war mir wichtiger als eine weitere Erkundung der Stadt.

In Allenstein war noch Frieden. Keine Bomben, keine Trümmer, höchstens verwundete Soldaten. Mir fiel auf, daß es viele Fremdarbeiter in der Stadt gab. Zwei Stunden Zeit blieben mir für einen Bummel vom Bahnhof in die Innenstadt. Ich ging mit besonderen Erinnerungen am Treudanktheater vorbei, wo mein Bühnenbildentwurf der Wolfsschlucht für den Freischütz ausgestellt war, und bummelte auf unser Haus zu, in dem ich geboren wurde, in der Liebstädter Straße. Dann machte ich mich auf den Weg zurück zum Bahnhof und bestieg den Eilzug nach Niedersee. Ich streckte mich im Abteil aus, zog die wattierte Tarnjacke aus, deren rechter Ärmel von einer russischen Handgranate zerfetzt war, und atmete ganz tief. Warum fährt dieser verdammte Zug nicht schneller? dachte ich voller Ungeduld. Ich hatte doch nur fünf Tage. Die Maschinenpistole hielt ich im Arm – wie meine Braut? –, legte sie dann aber auf die Bank.

Der Pennäler aus Hohenstein kehrte erstmals heim aus dem Krieg, und nun war er in Niedersee. Natürlich rechnete niemand mit meinem Kommen, und so wurde ich auch auf dem Bahnhof nicht erwartet. Ganz langsam ging ich an meiner Schule vorbei, an der Kirche, dem Polizeiposten des Oberwachtmeisters Preuss, am alten Friedhof mit den gußeisernen Kreuzen, die am Abend schwankten, über den schmalen Fluß, in dem ich einst die Fische mit der Gabel gefangen hatte und wo ich mir nach dem Boxkampf das Blut aus meinem Gesicht gewaschen hatte, bis ich schließlich zu Hause war.

„Mein Sohn“, schluchzte die Mutter und hielt mich ganz fest in ihren Armen, als wollte sie mich jetzt wirklich nie mehr loslassen, dem Krieg nicht mehr zurückgeben. „Mein Sohn“, immer nur diese beiden Worte. Ich war zu Hause. Auch die Schwester hing an meinem Hals und weinte. Die Liebe der Mutter berührte mich doch sehr. Solche Liebe kann auch schaden, dachte ich, ich würde sie meiner Mutter nie im gleichen Maße vergelten können. Das wußte ich, ich war ganz sicher.

Fünf Tage in der Heimat, fünf Tage Frieden, fünf Tage nur Menschsein. Nicht schießen, nicht frieren, nicht laufen, auch nicht hungern. Fünf Tage leben! Man war nicht Gehorchender, nicht Fordernder, nicht Befehlender, man war nur Mensch. Die fünf Tage aber waren von der ersten Stunde an belastet durch den Abschied, der ja kommen mußte. Bald! „Wann geht dein Zug?“ fragte die Mutter, und ich log, als wüßte ich es nicht, wann ich wieder fort mußte. „Ich weiß es nicht genau“, sagte ich. Und ich hätte mich gerne weggeschlichen nach fünf Tagen wie ein Eindringling. Ganz heimlich. Denn ich wußte ja, wie gern sie mich festgehalten hätten. Alles hätten sie hergegeben, Haus und Hof, wenn der Junge nur hätte bleiben dürfen.

So gingen wir dann doch zum Bahnhof, und die Mutter trug mein Gepäck. Das Auto stand aufgebockt in der Garage, die Partei hatte die Reifen abmontiert, für die Wehrmacht, wie es hieß. Die Mutter wollte auf keinen Fall, daß ich den schweren Tornister trage. Wir sprachen nicht über den Krieg, aber dachten doch immer: Wann würden die Russen kommen? Auf dem Bahnhof brauchten wir nicht lange zu warten. Der Zug nach Allenstein hatte keine Verspätung, er riß uns rasch auseinander. Weit und lange lehnte ich mich aus dem Fenster, bis ich meine Mutter nicht mehr sehen konnte. Mit ihrem Bild im Herzen verließ ich die Heimat. Ich hatte die Mutter für viele, lange Jahre verloren.

Ausbildung für das Ende

Die Ausbildung zum Offizier wurde in Groß Born in Pommern fortgeführt. Hier bekamen wir Oberfähnriche unseren letzten Schliff. Ich wunderte mich, als eines Tages ganz in der Nähe von Zivilisten und Gefangenen Panzergräben ausgehoben wurden. Sollten denn die Russen etwa bis Groß Born kommen, weit westlich von Ostpreußen? Nach Pommern? Mitten nach Deutschland?

Wir wurden nun in zwei Ausbildungsabschnitten zu Offizieren geformt. Man bereitete uns auf die Aufgabe als Zugführer oder Batterieoffizier vor, und daneben fand die Erziehung zum militärischen Führer mit charakterfördernden Elementen statt. Dazu gehörten Fragen von Stil und Form und vor allem Mutübungen.

Zu Ostern 1944 wirkten wir als Komparsen an dem Film „Kolberg“ mit, der von Veit Harlan in Groß Born auf dem Übungsplatz gedreht wurde. Wir lernten ihn und Kristina Söderbaum kennen, für die ja die meisten von uns schwärmten, obwohl sie in allen Filmen ertrinken mußte. „Reichswasserleiche" nannten wir – wie bereits erwähnt – Kristina. Jeder von uns, in alte preußische Uniformen gesteckt, mühte sich, so echt wie möglich vor der Kamera den Heldentod zu sterben. Doch manchmal fiel uns auch hier das Warten schwer. Als die Sonne eines Tages gar nicht hervorkommen wollte und wir des Sterbens ohne Kamera überdrüssig waren, schrie einer: „Veit, paß auf! Jesus ist auch an einem Karfreitag gestorben." Es war der Karfreitag 1944.

Die Mutübungen, die man uns abverlangte, wurden in der Härte gesteigert. In Pommern mußten wir mit Waffe und Gepäck über steile Holztreppen auf Feuertürme steigen. Die Türme überragten die Bäume des Waldes ganz erheblich, so daß man von dort einen weiten Blick hatte. Die Plattform oben war klein und wackelte.

In Thorn führte man uns auf das überhöhte Weichselufer, und zwar so, daß wir den Steilabhang nicht sehen konnten. Nach 30 Metern Anlauf sprangen wir in das Ungewisse hinein und rutschten den sandigen Abhang hinunter zum Ufer der Weichsel. Nur einer versagte, alle anderen sprangen, von dem einen Gedanken getragen, daß ja nur kein Sand in das Gewehrschloß kam oder gar in den Lauf.

Immer wieder marschierten wir zur Weichsel, als wäre sie unser Schicksalsfluß. Wir mußten uns auch einzeln unterhalb der Eisenbahnbrücke über die Streben hangeln. Ich hatte durchaus Respekt und hoffte, daß nur kein Zug über die Brücke rollte. Nein, beten wollte ich dafür nicht. Gebete mußte man sich für ernstere Anlässe aufheben. Natürlich rollte prompt ein Zug über die Brücke, als ich erst etwa die Mitte erreicht hatte. Die Brücke zitterte, bebte und schwang dann aus. Ein tolles Gefühl war das. Ich spuckte in den Fluß.

An einem Abend erlebte ich auf dem überhöhten Ufer der Weichsel den Sonnenuntergang. Es war unbeschreiblich. Weit öffnete sich der Himmel nach Westen über Deutschland. Die Wolken brannten in grellem Gelb und Rot, und durch die Bewegung der Wolken flackerte gleichsam das Feuer. Ich war ganz allein, und ich war betroffen. Es sah wirklich so aus, als würde der ganze Himmel glühen, nur ganz oben, da war er tiefschwarz.

Den 20. Juli 1944 erlebten wir in Groß Born. Wir erfuhren das, was alle aus dem Radio wußten, und hatten damit unsere Probleme. Es war wohl niemand unter uns, der eine Bombe an das Tischbein in Hitlers Bunker gelegt hätte und dann davongegangen wäre. Sonst sprachen wir nicht weiter darüber. Ein Attentat paßte nicht in das Bild, das man in unseren Köpfen geformt hatte. In dieser Zeit, da vor allem im Mittelabschnitt der Ostfront die Katastrophe sich abzeichnete, dachte niemand an einen Staatsstreich. Unsere Gedanken galten nur der Frage: Wird der Russe durchbrechen? Als Zeichen der Treue mußten wir aber nun die militärische Ehrenbezeigung mit dem deutschen Gruß ausführen. Das fanden wir schon recht komisch. Es dauerte einige Wochen, bis wir uns daran gewöhnt hatten.

In der letzten Augustwoche wurden wir mit Wirkung vom 1. August 1944 zu Leutnanten befördert. Uns war bewußt, daß wir nun in wenigen Tagen an die Front mußten. Hauptmann Krüger, mein Hörsaalleiter, sollte an der Ostfront eine Abteilung neu aufstellen und fragte mich, ob ich mit ihm kommen wolle, er würde sich freuen. Ich war einverstanden.

Noch einmal in Warschau

Während meine Kameraden zur Führerreserve „West" versetzt wurden, ging ich mit Hauptmann Krüger an die Ostfront. Die Abteilung bezog südlich von Warschau in einer Papierfabrik ihre Stellungen. Der Stab nahm Unterkunft in einem schloßartigen Gehöft, das dem Besitzer der Fabrik gehörte. Nachts schlief ich unter Daunendecken im Schlafzimmer des Fabriksbesitzers.

Es folgten vier ruhige Monate an der Weichsel. Ohne Hast und mit großer Sorgfalt richtete ich eine Beobachtungsstelle am Schornstein der Fabrik ein, so daß ich das Gelände ostwärts der Weichsel ganz weit überblicken konnte. Meine Beobachtungsskizze, die ich hier fertigte, wurde zu einem Gemälde. Sie war natürlich farbig, zeigte das Ufer der Weichsel, einzelne Bäume, Hecken und Wälder. Und zu jedem Punkt maß ich den richtigen Winkel und die Entfernung und trug die Daten für die Feuerkommandos in eine besondere Liste ein. Besuchern aus den höheren Stäben zeigte der Kommandeur gern das Werk, und selbst der General lobte mich. „Kunstakademie besucht, wie?" fragte er. Leider mußte ich verneinen, aber mein Lehrer Hasse von der Behringschule in Hohenstein, der Bruder des Schauspielers O. E. Hasse, hatte mir doch manches beigebracht. „Weitermachen!" befahl der General und war ganz personifiziertes Wohlwollen. Dies war gewiß die schönste Ansichtsskizze an der ganzen Ostfront.

Ich hatte als Leutnant nun auch wieder ein passables Pferd und ritt regelmäßig in der Weichselniederung aus. Ich sah mir dabei immer ganz genau die Gegend an, auf der Suche nach einem Motiv für ein Bild. Dann formte ich – wie in Masuren – mit beiden Händen ein Rechteck, blickte hindurch und dachte, jeder Ausschnitt der Natur ist ein Bild. Man muß nur die Augen offen halten.

Zuweilen verführte mich mein Übermut zu manchen dummen Spielen. So nahm ich schon einmal einen Beobachtungspanzer, einen „Hetzer", der von den Skoda-Werken gebaut wurde, und fuhr allein mit meiner Besatzung durch die Straßen von Warschau bis an die zerstörte Weichselbrücke heran, hielt am Ufer an und feuerte zwei, drei Schuß auf den Feind – als Gruß für Jossif Wissarionowitsch, sagte ich. Die Infanteristen in ihren Stellungen am Weichseldamm schimpften auf uns, was denn der Unsinn solle, sie würden es gleich durch russische Artillerie ausbaden müssen, wenn wir mit unserem Panzer-Verschnitt wieder längst über alle Berge wären. Leider hatten sie recht.

Warschau wirkte ganz anders als noch vor zehn Monaten. Man sah nur wenige Menschen auf den Straßen, und auch die roten Stiefelchen der Mädchen waren aus dem Bild verschwunden. Ich ging ab und zu in leere Häuser hinein, die so groß waren wie jene in Berlin. Viele waren verlassen, die meisten geplündert. In den Zimmern waren die Schränke umgeworfen, der Inhalt entleert, Bücherregale umgestürzt, die Bücher auf dem Boden verstreut. Manchmal schoß die russische Artillerie. In einem der Keller, die von langen Versorgungsrohren durchzogen waren, hockte ein Junge, vielleicht 15 Jahre alt, mit großen dunklen und ängstlichen Augen. „Bitte nicht schießen, bitte!" murmelte er. Ein Plünderer oder ein Jude? Ich winkte nur ab und ging weiter. Armer Teufel, dachte ich, du armes Schwein. Wieder auf der Straße, traf ich meine Männer am Panzer.

Ich beschloß, über Nacht in der Stadt zu bleiben, und ging auf Quartiersuche. In einem netten kleinen Haus glaubte ich das richtige gefunden zu haben. Ich klopfte an, und eine Dame von etwa 40 Jahren öffnete. Sie wirkte bedrückt und hatte verweinte Augen. Ob ich wohl über Nacht hierbleiben könne, fragte ich sie. Sie öffnete die Tür zu einem Zimmer und wies auf ein Bett, in dem eine Greisin lag. Ich konnte kaum etwas sehen, denn es brannte nur das Flurlicht. „Meine Mutter liegt im Sterben", sagte sie ganz leise. Ich entschuldigte mich und verließ rasch das Haus.

Bald fand ich ein besseres Quartier im ersten Stock eines Patrizierhauses. Dort wohnte ein altes Ehepaar mit einem jungen Mädchen. Als ich hier meinen Wunsch vortrug, wurde ich mit betonter Höflichkeit hereingebeten. Natürlich könne ich über Nacht bleiben, wurde mir versichert, und man würde mir das Sofa im Wohnzimmer richten, wenn es mir recht wäre. Schließlich wurde mir sogar Tee und ein Stück Brot angeboten. Ich bedankte mich und revanchierte mich mit einer Dose Konservenwurst und Zigaretten. Dann erbat ich eine Schüssel mit warmem Wasser, um mir die Füße pflegen zu können. Ich fühlte mich recht wohl in der guten Stube der polnischen Familie und blickte mich, die Füße im angenehm warmen Wasser, im Zimmer um. Alles war sauber und sehr ordentlich. Auf der Anrichte stand ein Bild von einem polnischen Offizier mit Trauerflor.

Dann schien mir plötzlich, als ob ständig Menschen zu den Polen in die Küche kamen, ich hörte Schritte und mehrere Stimmen. Ohne besondere Eile trocknete ich meine Füße ab, zog die Stiefel über, steckte mir eine Zigarette an, klopfte an die Küchentür und trat ein. Ich war nicht überrascht, daß die Küche voller junger Polen war. In einer Ecke saß das Ehepaar mit dem jungen Mädchen. Ich wünschte den Herren einen guten Abend. „Guten Abend", erwiderten einige etwas zögernd. Nur jetzt die

Nerven behalten, dachte ich und lächelte. „Gestatten Sie?“ fragte ich und zog einen Stuhl heran, um mich zu den jungen Männern zu setzen. Verdammt, warum hatte ich nicht wenigstens meinen Burschen dabei! Ich legte eine Schachtel Zigaretten auf den Tisch und sagte: „Bitte, bedienen Sie sich!“ und wartete. Ich schaute in die Runde und sah in offene Gesichter. Es könnten Studenten sein, dachte ich. Oder Partisanen?

Ich meinte schließlich, daß ich nicht stören wolle, doch sie würden mir eine Freude machen, wenn sie vielleicht einige polnische Lieder singen würden. „Ich liebe Gesang und Musik, ich liebe Chopin und genauso polnische Volkslieder“, sagte ich. Und sie sangen. Diese jungen Polen sangen die Lieder ihrer Heimat, und es waren wohl auch einige Kampflieder dabei. Manchmal war es ein Marschlied, dann wohl ein Choral. Sie sangen die halbe Nacht. Ich hatte noch eine Flasche Cognac auf den Tisch gestellt und gebeten, sich zu bedienen. Und das taten sie auch.

Viele Jahre später, als ich nach einem Vortrag vor amerikanischen Reserveoffizieren im Hotel Waldorf Astoria in New York mit dem Amerikaner Nobleman deutsche Volkslieder sang, kam mir das Bild der Warschauer Stube in Erinnerung. Aber es war ein fundamentaler Unterschied: Mit dem Emigranten verband mich die Liebe zur gemeinsamen Heimat, zu Deutschland. Mit den Polen hatte mich nur ein Gefühl von Menschlichkeit verbunden.

Ich verabschiedete mich schließlich von den Polen und ging zu Bett. Es war eine unruhige Nacht, und ich ließ die Maschinenpistole nicht aus der Hand. Aber ich hatte auch das ganz sichere Gefühl, in der Hand meines Schöpfers zu ruhen, der mich hier nicht verlassen wird.

Am nächsten Tag wurde mir ein Frühstück mit Spiegeleiern serviert. Ich bedankte mich bei meinen Wirtsleuten, und wir wünschten einander alles denkbar Gute. Als ich das Haus verließ, sah ich an der nächsten Querstraße einen aufgeknüpften Polen an einem Laternenpfahl mit einem Schild um den Hals. Der Pole soll aus dem Hinterhalt einen deutschen Soldaten erschossen haben, hieß es. Er war noch sehr jung.

Ich stieg durch die Luke meines Panzers und fuhr zurück zur Abteilung. Auf dem Pflaster der Warschauer Straßen war das Rasseln der Panzerketten noch viel lauter als auf gefrorenem russischem Boden. Leider passierte mir auf dem Rückweg ein Mißgeschick. Ich wollte mir gern etwas von der Straße entfernt ein kleines Schloß ansehen. Bedauerlicherweise hatte ich mich, als ich die Straße verließ, in der Beschaffenheit des Untergrunds geirrt. Er war sumpfig, und der Panzer lag fest. Etliche Stunden blieben mir Zeit, bis das Bergefahrzeug kam, um über den Krieg nachzudenken und auch über die Menschen, die irgendwie mit diesem Krieg leben mußten oder auch nicht, die in ihm umkamen oder auch durch ihn reiften.

Einmal fuhr ich mit meinem tschechischen Panzer nach Warschau vor ein Bordell. Es war ein heruntergekommenes Gebäude mit mehreren Stockwerken, das wie ein schäbiges Hotel aussah. Vor dem Gebäude stand eine beträchtliche Zahl von Soldaten, und zwei Feldjäger regelten den Verkehr. Ich, ein neugieriger Leutnant, ging gemeinsam mit meinem Unteroffizier in das Gebäude und fand dort eine Art Gaststube vor, von dem Qualm der Zigaretten total verräuchert, in der viele Soldaten bei einem Bier saßen und warteten, während ein Sanitätssoldat eine besondere Funktion zur Verhütung von Krankheiten zu erfüllen hatte. Im dunklen Treppenhaus mußte man sich in einer langen Reihe anstellen. Es stank fürchterlich. Schließlich stand ich im ersten Stock vor einer Tür. Sie wurde geöffnet, ein Soldat stürzte heraus, und eine wirklich sehr häßliche weibliche Person von beträchtlichem Körperumfang trat den Soldaten in dessen hinteren Körperteil und fluchte. Warum sie das tat, war mir unerfindlich. Ich empfand das Ganze dann doch als so unappetitlich, daß ich schleunigst in meinen Panzer kletterte.

Im Glauben und in der Hoffnung

Eines Tages dachte ich mir, daß ich nicht sterben wollte. Nein, ich war gar nicht schicksalsergeben, ich wollte leben! Die Gemeindeschwester in Niedersee hatte mir auf den Weg zum Soldatwerden ja den bereits erwähnten Spruch mitgegeben: „In allen Stürmen, in aller Not wird er dich beschirmen, der treue Gott." Solche Worte mögen nach Auffassung mancher Menschen ohne geistigen Tiefgang sein. Simpel und kindlich vielleicht würden später Schriftsteller wie Böll oder Grass sie empfinden, die beide doch auch zu dieser Generation gehörten. Aber solche Worte halfen in der Not, sie vermittelten Hoffnung. Und sie gaben dem Soldaten ein Stück seines Glaubens wieder zurück. Denn das war es, was der Soldat brauchte, Hoffnung, daß es doch irgendwie gutgehen werde, und den Glauben, daß Gott ihn führen werde durch diese Zeit, daß man nicht leblose Marionette war. Wie arm muß ein Mensch sein, der seinen Glauben verliert, da er sich doch nicht geborgen fühlen kann in der Liebe Gottes.

Natürlich stellte sich bei dem vielen Sterben immer die Frage nach Gott, auch die Frage nach dem Sinn des Seins, nach dem Wert des Menschen, dessen Leben zerbrechlicher ist als eine Glaskugel am Christbaum. Das Sein des Menschen kann sich nicht erschöpfen in einer bestimmten Funktion oder allein in seiner Existenz. So wie die Konstruktion des menschlichen Körpers immer einem Grundgesetz der Natur folgt, so muß auch das Leben eingebettet sein in eine Ordnung, die ihren Ursprung in der Schöpfung hat, bei Gott. Der Mensch ist ohne Zweifel unvollendet und reichlich unzulänglich ausgestattet in seinen Verstandeskräften, sonst dürften viele kluge Menschen nicht solche großen Fehler machen, wie sie es immer tun. Unvollkommenheit ist die eigentliche Erblast. Vielleicht liegt ein Sinn darin, stufenweise doch einen Grad der Vollkommenheit zu erreichen, die dahin führt, daß der Mensch dem Schöpfer einmal wirklich ähnlich wird.

Soldaten sollten – zumindest im Krieg – vielleicht doch nicht zuviel nachdenken über derlei Fragen und es den wirklich klugen Menschen überlassen. Doch wo sind sie? Eines ist sicher: Kein Philosoph und erst recht kein Politiker wird die Frage nach dem Sein je beantworten können, in deren Auslegungen liegt immer schon ein Kern Überheblichkeit. Wissen werden wir gewinnen, wenn wir das Tor eines Tages durchschreiten werden. Doch diese Neugierde wollte ich vorerst nicht befriedigen. Nein! Ich wollte leben! Verdammt noch einmal! Ich wollte gesund heimkehren aus diesem gottverdammten Krieg.

Die Pistole des ungarischen Generals

In der Front an der Weichsel lag auch eine ungarische Division in Stellung. Da die politische Entwicklung in Ungarn sich seit April 1944 deutlich verschlechterte, als die Amerikaner Budapest bombardierten, und da die Russen ihren Druck gegen die ungarischen Truppen im Herbst vor der ungarischen Grenze selbst verstärkten, war der Abfall Ungarns nach dem Frontwechsel der Rumänen nur eine Frage der Zeit. Die ungarischen Truppen hatten keinen Kampfwert mehr und räumten ihre Stellungen oft schon bei bloßer Annäherung des Feindes. Im Oktober kam es zum Bruch, nachdem die Ungarn Verbindung zu den Alliierten aufgenommen und einen Waffenstillstand angeboten hatten.

Ich erhielt den Befehl, zum ungarischen Divisionskommandeur zu fahren, ihn zu entwaffnen und zugleich aufzufordern, seine Truppen aus den Stellungen herauszuziehen. Zunächst fuhr ich mit meinem neuen Opel Olympia zur Hauptkampflinie und fragte nach einem Offizier. Man führte mich in einen Erdbunker, der in den Weichseldamm eingetrieben war, davor waren nur noch die Gefechtsvorposten. Es war also tatsächlich die Hauptkampflinie. Doch bei den Ungarn hatte sie ihren ganz eigenen Charme. Ich war sehr überrascht, als ich im Inneren des Bunkers einen elegant mit Möbeln ausgestatteten Raum vorfand, der Boden mit Perserteppichen bedeckt, und an der Bunkerdecke hing doch tatsächlich ein richtiger Kristallüster. Und es roch nach Parfum. Zwei junge Damen saßen neben einem Hauptmann an einem zierlichen Tischchen, schlürften Mokka und nippten an ihren Schwenkern, gefüllt mit gutem französischem Cognac. Carpe diem! Genieße den Krieg! Sie taten es offensichtlich in tiefen Zügen. Dies hier war keine Einrichtung von „besonderer Art“ wie das Haus in Warschau etwa, mit den Feldjägern und dem Sanitäter. Die Damen hätten es vielleicht vermuten lassen können. Es war aber tatsächlich der Gefechtsstand einer ungarischen Infanteriekompanie.

Nach einem kleinen Schluck französischen Bisquits (Cognacs) ließ ich mich zum Divisionskommandeur geleiten. Er residierte in einem polnischen Schloß, ein wenig abgesetzt von der Hauptkampflinie. Dies schien nicht ungewöhnlich zu sein. Bedauerlicherweise litt seine Exzellenz an einer Migräne und mußte das Bett hüten. Nur ungern wollte er hier den deutschen Leutnant empfangen. Jedoch machte der Auftrag des Deutschen einen Besuch am Krankenbett unvermeidbar.

Einen solchen Luxus wie dort kannte ich nur von Abbildungen französischer oder bayerischer Schlösser. Auch der General unterhielt sich mit einer sehr attraktiven Dame. Ich bedauerte, seine Exzellenz in dieser privaten Atmosphäre stören zu müssen, doch er werde sicher als Soldat verstehen, daß ich einen gegebenen Befehl ausführen müsse. Ungarn habe den Russen und den Westmächten einen sofortigen Waffenstillstand angeboten, und ich müsse den Herrn General bitten, seinen unterstellten Truppen die Weisung zu erteilen, unverzüglich die Stellungen an die 337. Volksgrenadierdivision zu übergeben. Natürlich könne seine Exzellenz über das eigene Verbleiben frei disponieren, doch zu meinem wirklichen Bedauern müsse ich ihn bitten, mir seine persönliche Waffe zu übergeben.

Der General seufzte, wollte sich aber dem Unabwendbaren nicht widersetzen. Die Dame lächelte. Der General hatte keine Pistole im Bett, und so läutete er einer Ordonnanz, die mir die Pistole aus einem Nebenraum bringen mußte. Mir war alles sehr peinlich. Es war eine äußerst schöne Pistole, wohl aus massivem Silber kunstvoll gefertigt. Für das Gefecht völlig unbrauchbar, dachte ich. Ich ließ die Pistole – wie unbeabsichtigt – auf dem Nachttisch liegen, vielleicht würde der General doch noch eine Verwendung dafür finden? Ich jedenfalls wollte diesen ehrwürdigen alten Herrn nicht entwaffnen, ich mußte ihm seine Ehre lassen.

So nahm ich militärische Haltung ein, verneigte mich ganz leicht, grüßte so, ohne den deutschen Gruß anzuwenden, was mir hier nicht passend erschienen wäre, und verließ den Raum, natürlich nicht ohne mit den Herren zuvor noch einige Höflichkeiten auszutauschen.

Bei den ungarischen Soldaten herrschte Freude vor. Sie waren auf dem Weg nach Hause. Ihr Krieg war aus.

Als ich mich bei meinem Kommandeur zurückmeldete und Bericht erstattete, vermerkte ich, daß der ungarische General merkwürdigerweise nicht einmal eine Pistole zur Selbstverteidigung besessen habe. „Ach was“, grinste der Hauptmann ganz unverschämt. Mir aber war noch nicht einmal bewußt, daß ich erstmals als Soldat einen Befehl nicht ausgeführt und mich über Regeln hinweggesetzt hatte. So etwas sollte mir nach Jahrzehnten, als ich dann selbst General war, wieder passieren, dann allerdings durchaus mit Konsequenzen.

Der letzte Wintersturm an der Weichsel

Deutschland hatte den Krieg verloren, doch die Deutschen wußten es noch nicht. Bis Ende 1944 hatte die Sowjetarmee die deutschen Truppen aus Finnland geworfen, sie hatte die Weichsel erreicht und südlich von Warschau einen Brückenkopf auf dem westlichen Ufer gebildet. Seit Oktober waren die deutschen Truppen in Kurland abgeschnitten, Ostpreußen war erreicht, Rumänien, Bulgarien und Albanien waren von der Sowjetarmee besetzt, Ungarn war zum Teil bereits verloren, die Rote Armee bedrohte nun Deutschland unmittelbar.

Am 12. Januar 1945 trat der Feind zum entscheidenden Angriff an. An der Weichsel konnte er in einem Zug die deutsche Abwehrfront durchbrechen und die Division, zu der ich gehörte, beidseitig umfassen und einschließen. Die deutschen Truppen wehrten sich verzweifelt, denn hinter der Weichsel kam schon die Oder!

Beim Ausbruch aus dem Kessel geriet ich mit meinen Soldaten in einem Hohlweg in feindliches Infanteriefeuer von beiden Seiten. Wir saßen regelrecht in einer Falle, doch wir fanden heraus. Für uns war es ein Wunder an der Weichsel. Nur meinen Wagen mit dem Gepäck mußte ich zurücklassen, die Russen hatten den Kühler zerschossen. Zu Fuß also weiter! Immer weiter, wie bisher. Irgendwann hatten wir die Umklammerung des Feindes mit unserer letzten Kraft durchbrochen und den Warschauer Kessel gesprengt. Wir verloren jedoch die Verbindung zu unserer Armee, denn schnelle gepanzerte russische Truppen drängten unsere Verbände nach Norden ab, während die Masse der 2. Armee, über die nun Heinrich Himmler den Oberbefehl übernahm, auf die Oder nach Westen ausweichen mußte.

Ich erhielt den Befehl, mit einem Geschütz und einer Gruppe von zehn Mann den Rückzug des eigenen Verbandes zu decken. Man nannte so etwas „Himmelfahrtskommando". Bald darauf hätte ich zwei bis drei Feindpanzer abschießen können, aber dann wäre ich mit meinen Männern wohl nicht zurückgekommen. Also begann ich, taktisch zu denken und umsichtig zu handeln. Ich ließ nur noch schießen, wenn eine Chance zum Überleben bestand, sonst ließ ich die Panzer schon einmal vorbeifahren. So verlor ich, das war die Konsequenz dieser Taktik, die Verbindung zur eigenen Abteilung und kämpfte bald mit meinem kleinen Haufen völlig selbständig. Ich folgte allein meinem Instinkt, ich war ja nun schon 20 Jahre alt. Auch folgte ich immer mehr meinem Gewissen, denn Befehle bekam ich nicht mehr.

Nur ganz kurz vor den ersten russischen Panzern erreichte ich mit meinem kleinen „verlorenen Haufen" Thorn. Ich hatte – wie ich glaubte – einen Vorsprung von etlichen Stunden. Wir fanden im Keller eines

Hauses Früchte und sogar einige Flaschen Wein. Da dachte ich an Katjas rote Kirschen in der Ukraine. Wir hatten bisher überlebt, und so feierten wir nun ein Fest. Wir aßen und tranken und waren recht guter Dinge. Plötzlich führte der Posten, den ich vor dem Haus aufgestellt hatte, einen Unteroffizier der Luftwaffe vor, der bei dem Versuch überrascht worden war, aus dem Tank unserer Zugmaschine Benzin zu stehlen. Das mußte natürlich geahndet werden. Ich war zwar nicht mehr ganz sicher auf meinen Beinen, aber mir war klar, etwas tun zu müssen. Ich ließ den Unteroffizier erst einmal stillstehen, legte die MP demonstrativ auf den Tisch und verkündete, daß ich ein Standgericht zusammenstellen müsse. Ein Unteroffizier und ein Obergefreiter wurden als Beisitzer befohlen, und ich selbst übernahm den Vorsitz. Zu seiner Verteidigung gab der Unteroffizier an, daß er zu einem Fliegerleittrupp gehöre und daß das Gerät, für welches er Benzin benötige, auf keinen Fall in die Hand des Feindes fallen dürfe, sonst könnten die eigenen Jagdflugzeuge nicht mehr vom Boden aus an den Feind geführt werden. „Welche Flieger leiten Sie denn?“ fragte ich etwas süffisant, und der Flieger bekam augenscheinlich Angst. „Wo sind denn Ihre Flieger? Am Himmel sehen wir keine Me 109!“ sagte ich. Schließlich wollte ich aber dem Mann allzu langes Leiden ersparen und sprach das Urteil: Der Luftwaffensoldat möge sich unverzüglich bei den Herren Artilleristen entschuldigen, er habe sodann zu versichern, daß er nie mehr in seinem Leben die kämpfende Truppe bestehlen werde, und danach eine halbe Flasche Wodka in drei Zügen zu leeren.

Gewiß war dies ein Spruch, wie nicht viele solcher Art an der Ostfront gefällt wurden, wenn überhaupt in diesem Krieg. Das Urteil wurde sodann vollstreckt, und es blieb ein fröhliches Fest. Der Luftwaffenunteroffizier hatte wohl nun Schwierigkeiten, seinerseits Anschluß an die eigene Truppe zu gewinnen, denn schon gegen vier Uhr morgens fuhren die ersten Russenpanzer in Thorn ein. Wir mußten uns wieder absetzen. Hier zu kämpfen, hatte keinen Sinn. Und auf die Russen hätten wir in dieser Situation keinen guten Eindruck gemacht. Der Krieg aber war nicht zu Ende. Wir marschierten, schossen, marschierten und schossen wieder.

An einem Waldrand hatten wir Pech. Der Feind, den wir dort noch nicht vermutet hatten, zerschoß uns die Zugmaschine, mit deren Hilfe wir unsere 10,5-cm-Haubitze bewegten. Als ich meine Beurteilung der Lage noch nicht abgeschlossen hatte, deutete ein Obergefreiter in halblinke Richtung und meinte, daß dort Russen kämen. Er hatte sich nicht geirrt. Was dann geschah, war reine Routine. Wir überraschten die Russen und schlugen sie in die Flucht, ohne daß sie ihr Fahrzeug, einen Ford-LKW, mitnehmen konnten. Nun hatten wir wieder eine Zugmaschine für unser Geschütz. Der Wagen wurde entladen – er enthielt Pionierbaumaterial –, das Geschütz wurde angehängt und der Rückzug fortgesetzt, weiter gedeckt von dem kleinen Häufchen, das bisher noch keinen Mann verloren hatte.

An der Rückzugsstraße

Später, als ich nach einigen Irrwegen wieder auf meine Abteilung stieß, gab es ein Problem. Der Kommandeur überlegte, ob er mich vor ein Kriegsgericht stellen sollte, da ich ja beim Rückzug dem Feind eine Zugmaschine zurückgelassen hatte – obwohl sie infolge von Beschuß nicht mehr instandzusetzen war, wie ich unter Zeugen versichern konnte. Da half zunächst auch der Hinweis wenig, daß ich doch immerhin das Geschütz und alle meine Männer unversehrt heimgebracht habe. Ich hatte keinen einzigen Soldaten verloren. Die Sache mit dem Kriegsgericht hat sich der Kommandeur dann anders überlegt.

Statt vor ein Kriegsgericht gestellt zu werden, wurde ich bald mit dem Eisernen Kreuz erster Klasse ausgezeichnet und erhielt auch das Sturmabzeichen.

Wir kämpften uns durch die Tucheler Heide auf Danzig zu. Wieder gingen wir an der Weichsel in Stellung. Ich richtete mir eine Beobachtungsstelle hoch über dem Weichselufer neben einer Vierlingsflak, die dort zur Verteidigung aufgestellt war, ein. Von dort konnte ich weit die Weichselniederung beobachten, und so gelang es uns, mit der Artillerie und der Vierlingsflak im Verbund mehrere Angriffe des Feindes abzuwehren. Die Front schien sich noch einmal zu stabilisieren. Doch da der Russe rechts von uns durchgebrochen war und uns zu umfassen drohte, mußten wir wieder einen Sprung nach hinten machen. Ich bezog eine neue B-Stelle und entschloß mich, das Gelände bis zum Weichselufer zu erkunden. Ich nahm drei Mann mit – ich hatte meinen weißen Pelz angezogen, die weiße Pelzmütze auf dem Kopf –, und so stapften wir durch den Schnee auf das Ufer zu. Nicht weit vom Fluß erreichten wir ein einsames Gehöft, das noch bewohnt schien. Ich trat ein und fand im Zimmer eine ganze Familie versammelt, zwei alte Männer, drei oder vier alte Frauen und junge Mädchen. Die Frauen hatten Angst, das sah man. Die Mädchen suchten sich zu verstecken.

„Haben Sie hier Soldaten gesehen, Deutsche oder Russen?“ fragte ich, und sie beeilten sich, die Frage zu verneinen. Nein, nein, Soldaten seien hier nicht gewesen. Und dann sagte einer: „Der Herr Offizier spricht aber sehr gut deutsch.“ Und sie waren doch alle Deutsche. Verdammt, sie hatten mich für einen Russen gehalten! Verdammter Krieg! Ich hatte keine Möglichkeit, den armen Menschen zu helfen, sie vor einem schweren Schicksal zu bewahren, das sie nun erleiden würden.

Mir war zum Heulen zumute, und ich dachte an Mutter und Schwester in Masuren, das schon im Januar vom Feind überrannt worden war, von ihnen gab es keine Nachricht. Lebten sie noch? Hatten sie Niedersee vor dem Angriff der sowjetischen Truppen verlassen können? Waren noch Züge mit Flüchtlingen aus Masuren nach Westen herausgekommen? Ostpreußen war jetzt ganz von sowjetischen Truppen besetzt. Ich dachte daran, was die Russen in Nemmersdorf angerichtet hatten. Das hatten wir erfahren. Wir hatten auch einige Bilder gesehen. Und in den Nachrichten des Großdeutschen Rundfunks, der bis zur letzten Stunde sendete, hatten wir gehört, wie sie Frauen, Kinder und Greise auf grausame Weise ermordet hatten. Würde ich meine Mutter und meine Schwester noch einmal sehen in diesem Leben? Oder hatten sie bereits das gleiche Schicksal erfahren müssen wie die Menschen von Nemmersdorf? – Mein Gott!

Nemmersdorf wirkte auf die Soldaten in ähnlicher Weise wie Stalingrad. Diese Bilder gruben sich tief ein in die Seele eines jeden Soldaten. Sie erzeugten Zorn, vor allem aber auch große Angst. Gott, bewahre uns vor diesem Schicksal der Soldaten von Stalingrad und unsere Angehörigen vor einem zweiten Nemmersdorf! Nichts konnte hier noch helfen in diesen schweren Wochen, keine neuen Waffen und kein Wunder des Krieges. Viele Soldaten verfielen in einen Zustand der Resignation.

Vielleicht hätten in dieser Zeit mehr Soldaten aufgegeben, als es in Wirklichkeit waren. Es hinderten sie daran ganz sicherlich die abschrekkenden Bilder von erhängten Deserteuren, die ohne Kriegsgerichtsverfahren unmittelbar hinter den vordersten Linien von Feldgendarmen gehenkt oder erschossen wurden. Das war jetzt der totale Krieg, den Joseph Goebbels gefordert hatte. Der totale Krieg, den das deutsche Volk gefordert haben soll? Unsere Städte starben unter Bombenteppichen, Hamburg, Berlin, Würzburg. Dresden war in Erwartung des alliierten Sieges über Deutschland ausgelöscht worden. Jeder alliierte Soldat wußte, daß der Krieg nicht mehr länger dauern konnte als zwei bis drei Monate. Warum also noch kämpfen, wo alles sinnlos geworden schien?

Es war nicht nur Furcht vor dem Henker. Es war die Überzeugung, die Stellung so lange halten zu müssen, bis die Masse der Flüchtlinge über Pillau und Hela durch die Marine in Freiheit gebracht werden konnte, ihr

Leben behielt. Vom Untergang der „Wilhelm Gustloff“ mit fast 10.000 Toten hatten wir an der Front nur ganz nebenbei erfahren, das ganze Ausmaß der Katastrophe konnten wir nicht erfassen. Jeder Tag, an dem wir unsere Stellungen hielten, war ein Stück Hoffnung für die Flüchtlinge.

Der Krieg will nicht aufhören

Wir fuhren unseren letzten Gegenangriff nördlich der Tucheler Heide. Die Division hatte sich entschlossen, mit einem Panzerregiment und Artillerieunterstützung einen Angriff tief in den Feind zu führen, um die Lage zu stabilisieren. Von meiner B-Stelle aus hatte ich schon seit Tagen beobachtet, wie der Russe Panzer in ein Waldstück einsickern ließ, die sich dort bereitzustellen schienen. Natürlich meldete ich meine Beobachtungen weiter. Auch einen flankierenden Panzerabwehrriegel hatte ich erkannt und bekam 8 Schuß Munition frei zur Bekämpfung. Wir mußten nun Krieg führen praktisch ohne Munition, als wenn Mut allein den Feind treffen konnte. Hitler hatte einmal gesagt: „Wenn unser Wille so stark ist, daß keine Not ihn je zu zwingen vermag, dann wird auch unser Wille und unser deutscher Stahl jede Not bezwingen und besiegen!“

Und nun lagen wir hier im sechsten Kriegsjahr und wußten nicht, wo der deutsche Stahl herkommen sollte. Der Mut war wirklich müde geworden. Mit dem Willen allein war es auch nicht zu schaffen, das wußte ich inzwischen, ich, der ich mich in letzter Zeit mehr auf meinen christlichen Glauben verließ als auf Sprüche. Ich setzte ganz auf Gott. Auch auf mein Glück, natürlich.

Der Angriff der „Tiger“-Abteilung rollte gegen den Feind, und ich fuhr in meinem Panzer dichtauf hinter der Abteilung und leitete das Artilleriefeuer. Nach etwa vier Kilometern blieben wir im russischen Abwehrfeuer liegen. Der Russe hatte seine Panzerabwehrkanonen in Riegeln so aufgestellt, daß wir regelrecht in einen Sack hineinfuhren und in die Zange genommen wurden. Wir hatten zuwenig Munition und wohl auch nicht genug Treibstoff, um noch viel weiter fahren zu können.

Es war unser letzter Angriff in diesem Krieg. Den russischen Gegenangriff, der darauf folgte, konnten wir dann unter Verlusten doch noch einmal abweisen. Als wir uns in der aussichtslosen Lage vom Feind gelöst hatten und in einer größeren Bogenbewegung wieder zurückfuhren, kamen wir an einem von russischen Panzern überrollten Flüchtlingstreck vorbei. Wir hatten viel erlebt, waren schon etwas abgestumpft in unseren Empfindungen, doch dies hier war das Inferno. Niemand hatte die toten Flüchtlinge begraben, sie lagen neben ihren Wagen und zum Teil auch noch auf den Ladeflächen. Alte Männer und Frauen, junge Frauen und Kinder. Hier war jede Regel der Kriegführung außer Kraft gesetzt. Die sowjetischen Panzer waren – wie damals in der Ukraine – in die Kolonne hineingefahren und hatten mit ihren breiten Ketten die Menschen und das Vieh überfahren. Die Planen der Wagen waren von Bajonetten aufgeschnitten, alles Gepäck war durchwühlt, Koffer zerschnitten, der Inhalt ausgeschüttet. Die Toten hatten keine Uhren oder Wertsachen bei sich. Eine junge Frau hielt im Tod ihr ca. fünf Jahre altes Kind im Arm, ihre Beine waren zerquetscht. Vielleicht aber sollte man solches Grauen nicht näher beschreiben. Vergessen kann man solche Bilder nie.

Ein Deserteur mit Ritterkreuz

Der Kampf um die HKL kam schließlich zur Ruhe. Wieder stand ich in meinem Loch und beobachtete. Der B-Stelle vorgelagert war eine Bodenwelle, über die ich nun drei Soldaten kommen sah, die an mir vorbeigingen. Zwei von ihnen waren Feldjäger mit ihrer Blechmarke auf der Brust, der dritte, ein Unteroffizier mit Ritterkreuz, ging in der Mitte. Er hatte die Hände gefesselt. „Dieses Schwein hat die Stellung beim Angriff verlassen!" rief einer der Feldjäger herüber und winkte mit seiner MP.

Als sie bereits hinter der B-Stelle waren und auf eine Straße kamen, riß sich der Unteroffizier los und versuchte zu fliehen. Sie schossen mit den MPs hinterher. Sie trafen, und der Flüchtling fiel zu Boden. Bald hatten sie ihn erreicht, zogen ihn hoch – er war verletzt, konnte nicht mehr richtig gehen – und hängten ihn am nächsten Straßenbaum auf, mit einem Schild vor der Brust: „Ich bin ein Feigling."

Mir wurde übel. Ich spürte einen starken Druck im Hals, und es würgte mich.

Mein Abschuss – oder?

Meine nächste B-Stelle lag etwa 150 Meter vor einem Gehöft. Bauer und Bäuerin hatten sich trotz mehrfacher Aufforderung geweigert, den Hof zu verlassen. Sie waren Deutsche und bewirtschafteten den Hof seit vielen Generationen. Nun vergruben sie hinter dem Stall Eingemachtes, Schmuck und auch ihr Geschirr. Man werde sich auf Notzeiten einrichten müssen, meinte der Bauer.

Fliegeralarm! Kaum war es ausgesprochen, prasselten auch schon die Geschoßgarben in die Stallungen. Ein Unteroffizier war verwundet. Ich nahm mir nun selbst das Maschinengewehr und ging in Stellung. Und da kam der nächste Schlachter auch schon angeflogen. Keine 30 Meter hoch, direkt auf meine B-Stelle zu. Der Russe feuerte, und auch ich schoß meine MG-Garbe dem Flieger entgegen. Noch kurz vor der B-Stelle begann der Schlachter tiefer zu gehen, die Tragflächen wurden instabil, und keine dreihundert Meter dahinter machte er eine Bauchlandung.

Ich ließ das MG stehen und lief zu der gelandeten Maschine. Der Pilot saß zurückgelehnt in seinem Sitz, das Kabinendach war geöffnet. Er lebte. Es konnte doch nicht wahr sein – der Russe griff wirklich nach seiner Pistole! In letzter Sekunde konnte ich sie ihm aus der Hand schlagen. Erst dann ergab sich der Pilot in sein unvermeidbares Schicksal. Er hatte sich beim Absturz das rechte Bein verletzt und hinkte. Ich wußte nicht, ob ich den Gefangenen stützen sollte, und unterließ es dann lieber. Aber wenn er zusammengebrochen wäre, hätte ich ihn getragen, glaube ich. Es war ja nicht weit. Und wieder vergaß ich, meinem Gefangenen Fragen zu stellen, nach Dienstgrad und Einheit und so weiter. Hatte ich den Russen eigentlich abgeschossen? Ich wußte es nicht. Am Bauernhof übergab ich ihn einem Unteroffizier, dem ich befahl, den Gefangenen auf dem Bataillonsgefechtsstand abzuliefern.

Auszug aus der Heimat

Der Krieg hatte die Familie unseres Lorbasses auseinandergerissen. Vom Vater, der mit 53 Jahren noch die Uniform des Soldaten tragen mußte, gab es seit einigen Wochen keine Nachricht mehr. Er sei, so hieß es, irgendwo in Polen.

Der sowjetische Großangriff auf breiter Front über die Weichsel nach Westen hatte, wie erwähnt, die deutsche Abwehrfront tief aufgerissen. Die Verbände der Wehrmacht kämpften sich zurück nach Westen. Verbindungen in die Heimat rissen ab.

Noch hieß die Parole nicht „Rette sich, wer kann!“ – im Gegenteil, die Feldjägereinheiten warfen sich der zurückgehenden Truppe entgegen und versuchten, diese mit aller Härte zum Stehen zu bringen. Es brach die Zeit an, wo an den Landstraßen Standgerichte ans Werk gingen. Waren deutsche Soldaten in den letzten Jahren des Krieges daran gewöhnt gewesen, gegen eine Übermacht im Kräfteverhältnis von 1:10 den Feindangriff noch aufzuhalten und durch eine „Rochade-Taktik“ an manchen Stellen den Russen sogar zurückzudrängen, so wurde nun mit jedem Tag in diesen kalten Winterwochen des Januar, Februar und März 1945 der Kampf aussichtsloser. In den Verbänden der Wehrmacht kämpften verzweifelt – in zum Teil abgerissenen und verschlissenen Uniformen – Soldaten, die unter Hunger, Krankheit und Ungeziefer litten. Die Hoffnung auf eine mögliche Wende des Krieges hatten sie neben der Rollbahn nach Westen begraben. Der Krieg war für sie verloren, das wußten die Soldaten. Sie wußten auch, daß sie nicht mehr die Kraft hatten zum weiteren Aushalten über längere Zeit. An „Wunderwaffen" glaubte niemand mehr an der Front. Resignation breitete sich in der Truppe aus, eine Art Fatalismus, eine – wie der Landser sagte – „L. m. A.-Mentalität". Es schien alles gleichgültig geworden zu sein, aber an ein Aufgeben dachte trotzdem kaum einer.

Was ist mit der Familie los? Das war die Frage, die nun immer wieder, häufiger als bisher, gestellt wurde. Sind Mutter und Schwester mit dem noch nicht zwei Jahre alten Töchterchen der Schwester, Roswitha, noch am Leben? Der Russe hatte in einer gewaltigen Konzentration seiner Kräfte ganz Ostpreußen fast in einem Zug überrannt. In den kurzen Pausen, die der Krieg uns ließ, hörten wir aus dem Radio immer neue Katastrophenmeldungen. „Das Oberkommando der Wehrmacht gibt bekannt" war in unseren Ohren wie eine Verhöhnung des Volkes durch die oberste Führung.

Zwei Wochen nach Beginn der sowjetischen Großoffensive wußten wir, daß unser schönes Masuren und das ganze Ostpreußen verloren waren. Die Bilder von den Greueltaten in Nemmersdorf begleiteten uns bei unseren Rückzugsgefechten. Sie waren der größte Ansporn, durchzuhalten, weiter zu kämpfen. Aber eine zuvor, vor Erreichen des deutschen Bodens durch die sowjetische Armee, nicht gekannte Angst war nun unser ständiger Begleiter. Fürchteten wir bisher, in Gefangenschaft eines grausamen Gegners zu geraten, so wußten wir in den letzten Wochen, nachdem wir die von sowjetischen Panzern überrollten Flüchtlingstrecks aus Ost- und Westpreußen und den anderen Gebieten im Osten gesehen hatten, was nach Besetzung der Städte und Dörfer geschah. Wir litten nun zusätzlich unter der Vorstellung, was unseren eigenen Eltern, Frauen und Kindern in diesen Tagen und Wochen angetan würde. Das leichtfertig ausgesprochene Wort aus „erfolgreichen" Kriegstagen: „Genieße den Krieg, der Frieden wird fürchterlich" machte uns nun schaudern. Es war die nackte Angst um unsere Angehörigen, die uns fortan begleitete. Und doch gewöhnte man sich allmählich auch daran. Man kann auf Dauer nicht um das eigene Leben kämpfen, nahezu ohne jede Unterbrechung, bei Tag und Nacht, mit Angst vor dem eigenen Tod, und in gleicher Weise voller Angst an die Angehörigen denken. Es kommt bei vielen Menschen in der anhaltenden Not einmal der Augenblick, an dem die Angst erstarrt.

Der Tod ist der ständige Wegbegleiter des Soldaten. Wer da sagt, daß er den Tod nicht fürchte, der spricht die Unwahrheit. Das Unbekannte des Sterbens, die Ungewißheit um die Art des Leidens und des Schmerzes im Augenblick des Sterbens – das belastete jeden Soldaten. Es steht nicht im Widerspruch dazu, daß der Soldat doch immer wieder mutig aus seinem Schützenloch aufspringt und sich dem Feind schießend entgegenstellt. In dem Augenblick des Sprunges ist die Angst vor dem Sterben nicht abhanden gekommen, sie ist nach wie vor in seinem Gemüt präsent, aber er will sie nicht mehr wahrnehmen, er hat sie durch seinen Sprung nach vorne verdrängt, zur Seite geschoben, hat sie übersprungen. Natürlich macht das wiederholt erlebte Sterben der Kameraden nicht stumpf, aber es härtet doch ab, es macht die Sinne weniger sensibel für das Endgültige im Sterben des Soldaten. Dennoch macht es nie gleichgültig gegenüber dem Tod.

Da beugt sich der junge Soldat über den gefallenen Kameraden, er sieht das blutende Loch in dessen Brust, die Uniformjacke aufgerissen vom 20-mm-Geschoß einer Bordkanone. Er tastet den Oberkörper des Gefallenen unter dessen Uniformjacke nach der Erkennungsmarke ab, und nahezu mechanisch bricht er diese ab und steckt einen Teil davon in seine Hosentasche. Er wird sie später auf dem Kompaniegefechtsstand dem Spieß übergeben, und danach – in einer Gefechtspause – wird der Kompaniechef den Eltern des Gefallenen einen Brief schreiben über den Tod ihres tapferen Sohnes, der nicht mehr gelitten habe. Und der Soldat denkt kaum daran, wie oft doch in solchen Briefen auch die Unwahrheit geschrieben oder die Wahrheit verschwiegen wird. Aber es tröstet in der Heimat eine weinende Frau und Mutter.

Ich habe zuweilen im Krieg darüber nachgedacht, ob es für den Gottlosen leichter sei zu sterben als für den Gläubigen, den Christen. Ein Schuß, ein Granatsplitter löscht das Leben aus. Es folgt das unerbittliche Ende eines Menschen, er fällt in das Nichts. Ist das sicher? Es mag merkwürdig anmuten, doch ich hatte im Krieg oft das Empfinden, daß der Christ glücklicher im Tod sein müßte als der Atheist. Nein, sicher nicht glücklich, aber nicht ohne eine Hoffnung.

Hier ist kein Platz für religiös-philosophisch-ethische Betrachtungen über das Sterben des Soldaten. Aber solche Fragen könnten sich bald einmal wieder stellen, wenn unsere Soldaten bei ihren Auslandseinsätzen, deren Ende heute nicht abzusehen ist, in Gefahren kommen, die ihnen den Tod näher bringen. Leider ist zu befürchten, daß sich Politiker unserer Tage, die diesen Soldaten den Marschbefehl in die Gefährdung ihres Lebens ausstellen, darüber noch keine Gedanken gemacht haben. Man wird wohl annehmen müssen, daß diese Politiker, die selbst nie Soldat waren – wie die meisten von ihnen heute –, die dennoch über das Schicksal des einzelnen wie auch jenes des Volkes entscheiden, die nie in einem Schützenloch die Nacht mit einem Kameraden verbracht haben, frierend und hungrig, wohl nicht die richtige Vorstellung vom Sterben des Soldaten haben.

Ist also der Christ glücklicher im Sterben als der Atheist oder als der Dissident, wie sich heute ein nicht gläubiger Generalinspekteur lieber bezeichnet? Das vielfache Erleben des sterbenden Soldaten stimmt sehr nachdenklich. Allein der starke Schmerz verzerrt häufig ein Gesicht. Wie oft aber trifft man andererseits auf einen ruhigen Ausdruck im Antlitz beim Ersterben des Herzschlags? Niemand weiß die Antworten auf die hier gestellten Fragen. Aber die Vorstellung des gläubigen Christen, daß er im „Fallen“ vielleicht doch aufgehoben wird in das Reich Gottes, muß eine Erleichterung in der letzten Stunde des Menschen sein.

Die Vorstellung vom Ende des Lebens hat mich mit der Besetzung meiner Heimat durch die Sowjetarmee stärker beschäftigt als zuvor. Der Grund liegt wohl darin, daß hier ganz unmittelbar in die Vorstellungen des Soldaten die Wahrscheinlichkeit eines besonders grausamen Todes seiner Familienangehörigen tritt. Die sowjetischen Truppen waren in einem ungeheuren Tempo in Ostpreußen eingedrungen, hatten die Abwehrstellungen mit ihren Panzern überrollt und waren quer nach Westen durchgestoßen. Nur Königsberg hatte sich noch länger behaupten können.

Meine Mutter und meine Schwester mit ihrer 1½jährigen Tochter waren dem Ansturm der Russen hilflos ausgesetzt. Niemand hatte ihnen gesagt, daß der Russe kommen würde und sie fliehen müßten. Niemand hatte Pläne erstellt. Niemand hatte das Ende des Reiches voraussehen wollen oder dürfen.

In einer Nacht schreckten meine Mutter und meine Schwester durch heftiges Klopfen an die Fensterscheiben aus dem Schlaf: „Schnell raus! Die Russen kommen!“ Der Soldat lief weiter. Er hatte von seinem Kompaniechef, einem Hauptmann der Feldjäger aus Baden, der einmal bei unserer Familie im Quartier gewesen war, den Befehl bekommen, meine Schwester auf jeden Fall zu alarmieren, wenn sowjetrussische Verbände im Anmarsch auf Niedersee wären. Kein Mann war daheim, der helfen hätte können. Zwei Frauen standen mit einem kleinen Kind fassungslos in ihrem Haus. Erst fünf Jahre später sollte ich erfahren, welche schrecklichen Erlebnisse meine Familie auf der Flucht aus Masuren hatte.

Was sollten sie tun? Fliehen, also! Das Haus verlassen! Die Heimat verlassen! Sollte man die Haustür abschließen oder doch besser offen lassen? Es konnte nichts Schlimmeres geben als das, was den Menschen im Januar 1945 passierte. Einige Koffer wurden hastig ergriffen, sie blickten sich um: Was konnte man noch retten, was mußte man mitnehmen? Die Offiziersuniform des Sohnes vielleicht? Welch ein Unfug in einer solchen Situation, wo es wirklich um Sein oder Nichtsein, um das Überleben ging.

Sie liefen zum Bahnhof. Ein Zug stand zur Abfahrt bereit, nahm sie auf, fuhr ein Stück, hielt wieder und ließ sie aussteigen. Mit Wehrmachtskolonnen wurde die Flucht fortgesetzt, auf einem Lastkraftwagen. Dann ein Halt. Absteigen! Zu Fuß weiter. Irgendwo wurde geschossen. Kanonenschüsse, Artillerieeinschüsse. In der Ferne hörte man wohl Abschüsse von Panzerkanonen. Der Russe mußte auf etwa fünf Kilometer herangekommen sein. Mein Gott, das durfte doch nicht sein! Dort rastete eine Fahrzeugkolonne mit verwundeten Soldaten. „Macht Platz, kommt, nehmt die Frauen mit dem Kind mit!“ Es klappte. Dann wieder in der Gegend von Osterode ein Halt! Plötzlich erkannte meine Schwester in einer größeren Waldlichtung einen Feldflugplatz. Flugzeuge wurden mit Verwundeten beladen. Es lief alles sehr hektisch ab. „Schnell, schnell, die Russen kommen!“ Die Schwester bat die Soldaten, flehte sie an. „Um Gottes willen, helfen Sie uns doch!“ Sie bot Schmuck an, hielt einen Offizier am Arm fest. „Helft uns doch! Nehmt doch wenigstens das Kind mit!“ rief meine Schwester. „Erbarmt euch!“ flehte die Mutter. Irgendwie wurden sie in eine Maschine hineingeschoben, gedrängt, fast hineingestoßen. „Hier sind noch Verwundete, die müssen zuerst raus!“ rief einer. Aber die Frauen waren mit dem Kind, das von der Großmutter fest an die Brust gepreßt wurde, bereits in der engen Maschine. Sie hockten auf dem Boden zwischen verwundeten Soldaten. Plötzlich Schüsse! Der Russe war da. Die Maschine rollte an. Es dauerte unsagbar lange, aber sie hob ab. Sie flogen der Heimat davon.

„Masuren, mein Heimatland, wie bist du doch so schön“, sangen wir oft zu Hause oder auch am Lagerfeuer. So also sah der Abschied von der Heimat aus. Ein Abschied ohne Wiederkehr. Das Flugzeug flog in einem Halbkreis über die Frontlinie. Die Feuer des Krieges flackerten am Boden. In der Höhe zerschellten Granaten der russischen Flugabwehr. Man konnte sie nur sehen, wenn man, wie meine Schwester, in der Flugzeugkanzel, dem Cockpit, saß. Die Geschosse zerplatzten wie kleine Wattebäusche vor der Nase des Flugzeugs. „Dort liegt Osterode“, sagte ein Soldat. Sie überflogen einen Fluß. „Marienburg“, sagte der Soldat. „Ist das da unten die Weichsel?“ fragte die Schwester. „Nein, die Nogat“, erwiderte er. Dann machte die Maschine einen großen Bogen und setzte zur Landung in Danzig auf dem Flugplatz Praust an, den ich wenige Wochen danach – auf die verfolgenden Russen schießend – überqueren mußte. Mit viel Überredungskunst wurde die Familie in ein anderes Flugzeug hineingeschoben und hob ab nach Westen.

In Danzig kreuzten sich also unsere Wege, ohne daß wir voneinander wußten. Zum zweiten Mal überflogen sie nun in einer anderen Maschine die Front auf ihrem Weg „in das Reich“ und landeten schließlich in Sachsen. Unter der Maschine lagen dunkle Wolken, die dem Russen das Schießen erschwerten.

Dies war der Auszug aus der Heimat, dem – das ahnten wir schon damals – eine Rückkehr wohl nicht folgen würde. Wir hatten unser schönes Masurenland verloren. Was vor uns lag, das wußten wir nicht. Hinter uns hatten wir ein Land gelassen, das wir überaus liebten, das heute wieder zu den schönsten Landschaften in Europa gehört. Anders als im russisch besetzten Nordteil Ostpreußens haben die Polen das Land wieder aufgebaut. Zwar sind die Ufer der vielen Seen heute oft ungepflegt, Teile des Landes sind verwildert, aber nicht versteppt wie im nördlichen Teil. Es gibt wieder viele Hotels, und der Fremdenverkehr wird intensiviert. An den Ufern des Niedersees sind zahllose Schiffe vertäut, viele Segelboote liegen vor Anker. Und der Stinthengst liegt angekettet unter der Brücke in Nikolaiken wie seit vielen, vielen Jahren. Die Königseiche bei Niedersee hat seit den damaligen Ereignissen ein weiteres halbes Jahrhundert überlebt, nur ist es um sie herum nicht mehr so licht wie früher, weil die anderen Bäume nachgewachsen und ihr dadurch näher gekommen sind. Aber sie steht noch an derselben Stelle wie zu Zeiten des Alten Fritz, als dieser dem Ort den Namen Rudczanny gab.

Zurück, Richtung Danzig

Harte Tage folgten, bittere Wochen. Der Krieg fraß sich weiter auf deutschem Boden. Bei Frankfurt hatte der Russe in breiter Front bereits die Oder überschritten und rückte mit seinen Stoßarmeen auf Berlin zu. Stettin war gefallen, die Verteidiger von Breslau wehrten sich verbissen. Nachrichten aus Ostpreußen hatte ich lange Zeit nicht. Doch dann erfuhr ich von der Flucht meiner Familie vor den Russen. Meinem Vater schrieb ich an dessen letzte mir bekannte Adresse einen kurzen Brief mit der Nachricht, daß beide Frauen mit dem Enkelkind fliehen konnten – und lebten!

Wir kämpften uns immer weiter zurück auf Danzig zu, wo für mich vor sehr, sehr langer Zeit einmal der schwere Weg an die Front begonnen hatte – unter dem berühmten Krantor. Von Danzig nach Saporoshje und zurück, das war jetzt Teil meines Lebens.

Morgens bezog ich mitten in den Stellungen der Infanterie oder knapp dahinter meine B-Stelle, abends lag ich dann meist mit den Infanteristen auf gleicher Höhe oder war auf die Feuerstellung ausgewichen, wo wir gemeinsam den letzten Feindangriff des Tages abwehrten. Oft standen wir dabei im Kampf Mann gegen Mann. „Das Weiße im Auge des Feindes", das war Nahkampf, wurde uns gesagt. Ich hatte es oft sehen müssen, obwohl ich doch erst 20 Jahre alt war. Für 32 Nahkampftage erhielt ich die Nahkampfspange in Silber verliehen. Es hieß auch, ich sei zur Beförderung zum Oberleutnant eingereicht worden. Doch vielleicht war das nur ein Gerücht, um den Mut warm zu halten.

Wenn wir am Abend die Feuerstellung unter feindlichem Infanteriefeuer verließen, mußten wir erst die Motoren der Zugmaschinen – es waren Lanz-Bulldog-Schlepper – mit der Lötlampe vorwärmen, bevor wir die Geschütze aus der Stellung ziehen konnten.

Einmal blieb ich mit meiner B-Stelle bei dem Kommandeur des Infanteriebataillons auf dessen Gefechtsstand in einem Gebäude am Rande eines Dorfes unmittelbar an der Dorfstraße. Durch eine Häuserlücke über die Straße hinweg beobachteten wir gemeinsam und warteten auf den Feind. Eigentlich war das ein ganz mieser Beobachtungsstand, denn ich konnte auf keinen Fall ausreichend das Feindgelände einsehen, da das Dorf in einer flachen Mulde lag und der Feind praktisch da war, wenn er über den Rand der Mulde schaute.

Neben dem Gebäude stand eine Zwillings-Flak. Diese schoß zuerst. Dann schob sich der erste russische Panzer über den Rand der Mulde und schoß. Ein Granatsplitter zerschlug den Kopf des Kommandeurs, der am Fenster stand und von dort beobachtete. Drei Schritte neben mir! Wir bekamen noch ein klein wenig Feuerschutz durch die Flak, bis auch diese Geschütze schwiegen, und konnten uns gerade noch durch einen Bach nach hinten absetzen. Wir liefen dabei, so schnell wir konnten.

Wenige Wochen vor Schluß des Krieges wurde ich aus der Front herausgelöst und als Adjutant zur Abteilung versetzt. Ich mußte nun häufiger zum Regimentsstab, wo ich meinen Regimentskommandeur, einen großen und schlanken Offizier, Oberst Remer, vormals Militärattaché bei Franco in Madrid, stets in trüber Stimmung fand. Der Oberst ging im Zimmer auf und ab und murmelte nur vier Worte: „Der Ofen ist aus."

Der 20. April 1945

Beim Regiment erhielt ich den Befehl, an Führers Geburtstag sei eine kleine Feier durchzuführen mit einer kurzen Ansprache vor den Männern, die gerade anwesend seien. Kein Appell etwa! Wir vergaßen in der Abteilung völlig, diesen Befehl durchzuführen. Das war das zweite befehlswidrige Verhalten von mir als Soldat. An Führers Geburtstag fand gar nichts statt in unserem Bataillon.

Ich hatte an diesem Tag wieder irgendeinen Auftrag auszuführen und geriet dabei in einem südwestlichen Vorort von Danzig auf dem Gelände einer Brauerei in feindliches Artilleriefeuer. Es gelang mir noch, einen Keller zu erreichen, der wohl als Lagerstätte für Bierfässer gedient hatte und in dem jetzt viele Menschen durcheinander lagen. Der Raum war wohl 50 Quadratmeter groß. Ich schaute mich um. Hier sah ich den Anfang vom Ende der Deutschen Wehrmacht. Teile der Truppe hatten sich bereits selbst aufgelöst. Es waren hier im Keller nicht nur verwundete Soldaten bei den Zivilisten. Alle warteten auf das Ende. Einige schliefen mit Frauen unter einer Wehrmachtsdecke, daneben lagen deren Kinder, und die Frauen weinten. Sie wollten kein Kind von einem Russen haben. Die Frauen baten die Soldaten, und diese taten es – ich sah, daß es viele taten. Ich hatte das Empfinden, im Vorhof zur Hölle zu sein.

Ich mußte nach draußen, obwohl die russische Artillerie noch schoß und die Einschläge sehr nahe lagen. Es störte mich nicht mehr. Am Ausgang auf der letzten Stufe der Treppe lag ein Soldat. Er mußte wohl erst vor wenigen Minuten gefallen sein.

Im Keller ließ ich viele Menschen zurück, die mit ihrem eigenen Schicksal abgeschlossen hatten. Es war ihnen egal, was noch geschehen konnte. Egal, ob eine Feldjägerstreife die gesunden, ganz offensichtlich desertierten Soldaten aus dem Keller holte, an die Front schickte oder am nächsten Baum aufknüpfte, egal, ob der Russe im Eingang stand. Sie waren abgestumpft. Ihnen war alles gleichgültig geworden. Sie hatten keinen eigenen Willen mehr.

Die clevere Stuttgarterin

Als ich wieder auf dem Abteilungsgefechtsstand war, fand ich dort zu meiner Überraschung eine junge Frau vor, die gerade verhört wurde. Man hatte sie in einer Feuerstellung aufgegriffen und hielt sie für eine Spionin. Sie hieß Ursula, war 20 Jahre alt, Angestellte der Dresdner Bank in Graudenz und stammte, was nicht zu überhören war, aus Stuttgart. Nun, mir – damals noch ohne die Erfahrung eines MAD-Chefs – fiel es nicht allzu schwer festzustellen, daß dieses Mädchen eigentlich keine Spionin sein konnte, sondern tatsächlich aus irgendeinem dummen Grund bei der Evakuierung der Bank in Graudenz den Anschluß verloren hatte und nun durch die Gegend irrte.

Ursula erinnerte mich an meine Turnlehrerin auf der Behringschule, für die alle Jungen geschwärmt hatten, da sie doch ohne Zweifel weit und breit die beste Figur hatte und, wie wir erkennen konnten, keinen Büstenhalter brauchte. Ich unterhielt mich nun kurz mit dem Mädchen, das sich auf einem Schiff in die Heimat durchschlagen wollte. Ich ging auch einige Male abends, wenn es etwas ruhiger war, mit ihr spazieren, sogar während des russischen Störfeuers. Aber ich überschritt nicht die selbstgesetzte Grenze und sorgte dafür, daß sie mit einem Versorgungsfahrzeug nach Danzig mitgenommen wurde, um dort möglichst auf ein Schiff zu kommen. Auch sie hielt dies für das Beste.

Wenige Tage darauf meldete sich ein Soldat, um dem Leutnant mit einem schönen Gruß von der Frau Gemahlin einen Brief zu übergeben. Die Frau des Herrn Leutnant sei, wie er selbst gesehen habe, an Bord eines Schiffes gegangen. Ich sah mir den Brief an und las den Absender. Demnach war es ein Brief meiner Frau, das mußte der Soldat denken. Nun, meine Frau war sie nicht geworden, weder vor dem Standesbeamten noch auf eine andere Weise. Es war wohl die einzige Art, mir noch eine Nachricht über ihre geglückte Flucht zukommen zu lassen. Vielleicht auch ein Dankeschön. Das Leben ist bunt, dachte ich. Auch an ganz trüben Tagen gibt es immer ein Licht.

Die letzte Stellung an der Weichsel

Wir hatten, über den Flugplatz zurückweichend, Danzig räumen müssen. Kämpfend immer zurück. Nun lagen wir bereits in der Weichselniederung, vor dem toten Weichselarm. Dahinter gab es keine Stellung mehr für uns. Dort lag das Ende. Es war unvermeidlich. Wir durchstachen die Dämme und überfluteten das Gelände vor unseren Stellungen, so daß nur ganz wenige Wege begehbar blieben. Alle Gehöfte waren wie Halligen von Wasser umgeben. Wer hier angreifen wollte, mußte sich viel Zeit lassen.

Von meiner B-Stelle aus beobachtete ich, wie Schiffsartillerie auf russische Kolonnen feuerte. Das Feuer lag leider nicht im Ziel. Und dann konnte ich eine endlose Kolonne russischer Panzer und LKWs beobachten, 50, 100 oder mehr Fahrzeuge. Ich rechnete mein Feuerkommando nach einem neuen Verfahren aus, das ich einmal an der Divisionskampfschule bei Warschau gelernt hatte. Es hieß nun nicht mehr „5. Ladung, Aufschlag, von Grundrichtung 180 mehr, 5.200“, sondern ich rief das Feuer ab und gab dabei lediglich eine Lage in einem Planquadrat nach der Fliegerkarte durch, also: „Feuerkommando, Fahrzeugkolonne, A 4 c, feuern.“ Und dann kam der erste Schuß, und ich konnte diesen nach Beobachtung korrigieren. Ich schmunzelte in Erinnerung daran, wie ich dieses Verfahren etwa dreißig Generalen der Wehrmacht, es waren auch zwei Herren von der Luftwaffe dabei, in der Divisionskampfschule knapp hinter der Front vorgeführt hatte. Nachdem ich meinen ersten Schuß nach neuer Art abgerufen hatte und das Geschoß herangejault war, gingen alle Herren hinter und neben meinem Beobachtungspanzer in Deckung. Man konnte eben im Krieg nie wissen, was passiert, wenn scharf geschossen wird.

Doch an diesem Tag wurden mir nur sechs Schuß auf die Kolonne freigegeben. Das war das letzte Feuer, das ich im Krieg leitete. Viel konnte ich damit nicht erreichen. Größeren Schaden habe ich sicherlich nicht angerichtet. Nun hatten wir nur noch Munition zur Selbstverteidigung, wie es hieß. Woher sollte jetzt auch noch Munition kommen? Wir waren im Kessel, und die Luftwaffe flog nicht mehr.

Ein Überläufer und viele tote Kameraden

Hitler war tot, meldete der Großdeutsche Rundfunk. Er sei, bis zum letzten Atemzug gegen den Bolschewismus kämpfend, vor der Reichskanzlei gefallen. Wir hielten den Atem an. Es war nicht Hitler, der uns betroffen machte, es war der Hauch von Geschichte, der in dieser Nachricht lag. Und es war das Ende, natürlich, das bittere Ende.

Aber noch bevor der Krieg ganz beendet war, nur wenige Tage davor, war ein Unteroffizier vom Lauschtrupp zu den Russen übergelaufen und hatte unsere Stellungen verraten. Er muß ihnen äußerst präzise Angaben darüber gemacht haben. Der Feind griff noch einmal an, und wir hatten erhebliche Verluste, Tote und Verwundete.

Auch diesem Deserteur wurde später zunächst vorübergehend in Bonn, in Erfurt und dann beständig in Potsdam ein Denkmal aufgestellt. Und Politiker sehen keine Möglichkeit, das zu verhindern. Ein Denkmal zu setzen denen, die den Tod der eigenen Soldaten auf ihrem Gewissen tragen? Außer den Deutschen hat bisher keine andere Nation etwas Derartiges getan in ihrer Geschichte. Und kaum ein Politiker legt Protest ein.

Befehl zum Sammeln

In den Abendstunden des 8. Mai 1945 erreichte uns auf dem Abteilungsgefechtsstand der Befehl zur Kapitulation der 2. Armee. Wir waren aufgefordert, unsere Stellungen zu räumen und uns auf die Bunker im Weichseldamm zurückzuziehen. Der russische Oberbefehlshaber habe zugesichert, daß die deutschen Truppen, die sich dorthin zurückzögen, nicht als Gefangene betrachtet würden, sondern als Angehörige der Kapitulationsarmee mit dem Recht auf freien Abzug in die Heimat. Das war die erste Lüge.

Zugleich erhielten wir den letzten Tagesbefehl des Oberbefehlshabers unserer Armee. Er lautete:

„Hela, 8. 5. 1945

Soldaten meiner Armee!

Auf Befehl unseres obersten Befehlshabers, Großadmiral Dönitz, muß die Armee nach vorbildlichem Kampf die Waffen niederlegen. Der Zeitpunkt wird befohlen. Bis zur letzten Minute kämpften die Divisionen der Armee im Weichselbogen und auf Hela getreu ihres in 100 Schlachten dieses Krieges bewiesenen Ruhmes und getreu der Erwartung ihrer Frauen und Kinder. Besonders die letzten Kämpfe standen im Zeichen weit unterlegener eigener Mittel.

Großadmiral Dönitz hat alles getan, uns Ostkämpfern den Weg in die Heimat zu ermöglichen. Die Ereignisse waren aber zu weit fortgeschritten. Die Armee kann Schiffe, Munition und Verpflegung aus der Heimat nicht mehr erwarten. Meine Absicht, euch in die Heimat zurückzuführen, wird mir deshalb verwehrt.

Es kommt jetzt darauf an, den neuen harten Tatsachen ins Angesicht zu sehen, wie wir es immer getan haben. Ich erwarte von jedem Angehörigen der Armee, daß er gerade jetzt Haltung, Würde und Stolz bewahrt. Denkt alle daran, daß die deutsche Volksgemeinschaft geschaffen ist und weiter bestehen muß und wird. Sie ist die einzige Gewähr, daß auch diese Not unseres Volkes überwunden wird.

Meine getreuen Soldaten! In dieser Stunde fordere ich von jedem einzelnen von euch wieder alle Treue und Liebe zu Deutschland und die Überzeugung, daß unser Volk weiterlebt. Für eure bisherige Treue meinen Dank. Einst wird aus eurem Kampf das Leben unseres Volkes neu erblühen.

gez. von Saucken"

Ich begleitete meinen Kommandeur zum Kommandeur des Infanterieregiments, mit dem wir auf Zusammenarbeit angewiesen waren, um uns zu verabschieden. Die Stimmung war gedrückt, verzweifelt. Ein Oberleutnant – ausgezeichnet mit allen Orden dieses Krieges – stand kerzengerade mitten im Raum. Sechs Jahre Krieg als Infanterist, und nun dieses Ende? „Meine Herren!" sagte er nur, legte die Pistole an seine Schläfe und schoß. Aber er war noch nicht der letzte Tote.

Als wir noch einmal auf unseren Gefechtsstand zurückgingen, wartete auf mich ein Leutnant zur See, den ich kannte. Er war Kommandant eines Schnellbootes, das in der Weichselmündung auf das Auslaufen nach Dänemark wartete. Ich lehnte das Angebot des Marinekameraden zum Mitfahren nach Dänemark ab. Für eine Diskussion war keine Zeit mehr. „Viel Glück", wünschte der Marineoffizier. „Und immer eine Handbreit Wasser unter dem Kiel!" sagte ich.

Wir marschierten durch die Nacht auf die Bunker im Weichseldamm zu. Es war gegen drei Uhr, die Kapitulation seit drei Stunden in Kraft, da griffen russische Schlachtflieger zum letzten Mal an. Die Gefallenen blieben am Weg liegen. Einem von ihnen war die Bauchdecke weit aufgerissen, so daß der Darm herausgefallen war. Gefallen bei Schievenhorst in der Weichselniederung am 9. Mai 1945, einen Tag nach Ende des Krieges. Dieser Dreckskrieg!

Der Krieg war also zu Ende. Einer der Fehler der Deutschen, die in die militärische Niederlage führten, war nicht nur bei Hitler, sondern bei allen Soldaten zu suchen. Sie hatten die Russen unterschätzt. Die Sowjetarmee hatte ein Offizierskorps, das rasch gelernt hatte, moderne Waffen effektiv einzusetzen. Offiziere, die auf Kampf und Sieg motiviert waren. Je länger der Krieg dauerte, um so fähiger war die sowjetische Führung. Die deutsche Führung wurde überrascht durch die russische Fähigkeit zur Improvisation in der Operationsführung und durch den Wandel der Rüstungsausstattung innerhalb von zwei Jahren nach 1941. War das Unterführerkorps unselbständig im Gefecht, so beherrschte es seine auf uns primitiv wirkende Waffe. Der russische Unterführer konnte sein Geschütz genauso gut einrichten wie der deutsche, er kam aber mit weniger Verpflegung aus, und er kämpfte in jeder Situation mit vollem Einsatz. Die Russen kämpften für ihre Heimat, für ihr Vaterland. „Wir werden siegen!“ – diese Parole beflügelte sie seit dem Sieg von Stalingrad.

Auch mit solchen Gedanken beschäftigt, saßen wir wenig später in einem Bunker, der in den Deich der Weichsel gebaut war, und ordneten unsere Papiere. Wir hatten nur noch Hindenburglichter, die den Raum spärlich erleuchteten. Wir zerrissen Briefe, verbrannten Dokumente und behielten nur wenige Fotos von der Familie. Das Soldbuch behielt ich, doch ich versteckte es zunächst am Körper.

Ich ging noch einmal vor den Bunker und blickte in den Himmel. Da überlegte ich, ob wir wirklich alle Verschlüsse unserer Haubitzen unbrauchbar gemacht hatten. Das war ja mein letzter Befehl.

Seit Danzig, als die Fahrt begann, hatte ich immer einen Plattenspieler mit mir geführt, den mein Bursche auf manchmal merkwürdige Art gerettet hatte, sogar aus dem Kessel von Warschau. Nun legte er die letzte Platte auf. Hans Albers sang: „Heute nacht geht der Traum meines Lebens zu Ende.“ Ich nahm noch wahr, wie der Bursche Platten und Plattenspieler mit dem Gewehrkolben zerschlug, dann fiel ich in tiefen und kurzen Schlaf. Der Krieg war zu Ende. Endgültig.

Das Ende und der Neubeginn

Das Wasser der Weichsel kräuselte sich im fahlen Licht des anbrechenden Morgens. Eine große, beängstigende Stille lag über dem Strom. Dort, wo erstes schwaches Licht die Dunstglocke durchbrach, schien das Ufer auf beiden Seiten von zahllosen dunklen Flecken überdeckt zu sein, als wären es übergroße Maulwurfhaufen. Doch bald konnte man erkennen, daß diese Flecken Tierkadaver waren. Kühe und Pferde in endloser Zahl, Hunderte, nein Tausende, die vor den anrückenden Russen erschossen worden waren. Was für eine Barbarei! Hatte denn niemand von denen, die diese Tiere getötet hatten, daran gedacht, daß dieses Vieh auch Fleisch zu unserem Überleben gab, nicht nur für die siegreichen Russen? Was vielleicht vor zwei Jahren noch verständlich war, dem Prinzip der verbrannten Erde folgend, hatte jetzt jeden Sinn verloren.

Ich saß am Boden und starrte in das Wasser, dessen monoton fließendes Geräusch ich nun wahrnahm. Im Südosten auf dem anderen Ufer, ganz in der Ferne, sah man durch den Dunst ein großes Feuer. Dort mußte die Marienburg sein. Der Grenzwald brennt, dachte ich, wie ich es vor sechs Jahren in Hohenstein ausrufen mußte, in dem Festspiel über die Schlacht von Tannenberg im Jahre 1410.

Der Grenzwald brennt! Doch dieses Feuer löschte kein Regen wieder aus, und 100.000 Panzer schürten seine Flammen. Ostpreußen brannte. Die Marienburg, die Städte und Dörfer, die Wälder und auch die Seen, ganz Ostpreußen brannte. Und der Widerschein der Flammen wurde vom Wasser der Weichsel aufgenommen und zum Meer gespült. Die Zeit blieb stehen. Das Wasser nahm allerlei Treibgut mit in die Ostsee: zerbrochene Äste, Holzbretter von Pferdewagen, hier und da ein Uniformstück. Plötzlich, ich mochte mich getäuscht haben, sah ich im Fluß eine Puppe treiben. Eine Marionette, schien mir. Starr und hölzern trieb sie auf dem Wasser der Weichsel. Oder war es ein Traum?

Doch dann hörte ich wieder Schüsse. Nicht sehr nah, vereinzelt und unregelmäßig. Der Krieg war doch zu Ende? Warum schossen die Russen? Jetzt war der Augenblick an der Nahtstelle zwischen gestern und morgen. Wie das Morgen sein würde, war nicht vorauszusehen, nicht einmal zu erahnen. Die Russen würden kommen und uns gefangennehmen. Was aber dann geschehen sollte, lag allein in Gottes Hand. Wir alle mußten nun auf Gottes Fügung hoffen und vertrauen. Jetzt waren wir seine Marionetten. Wir konnten nur auf Gottes Barmherzigkeit vertrauen und auf die Gnade des Siegers. Oder war das doch schon das Ende? War das mein ganzes Leben? Was war mein Leben?

Die Gefangenschaft

Unser ist die Not – gefangen in der Heimat

Der Russe kommt! Angst! Todesangst! Entsetzen beherrschte unser Sein. Wir hatten in diesem Krieg oft den Tod von Kameraden oder auch des Feindes erlebt. Dieser Tod in Rußland war oft grausam. Der Tod des Soldaten hatte uns begleitet, etliche Jahre lang. Ich sah vor mir den toten Leutnant in der Tucheler Heide, den russische Soldaten verstümmelt hatten. Gefangenschaft! Davor hatten wir in Rußland Angst. Es war anders als an der Front in Nordafrika oder in Frankreich. Wenn man dort die Kämpfe überlebt hatte, gab es ein Weiterleben nach dem Kampf. Das wußten wir. Wir wußten auch, daß es 1941 einen sogenannten Kommissar-Befehl in der Deutschen Wehrmacht gegeben hatte, nach dem Kommissare der Sowjetarmee nicht gefangengenommen werden sollten. Die Anwendung dieses Befehls aber hatte ich nie erlebt. Ab der ersten Stunde des jungen Tages am 9. Mai 1945 begleitete uns nun die Todesangst.

Gefangenschaft: Das war die totale Unterwerfung unter den Willen des überlegenen Feindes. Für ihn, für sein Handeln, schien uns, gab es keine Rechtsgrundlage. Wir befanden uns im Zustand einer gnadenlosen Auslieferung an den Feind. Bilder vom endlosen Leidenszug der deutschen Soldaten nach der Schlacht von Stalingrad hatten uns seit Februar 1943 begleitet. Zwar wußten wir damals noch nicht, daß rund 100.000 Soldaten der 6. Armee über vereiste und verschneite Wege durch den russischen Winter in die Gefangenschaft marschierten, von denen später nur rund 6.000 ihre Heimat wiedersehen durften. Aber wir hatten eine ganz reale Vorstellung davon, was Gefangenschaft für den einzelnen bedeutete. Die Todesangst begleitete uns über sehr lange Zeiträume. Jeden Tag wurden ja Kameraden herausgenommen, die in einer völligen Ungewißheit ihres Schicksals aus dem Blick der Zurückgebliebenen verschwanden. So blieb die Angst unser Begleiter bis zum 1. April 1949.

Gefangenschaft, das war das Ende jeden eigenen Willens oder gar Wunsches. Man wartete auf das, was kommen konnte oder was plötzlich geschah. War man denn sicher, daß der Russe, der auf einen Gefangenen zukam, nicht seine Maschinenpistole entsicherte und schoß? Auch er hatte seine Kameraden begraben müssen. Auch er hatte seine Angehörigen verloren, irgendwo in einem russischen Dorf oder einer ukrainischen Stadt. Was empfand er, wenn er nun Macht hatte über deutsche Gefangene? Unser Leben hing davon ab, wie diszipliniert die Soldaten der Sowjetarmee bei Kriegsende waren. Und später davon, welche Befehle die Kommandeure aus Moskau erhielten. In der Sowjetunion kam alles, was bedeutend und entscheidend war, aus einer Moskauer Zentrale.

Die Russen sind da

Die Russen sind da: Was werden sie mit uns tun? Dabei bedachten wir nicht, daß der Krieg ja beendet war und nun wieder andere Gesetze gelten mußten.

Die Russen sind da! Aber – es wird kein Alarm ausgelöst, und es ertönt auch nicht das widerliche „Urräh“ aus Hunderten russischen Soldatenkehlen. Wir waren innerlich immer auf die Möglichkeit einer Gefangennahme vorbereitet, wenn auch schon der aufkommende Gedanke sofort verworfen wurde. Nein, in Gefangenschaft gehen wir nicht, dachte wohl ein jeder von uns. Nicht mit erhobenen Händen, wie auf den Bildern von Stalingrad zu sehen war, nicht angetrieben von russischen Bajonetten, geschlagen mit dem Schaft der Gewehre.

Alles kam dann aber ganz anders als je gedacht. Die Deutsche Wehrmacht hatte kapituliert. Zusätzlich hatte der Befehlshaber der 2. Armee, General von Saucken, die Kapitulationsurkunde seiner Armee einige Stunden vor der Kapitulation der Wehrmacht unterzeichnet, was ihm, wie erwähnt, die Zusicherung des russischen Befehlshabers einbrachte, daß unsere Truppe aus der Front herausgelöst würde, um vor der Entlassung in die Heimat hinter dem Arm der toten Weichsel versammelt zu werden. Wir seien, so der russische General, keine Kriegsgefangenen, sondern würden wie Internierte behandelt und in wenigen Tagen in die Heimat entlassen werden. Irgendeinen Sinn mußte ja wohl die vorzeitige Kapitulation gehabt haben! „Skoro damoi“, hieß es, bald nach Hause. Und dieses Wort war so die erste Lüge des Siegers.

Wir sammelten uns zu einem Haufen müder Gestalten. Es war so, wie es verängstigte Pferde bei einem Gewitter auf der Koppel tun. Die Nähe des anderen suchen, sich anlehnen, das war es wohl, was wir empfanden. „Woijna kaputt!“ Der Krieg ist kaputt. Die Ungewißheit des eigenen Schicksals war eine schwere seelische Last. Aber da wir diese Last mit Kameraden teilten und nicht allein waren, schien sie erträglich zu sein. Wir ordneten uns in eine Marschkolonne, aber nicht – wie bisher – in drei, sondern in sechs Gliedern. Wir hatten unsere Waffen auf einen großen Haufen geworfen. Ich hatte den Bruchteil einer Sekunde überlegt, ob ich die Pistole vielleicht behalten, am Körper verstecken sollte, doch das war natürlich unsinnig. Dann hieß es: „Schagom marsch“, „ohne Tritt marsch!“ und die geschlagene Truppe setzte sich in Bewegung. So marschierten wir – oder taumelten mehr – wieder nach Westen in Richtung auf Danzig. Es waren nur ganz wenige Straßen frei, denn in den letzten Wochen waren, wie berichtet, Dämme durchbrochen worden, so daß der Russe nicht zügig vorankommen konnte. Jetzt mußten wir uns durch trockene Gassen drängen. Auf den Gehöften rechts und links der Straße wurde ununterbrochen geschossen. Gegen wen kämpften dort die Russen? Oder machten sie sich ihren Spaß, auf Enten und Hühner zu schießen? Auf zurückgebliebene Deutsche?

Nach einigen Kilometern Marsch befahl der russische Major: „Alle Offiziere nach vorn!" Am Beginn des Marsches waren wir ungeordnet, marschierten Offiziere, Unteroffiziere und Mannschaften vermischt. Als dieser Befehl kam, sagte ein Unteroffizier zu mir: „Herr Leutnant, nehmen Sie die Schulterstücke ab, der Russe erschießt Sie. Kommen Sie, wir decken Sie!" Aber es war die gleiche Situation wie am Abend davor mit dem Marineoffizier. Ich wollte nicht feige sein. Nun waren die Offiziere an der Spitze des Zuges, und der Marsch wurde fortgesetzt.

Nach einigen Kilometern kam das Kommando: „Halt! Hinsetzen!" Wir saßen am Straßenrand und warteten. Ganz plötzlich, ohne einen Befehl, kamen russische Soldaten auf uns zu und begannen ihr Werk besonderer Kontrolle. Zum ersten Mal hörten wir: „Uhr ist?" und damit war auch schon unsere zeitliche Orientierung dahin. Die Russen „filzten" uns, nahmen nicht nur Uhren, Ringe ab, sondern alles, was für sie von Wert war. Oft auch Familienfotos, die für uns in dieser Stunde einen unermeßlichen Wert hatten. Einem jungen Russen gefielen meine Stiefel, die ich mir in der Heimat hatte anfertigen lassen. Ich hatte keine Wahl und mußte mich von ihnen trennen. Der Russe aber schien milde gestimmt zu sein und warf mir ein Paar Gummistiefel zu, er tat es in der Art, wie man einem Hund das Stück Knochen zuwirft.

Nachdem dieser besondere Einsatz, dem noch ähnliche folgen sollten, beendet war, gab der Major den Befehl zum Weitermarsch. Als wir uns der Trümmerlandschaft von Danzig näherten – die Engländer hatten in den letzten Tagen die Stadt nahezu völlig zerstört –, mußten wir zunächst den Flugplatz Praust überqueren, der noch vor wenigen Wochen von uns verteidigt wurde. Der Major befahl: „Singen!" Etwas ungläubig zögerten wir, in der Annahme, das könnte eine Provokation sein. „Nu, dawai!" befahl der Russe, „singen!" Und wir sangen. Diese zerschlagene deutsche Armee marschierte in den Abendstunden des 9. Mai 1945 singend in Danzig ein. Wir sangen die alten Soldatenlieder: „Schwarzbraun ist die Haselnuß, schwarzbraun bin auch ich, ja auch ich, schwarzbraun muß mein Mädel sein, gerade so wie ich." Und immer wieder: „In der Heimat, da gibt's ein Wiedersehen" oder „Wir seh'n uns wieder am Oderstrand". Damals wußten wir noch nicht, daß letztgenanntes Lied im Jahre 1970 von einem deutschen Verteidigungsminister auf Beschwerden der SPD-Basis hin verboten würde.

Die Russen freuten sich und lachten. Wieder kam mir meine Marionette von der Weichsel in den Sinn. Das Bild ließ mich nicht los. War es nicht so, daß Hitler, über dessen Ende die Russen so glücklich waren, was uns deutsche Soldaten an der Weichsel gar nicht mehr berührte, das ganze deutsche Volk zu Marionetten gemacht hatte? Und wenn Goebbels an einem Faden zog, gingen dann nicht alle Arme hoch? Und wenn der Saal brüllte: „Ja, wir wollen den totalen Krieg!“ War das die Stimme des deutschen Volkes? Wirklich? Einmal wird die Frage zu stellen sein, ob nicht alle Marionetten waren und ob sie taten, was sie im Grunde nie gewollt hatten. Einmal wird wohl die Frage gestellt werden, ob nicht auch die Marionettenspieler, die alle Fäden in der Hand hielten, letztlich auch Marionetten waren in der Hand eines Größeren, Mächtigeren, ob sie es nicht auch heute sind. Das muß die Frage aufwerfen, warum Marionetten tanzen.

Noch einmal in Danzig

In Danzig angekommen, wurden wir in einer Schule untergebracht. Wir lagen dichtgedrängt am Boden, jeder hatte nur so viel Platz, daß er liegen konnte. Es gab Kohlsuppe. Nach und nach wurden die Offiziere zur Vernehmung und Erfassung der Personalien gerufen. Die Vernehmungsoffiziere sprachen deutsch. Aber vor der Vernehmung wurden wir noch einmal gefilzt. Mein Kommandeur befahl mir sodann, in jedes Soldbuch der Soldaten einen Eintrag zu machen „Ist Angehöriger der Kapitulationsarmee“. Ein sowjetischer Offizier bestand darauf, daß auf jeden Fall der Eintrag mit dem Dienstsiegel gestempelt wurde. Das sollte die Bestätigung der baldigen Entlassung als Internierte sein. Fast die ganze Nacht war ich damit beschäftigt.

Wir konnten nicht schlafen. Ein Offizier meinte, nach der Heimkehr müßten wir uns wahrscheinlich der SPD anschließen. Da liege wohl unsere Zukunft. Die Partei des Zentrums würde keine Bedeutung mehr haben, und Kommunist, das verstand sich von selbst, konnte ein Offizier nicht sein. Ein anderer gab zu überlegen, wie wir nach der Heimkehr wohl unsere Orden am Zivilanzug tragen sollten. Es war uns in dieser Nacht bewußt, daß wir in ein zerstörtes Land heimkehrten, mit zerstörten Häusern und Fabriken, von denen der Rest dann noch demontiert würde.

Wie weit aber die Demontage gehen sollte, wußten wir nicht. Auch nicht, daß die Briten sogar das eiserne Geländer der Bonner Rheinbrükke abmontierten und an die Themse überführten. Wir dachten, daß wir wohl erst einmal Erdhöhlen bauen müßten, etwa in der Art unserer Bunker in Rußland. Das hatten wir gelernt. Der Morgenthauplan werde ja verhindern, daß ein schneller Wiederaufbau möglich sei. Zuerst werde es darauf ankommen, die Ruinen zu beseitigen, die Straßen zu räumen, dann werde man weitersehen. Was wir zuerst brauchten, sei eine Maurerkelle, das war die überwiegende Meinung.

Die Frage nach der Trageweise der Kriegsauszeichnungen wurde nicht weiter erörtert. Mir war sie auch völlig egal. Allerdings trug ich die Orden noch, wie die Schulterstücke, an der Uniform. Nur das Hoheitszeichen entfernten wir von der Uniformjacke.

In dieser Nacht wurde mir schon bewußt, daß unser Befehlshaber in einem Punkt seines letzten Befehls wohl nicht recht hatte, als er zuversichtlich sagte, daß die Volksgemeinschaft nun geschaffen sei und sich das nicht mehr ändern könne. Wie war der General doch einem Irrtum verfallen! Kaputt war sie, die Volksgemeinschaft, zerfallen in der ersten Stunde der Nachkriegszeit.

Im Gewaltmarsch von Danzig nach Deutsch-Eylau

Am 10. Mai marschierten wir in endlos langer Kolonne, je acht Mann nebeneinander, aus Danzig wieder heraus. Wieder wurde uns befohlen zu singen. Dann aber kamen deutsche Frauen und Mädchen auf uns zu, ließen sich von den russischen Bewachern nicht abdrängen und blieben an der Kolonne. Sie waren ohne jede Furcht. Und wir verstanden bald, warum. Als ob sie uns aus fernen Welten eine grausame Geschichte erzählten, sprachen sie von ihrem Leiden, von Vergewaltigungen, die ganze Nacht hindurch und auch bei Tag. Eine Frau hob ihren Rock hoch und zeigte ihre Wunden. Es war zuviel! Die ganze Ohnmacht des Gefangenen wurde uns bewußt. Nicht helfen können, nicht trösten, das war sehr schlimm. Es war noch schlimmer als 1943, als ich Nürnberg in einem Inferno von britischem Bombenfeuer sterben sah. Es war schlimmer als alles, was ich im Krieg erlebt hatte. Die zerstörte Seele einer Frau, das war nicht zu ertragen.

Wir mußten weiter. Die Frauen liefen neben uns her, riefen uns Namen ihrer Männer oder Söhne zu, bis die Wachposten sie mit dem Gewehr vertrieben. Nein, wir sangen nicht mehr.

Zu unserer Überraschung kam ein Kübelwagen von rückwärts herangefahren, in dem der Befehlshaber der 2. Armee stand und uns, die Soldaten seiner geschlagenen Armee, während der Vorbeifahrt grüßte. Die Soldaten richteten sich auf und machten Blickwendung zum General, wie sie es gelernt hatten. Nur, im Gegensatz zu früher, grüßten die Offiziere seit dem Vortag militärisch und nicht mehr mit dem sogenannten „deutschen Gruß“, wie er uns nach dem 20. Juli 1944 befohlen wurde. Allerdings muß man sagen, daß uns diese Umstellung auf alte Gepflogenheiten nicht bekümmerte. Wir hatten ohnehin den „deutschen Gruß" in der Wehrmacht nie richtig angenommen. Wir empfanden ihn als nicht soldatisch.

In der Tucheler Heide marschierten wir in ein Dorf. An einer Biegung der Straße war eine Schule, die von den Russen zu einem Feldlazarett umfunktioniert worden war. Am Straßenrand standen verwundete Soldaten, spuckten uns an und schlugen mit ihren Krücken auf uns ein oder bewarfen uns auch mit Steinen. Wir richteten uns auf, trugen den Kopf hoch. Auf der Terrasse vor dem Gebäude stand eine Gruppe von russischen Offizieren, in deren Mitte ich einen Major erkannte. Als wir, Offiziere vorweg an der Spitze der Kolonne, vorbeimarschierten und den Major militärisch grüßten, erwiderte er den Gruß, und ich hörte ganz deutlich, wie der Russe zu den Offizieren an seiner Seite sagte: „Genossen, sehen Sie, dort marschieren die besten Soldaten der Welt!"

In der einbrechenden Dunkelheit erreichten wir ein anderes Dorf, aus dem die Deutschen vertrieben worden waren, in deren Häusern wohnten nun Polen. Der russische Offizier gab einige kurze Befehle und ließ das Dorf durch seine Soldaten, die mit den Polen nicht sehr freundlich umgingen, räumen. Danach wurden uns die Häuser für die Übernachtung zugewiesen. Wir fielen in tiefen Schlaf.

Am dritten Tag der Gefangenschaft marschierten wir weiter. Gegen Abend erreichten wir in einem erbärmlichen Zustand die Stadt Deutsch-Eylau. Am Rande der Stadt gab es eine „Adolf-Hitler-Siedlung". So wurden im Dritten Reich Siedlungen genannt, die mit günstigen Krediten vornehmlich für Arbeiterfamilien gebaut wurden. Hier wurden wir für eine Nacht zugewiesen. Am nächsten Tag sollte, so der russische Offizier, der unsere Kolonne begleitete, unsere Entlassung in die Heimat beginnen. Nur noch eine Registrierung, sagte er.

Bevor wir uns zur Nacht einrichten konnten, mußten mehrere Kameraden erst noch einige Frauenleichen begraben, direkt neben den Häusern. Es war kein schöner Anblick. Danach fielen wir in Tiefschlaf. Wir bemerkten nicht, daß in der Nacht von anderen Kriegsgefangenen um die Siedlung herum ein Stacheldrahtzaun gezogen wurde.

Als wir am Morgen erwachten, waren wir umzäunt. „Für die Heimkehr?" wunderten wir uns. Doch es kehrte im Laufe des Tages eine gewisse Ordnung ein. Die Offiziere wurden auf die Häuser verteilt, je zehn Offizieren wurde ein Bursche zugeteilt, der das Haus zu reinigen, die Stiefel zu putzen und das Essen zu bringen hatte. Wir erhielten auch Zigaretten. So ließ es sich zunächst durchaus ertragen, dieses Leben der ersten Tage einer Kriegsgefangenschaft. Doch die Hoffnung auf eine baldige Entlassung als Internierte schwand mit jedem Tag. Sie schwand um so mehr, als nun Transporte der Gefangenen in die Tiefe des russischen Landes vorbereitet wurden.

Nach Osten, Kameraden

Die Tage und Wochen gingen dahin. Wir fanden Bücher und hatten Zeit zu lesen, spielten Schach und begannen, uns auf das erhoffte Studium in der Heimat vorzubereiten. Jeden Tag aber ging ein neuer Transport gen Osten in das tiefe russische Land. Nach einigen Wochen war auch ich an der Reihe. Es sollte nach Smolensk gehen. Der Zug wurde zuerst mit Schlachtvieh beladen, das auf der langen Fahrt verzehrt werden sollte. Dann wurden auch wir verladen. Offiziere bekamen einen eigenen Viehwagen, jeder Wagen für etwa 60 Mann. Das Gedränge darin war unmenschlich. In der Mitte des Waggons war im Boden ein kreisrundes Loch eingesägt, das war die Toilette. Unmittelbar neben dem Loch mußten einige von uns liegen. Ich hatte Glück und fand einen Platz auf einer Holzpritsche im zweiten „Stockwerk".

Der Zug fuhr durch Allenstein und blieb nur wenige Kilometer weiter auf offener Strecke stehen, 14 Tage lang. Wir durften die Waggons nicht verlassen. Ab und zu wurde die Tür geöffnet, davor stand ein Wachmann und hinderte uns am Aussteigen.

Die sanitären Verhältnisse waren kaum zu ertragen. Und doch, der Mensch erträgt auch das. Ein Soldat drehte durch und ließ sich aus dem Waggon herausfallen, gerade in die Salve der Maschinenpistole eines Russen hinein. Dann wurde die Fahrt fortgesetzt. Ein Gerücht besagte, es ginge nicht nach Smolensk, der Zug würde umgeleitet nach Tilsit. So fuhren wir tatsächlich dorthin, blieben aber etliche Stunden im Zug, bis er sich wieder in Bewegung setzte und uns zurück nach Insterburg transportierte. Dort wurde der Zug entladen, und wir wurden im Trakehnergestüt Georgenburg auf die Pferdeboxen verteilt. Es begann die zweite Etappe der Gefangenschaft.

Im Trakehnergestüt Georgenburg

Es gab hier nur selten ein wenig Verpflegung, ab und zu dünnen Tee, eine Wassersuppe. Die Gefangenen litten schrecklich unter den Verhältnissen. Täglich in den Morgenstunden wurden Karren mit Leichen aus dem Lager gefahren, mit denen die Panzergräben um Insterburg aufgefüllt wurden. Niemand hat die Verhungerten oder an Typhus und Fleckfieber Gestorbenen registriert.

Die Tage und Wochen gingen dahin. Gearbeitet wurde nur beim Latrinenreinigen und bei der Bestattung der Verstorbenen. Eines Tages wurde ich in die Baracke meines letzten Regimentskommandeurs Oberst Remer gerufen. Er gab mir zu überlegen, mit ihm nach Moskau zu gehen, um mich mit ihm der Gruppe Seydlitz anzuschließen. „Komossa", sagte der Oberst, „Sie sprechen russisch, ich brauche Sie. Es gibt keine andere Chance. Wir kommen lebend hier nicht mehr heraus." Ich bat um Bedenkzeit. Der Oberst war für einen Spruch bekannt, der im Lager die Runde machte, er lautete: „Wenn du zum Russen gehst, vergiß die Pfeife nicht!" Remer rauchte Pfeife. Er sprach jeden russischen Soldaten an und streckte ihm seine Pfeife entgegen, sagte: „Dawai, sa kuritj", was soviel heißt wie: „Los, gib mir was zu rauchen!"

Ich wollte nicht lange überlegen, ich wollte nur eines: Nach Hause! So meldete ich meinen Entschluß dem Herrn Oberst und gab ihm mein kleines Wörterbuch Deutsch/Russisch. Jedes Mal, wenn ich ihn danach sah, lag er auf seiner Pritsche und lernte Russisch. Später habe ich von ihm einen Artikel in der Zeitung „Iswestija" gelesen, doch darüber wird noch zu berichten sein. Er war übrigens der Bruder des „Berliner Remer" vom 20. Juli. Der Oberst kam nach Moskau, und ich blieb in Georgenburg, vorerst.

Das Überleben gestaltete sich im Sommer sehr schwierig. Die Verzweiflung wuchs. Ein Gefangener, Major Wetzel, konnte eines Tages fliehen. Er wurde wieder eingefangen. Er floh ein zweites Mal und wurde wieder gefangen. Nun mußte das gesamte Lager antreten. Der Major, ein Ritterkreuzträger, wurde – übel zugerichtet, von Hunden angefallen – an den Kriegsgefangenen vorbeigeführt, die aufgefordert wurden, ihn zu schlagen, der ein Verräter sei, ein Saboteur. Aber kein Gefangener hob seine Hand. Als Major Wetzel unseren Block erreichte – ich stand neben meinem letzten Abteilungskommandeur –, nahmen wir die Hand an den Mützenrand und grüßten. „Zum Teufel mit euch!" hörte ich einen Russen fluchen, und er gab dem Major einen Stoß mit dem Gewehrkolben und beendete das Unternehmen.

Später, viele Wochen danach, erreichte uns eine Karte von Major Wetzel aus Deutschland mit den besten Grüßen an den Herrn Lagerkommandanten, man möge diesem doch bitte mitteilen, daß er wohlbehalten in Deutschland angekommen sei. Im Westen.

Unter rot-weiss-roten Fahnen nach Tilsit

Nach sechs Wochen Aufenthalt in den Pferdeboxen wurde eine Kolonne von etwa 1.500 Gefangenen zusammengestellt, unter denen auch ich war, und es begann ein langer Fußmarsch von Georgenburg nach Tilsit, wo wir ja schon einmal mit dem Zug angekommen waren. Wieder führten wir Offiziere die Kolonne an. Hinter uns, vor der Masse der Gefangenen, marschierte eine Gruppe, die beim Verlassen des Lagers Georgenburg plötzlich österreichische Fahnen entrollte und den Gefangenen vorantrug. Wir wußten nicht, woher die Fahnen kamen. Es waren unter den Kriegsgefangenen natürlich auch Österreicher, diese hatten wohl in der Nacht die Fahnen hergestellt. Die Mehrzahl von ihnen glaubte ich aber bisher als brave Bayern zu kennen. Irgendein Russe hatte das Gerücht in die Welt gesetzt, daß vorerst nur die Österreicher nach Hause entlassen würden, die Deutschen müßten zur Wiedergutmachung in der Sowjetunion bleiben und arbeiten

Die Gruppe der Österreicher wuchs daraufhin ständig an, wurde täglich größer. Bis zu dem Marsch von Georgenburg nach Tilsit wußte tatsächlich niemand, ob der Kamerad Deutscher oder Österreicher war. Es hatte keinerlei Rolle gespielt. Unterschiede, wie durch das Entrollen der rot-weiß-roten Fahnen demonstriert, verblaßten bald wieder. Die russische Lagerführung behandelte alle Kriegsgefangenen gleich. Es gab weder Sonderverpflegung noch Sonderrechte. Und so litt auch die Kameradschaft unter den Gefangenen nicht und blieb erhalten bis zum Tag der Heimkehr.

Etwa ein halbes Jahr vor der Entlassung der Mehrheit der Gefangenen wurde im Herbst 1948 ein Transport einer größeren Gruppe von Kriegsgefangenen für die Entlassung in die Heimat zusammengestellt, auch dies geschah ohne Unterschied der Nationalität. Unter den Entlassenen war Helmut Burmann aus Insbruck. Nur wenige Tage nach seiner Heimkehr, so habe ich es später von meiner Mutter erfahren, hat er sein mir in Tilsit gegebenes Versprechen eingelöst und meiner Mutter in Garmisch-Partenkirchen in einem ausführlichen Brief berichtet, daß ich lebe und wie es mir im Lager geht. Wir waren ihm dafür sehr dankbar, denn er konnte manche Sorgen ausräumen und meiner Mutter Hoffnung auf ein Wiedersehen mit mir machen.

In Tilsit war bereits alles für die Neuankömmlinge vorbereitet. Um die Luisenschule mit den angrenzenden Wohngebäuden war ein mehr als mannshoher Stacheldrahtzaun im Quadrat gezogen, an dessen Ecken vier hölzerne Wachtürme standen, die mit Posten am Maschinengewehr besetzt waren. Die Russen sagten uns, daß wir im Wohnungsbau arbeiten müßten, aber unsere Hauptaufgabe sei der Wiederaufbau der Papierfabrik zu einem Papier- und Zellulosekombinat. Wir wurden in den Klassenzimmern und den anliegenden Privathäusern untergebracht und lagerten auf dreistöckigen Holzpritschen.

Unter uns 1.500 deutschen Gefangenen waren rund 70 Offiziere, die zunächst von der körperlichen Arbeit befreit waren. Das Lager wurde organisiert, die Mannschaften auf Brigaden aufgeteilt, Offiziere übernahmen die Gruppen als Brigadeführer. Oberleutnant Werner Schürmann, ehemaliger Supernumerar der Post, wurde durch den russischen Kommandanten als Lagerführer eingesetzt. In einem kleineren Gebäude wurde ein Krankenrevier eingerichtet, in dem neben den russischen Ärztinnen

Nefedjewa und Filinowa die deutschen Sanitätsoffiziere Oberstabsarzt Dr. Gerd Hensel und Dr. August Raum aus München ihren aufopfernden Dienst an den Gefangenen versahen. Auch ein Behandlungszimmer für einen Zahnarzt wurde in dem Gebäude eingerichtet. Zum Chef der Küchenbrigade ernannten die Russen den Westfalen Oberleutnant Willi Rosocha. Er war der bedeutendste Mann im Lager. Ihm oblag die gesamte Verpflegung der Gefangenen, entsprechend den russischen Zuweisungen und Normen. Rosocha war ein Kerl von fast zwei Metern Länge und einer sehr eindrucksvollen Schulterbreite. Ohne Zweifel eine Respektsperson, selbst ohne jegliche Dienstgradabzeichen. Unter seiner Leitung gab es wenig Probleme in der Küche. Wer nicht parierte, etwa ein Stück Brot oder gar Fleisch heimlich in seine Tasche steckte, der tat es nie wieder, nachdem ihm Rosocha körperlich eine Belehrung erteilt hatte, die sehr schmerzhaft, aber stets wirkungsvoll war. Die Gefangenen arbeiteten gerne in der Küche. Merkwürdigerweise fanden sich auch immer wieder Freiwillige für den Latrinendienst. Das hatte einen einfachen Grund, sie bekamen eine Extraverpflegung, das heißt ein zusätzliches Stück Brot. Zusatzverpflegung, sagten die Russen.

Schließlich wurde im Lager noch ein Baderaum mit Duschen eingerichtet, der auch für die Entlausung vorbereitet war. Entlausen war in regelmäßigen Zeitabständen notwendig. Nach der Arbeit saßen die Gefangenen auf ihren Pritschen und knackten stundenlang Läuse, die sie befallen hatten. Doch schlimmer war die Not, die Wanzen hervorriefen. Sie wurden unerträglich. So mußten regelmäßig alle Holzpritschen aus den Zimmern auf den Hof gebracht werden, wo sie mit Lötlampen abgefackelt wurden. Doch nach kurzer Zeit waren die Wanzen wieder da, und die Prozedur wiederholte sich. Beim Abfackeln gab es knackende Geräusche, es klang so, als wenn in der Ferne ein russisches Maschinengewehr feuerte. Ganz schlimm war der Befall mit Filzläusen. Dagegen half auch kein häufiges Duschen und kein Entlausen.

Der sowjetische Lagerkommandant war zunächst Major Kaminski. Er haßte alles, was deutsch war, besonders die Gefangenen. Dies ließ er uns immer wieder bei jeder nur möglichen Gelegenheit spüren. Er war es wohl auch, der entscheidenden Anteil daran hatte, daß der zuständige Verpflegungsoffizier, Oberleutnant Tatakowski, uns Gefangenen nur einen Teil der zustehenden Norm an Fleisch zukommen ließ.

An einem Abend wurde unser Medizinmann, wie wir sagten, Dr. August Raum, zu Major Kaminski befohlen. Dieser lag in einer Badewanne. Dr. Raum hatte sein Arztbesteck dabei und fragte den Major, was er für ihn tun könne, ob er Schmerzen habe oder verletzt sei. „Du Arzt?“ fragte Kaminski. „Ja“, sagte Dr. Raum. „Nu, dawai“, sagte der Major: „Los, schneiden Sie mir die Fußnägel.“ „Ich bin Arzt, Herr Major“, sagte Raum. Da stand der Major nackt aus der Wanne und schlug den deutschen Arzt mit den Fäusten zu Boden.

Ein noch härteres Schicksal

Als ich einmal über den Hof ging, stand eine große Gruppe Gefangener am Lagerzaun und starrte auf die gegenüberliegende Straße. Ich trat dazu. Die Russen hatten neue Gefangenentransporte aus Deutschland in Tilsit umgeladen, und diese sollten von hier weitergeleitet werden in ein Lager in der Nähe der Stadt. Ein elender Zug von Menschenschatten bewegte sich durch Tilsit. Es waren in einer Kolonne vielleicht zweihundert oder dreihundert Frauen in völlig zerlumpten Mänteln und Jacken. Sie marschierten nicht, sondern bewegten sich mühsam vorwärts, schwankend, taumelnd. Die Gesichter waren grau, ernst, traurig, eigentlich ohne jeden Ausdruck. Sie hatten wohl auch keine Tränen mehr. Wenn eine Frau stark schwankte, so daß sie nicht in der Reihe blieb, schlug ein Wachposten mit dem Kolben seines Gewehrs nach ihr. Es waren Nachrichtenhelferinnen der Deutschen Wehrmacht, Blitzmädchen, die der Russe nun zum Arbeitseinsatz, zur Wiedergutmachung, nach Osten trieb – wie das Vieh. Den Krieg hatten diese armen Geschöpfe überlebt, der Frieden wurde für sie zur Tortur. Ihr Schicksal war unmenschlich.

Wenn ich seit dieser Zeit Mädchen in Uniform sehe, muß ich immer an diese unsere Blitzmädchen als sowjetische Gefangene denken. Ich würde alles tun, um unseren Frauen ein ähnliches Schicksal zu ersparen. Das ist nicht aus der Vorstellung einer männlichen Beschützerrolle gegenüber der Frau gedacht, sondern allein aus Menschlichkeit.

Ein ähnliches Bild erlebten wir einige Wochen später wieder. Ein anderer Elendszug von geschundenen Menschen wurde schlimmer als eine Herde Vieh über die Straßen von Tilsit getrieben. Doch diesmal waren die Wachmannschaften noch brutaler und schlugen ständig auf die Männer ein. Wer von ihnen auf der Straße zusammenbrach, wurde auf der Stelle erschossen. Auch dieser Zug der Gefangenen wankte gen Osten. Es waren aber diesmal ehemalige russische Kriegsgefangene aus dem Lager in Hohenstein. „Spione! Verräter!“ brüllten die Wachmannschaften und schlugen zu. Schlimmes mußten diese bedauernswerten Menschen erdulden. Dabei waren es noch nicht einmal die Soldaten der ehemaligen Wlassow-Armee, die auf der deutschen Seite gegen die Sowjetarmee gekämpft hatten. Sie waren im Krieg in deutsche Gefangenschaft geraten. Das kam fast einem Todesurteil gleich.

„Glückliche Reise“

In der ersten Zeit versuchten immer wieder einzelne Gefangene zu fliehen, nachdem uns bewußt war, daß die „Wiedergutmachung“ zeitlich noch nicht begrenzt war. Im Hauptgebäude des Lagers war auf der obersten Etage die Aula, dort stand immer noch ein Flügel. Oberleutnant Jupp Schmidt, ein Lehrer, spielte gern Klavier. Wenn am Morgen beim Zählappell wieder einmal ein Mann fehlte, dann versuchten wir, seine Lücke auszufüllen, indem ein Kamerad, der schon gezählt war, den Platz des Geflohenen einnahm. Dies wurde regelrecht organisiert und klappte oft auch ganz gut. Nur führte es leider auch zu langen Verzögerungen, weil die Russen sich oft verzählten. Und dann wurde die angetretene Mannschaft drei- oder auch viermal wieder gezählt. Wenig später aber erklang aus der Aula das Spiel von Jupp Schmidt am Flügel „Glückliche Reise". Und nun wußten wir, der Mann war aus dem Lager heraus und vorerst in Sicherheit.

Doch unsere guten Wünsche begleiteten den letzten Flüchtling nur kurze Zeit. Einige Tage nach der versuchten Flucht lag unser Kamerad am Lagertor, als die Gefangenen in die Fabrik marschierten. Er hatte in der Stirn eine Schußwunde. Offensichtlich war er aus kurzer Entfernung hingerichtet worden, ohne den Spruch eines Kriegsgerichts.

So wurden die Fluchtversuche wieder eingestellt. Doch im kalten Winter des Jahres 1945 versuchte es noch einmal einer. Als die Gefangenen nach zehnstündiger Arbeit abends in der Fabrik zum Rückmarsch in das Lager angetreten waren und der Begleitoffizier wiederholt falsch gezählt hatte, wurde dann doch klar, daß ein Gefangener fehlte. Es war sehr kalt. Alle Gefangenen mußten sich nun in den Schnee setzen, und die Russen suchten mit Schäferhunden die Fabrik nach dem Flüchtling ab. Es dauerte sehr lange, bis sie ihn in einer Teertonne versteckt dann doch fanden.

Als wir das Lager wieder erreicht hatten und bereits schliefen, wurden gegen drei Uhr alle geweckt und mußten auf den Gängen antreten. Im ersten Stock stand Major Kaminski neben dem Flüchtling, der ganz offensichtlich von Hunden zerfetzt war und blutete. Er lehnte an der Wand, seine Hände hingen wie leblos am Körper. Alle Gefangenen mußten an ihm vorbeigehen. „Seht", sagte Major Kaminski, „so muß es euch allen Deutschen ergehen, ihr Schweine, ihr Hunde!" Er wiederholte das immer wieder. Unzählige Male. Dabei zeigte er mit der Hand auf den Flüchtling. „Cabaki! Hundesöhne! Der Teufel mit euch!" schrie er immer und immer wieder.

Wir haben den Flüchtling nach dieser Nacht nicht mehr gesehen.

Hunger tut weh

Die Verhältnisse im Lager wurden immer schwieriger. Der Hunger quälte. Er wäre vielleicht in Kannibalismus gemündet, den es in Königsberg, wie gesagt wurde, gegeben haben soll. Wir begannen damit, uns von Brennesseln zu ernähren, die wir am Wegrand reichlich fanden. Ein großes Glück – wahrscheinlich für uns lebensrettend – war es, als wir entdeckten, daß hinter der mit Brettern vernagelten Eingangstür der Turnhalle mitten im Lager, deren Fenster so hoch waren, daß man nicht in das Innere der Halle sehen konnte, Hafer lagerte, den die Wehrmacht dort einst für ihre Pferde eingelagert hatte. Nun wurde organisiert. Die Häuser in Tilsit wurden von den Wohnungsbaubrigaden nach Kaffeemühlen abgesucht, die dann in das Lager geschmuggelt wurden. Gut eingeteilt, holten wir nach der Arbeit in der Fabrik aus der Turnhalle, ohne daß der Russe dies bemerkt hätte, täglich Hafer heraus. Dieser wurde auf den Stuben mit den Kaffeemühlen gemahlen, und danach wurde daraus Kascha gekocht, der übliche russische Brei. Natürlich ohne Milch. Doch es reichte zum Überleben. Nur das Fleisch fehlte.

Brot wurde knapp zugeteilt. Jede Belegschaft einer Stube erhielt eine Portion, die dort unter Aufsicht aller aufgeteilt wurde. Es wurde streng kontrolliert, daß niemand bevorzugt wurde. Zu den größeren Stücken wurden kleinste Portionen hinzugefügt, ein, zwei Stückchen, und am größeren Stück mit kleinen Holzstäbchen befestigt, bis das Gewicht stimmte und alles gleichmäßig verteilt war. Brot war das Wichtigste. Einmal blieb es über drei Tage aus, das war entsetzlich. Der Hunger quälte, er tat weh. Der Mangel führte, es war wohl verständlich, zu Kameradendiebstahl. Aber dies war das schlimmste Verbrechen in der Gefangenschaft und wurde – einmal entdeckt – auf der Stube durch Schläge geahndet. Als dann Brot wieder ausgeliefert wurde, war es ein Fest – so groß war der Hunger.

Ein Offizier meldete sich am Tag darauf krank und ging nicht zur Arbeit. Er durchsuchte tagsüber die Stuben und stahl Brot, das Kameraden unter dem Kopfteil versteckt hatten, um es abends zu verzehren. Er wurde entdeckt und bestraft wie jeder andere Gefangene. Nach dem Krieg habe er Jura studiert, so sagte er viele Jahre später, damit ihm so etwas nicht wieder passieren könne. Er hatte sich damals unschuldig bestraft gefühlt.

Die Gefangenschaft zeigte den Menschen in seiner ganzen Erbärmlichkeit, wenn er Hunger hatte. Einige waren starke Raucher und gaben für eine oder zwei Zigaretten oder Tabak ihre Brotration ab. Das führte zu einem schnellen Ende. Die normale Verpflegung bestand in der Regel, wenn sie angeliefert wurde, aus einer dünnen Kohlsuppe und etwas Kascha, dem bekannten russischen Grützebrei. Blieb von dem Brei etwas übrig, dann kämpften die Gefangenen um einen Nachschlag. Für einen solchen Nachschlag hätten manche alles getan, was von ihnen verlangt wurde. Soldaten, die zu Spitzeln wurden, taten dies meist aus Hunger, um eines solchen Nachschlags willen.

Als die Gefangenen eines Tages hungrig – wie immer – von der Arbeit aus der Fabrik in das Lager marschierten, fuhr an ihrer Kolonne in einem

Panjewagen der russische Verpflegungsoffizier Tatakowski vorbei. Die Gefangenen schrien ihn an, brüllten, alle Hemmungen fielen von ihnen ab. „Tatakowski", schrien sie, „auch du wirst einmal vergast werden!"

Die Lage wurde unerträglich, die Lieferung von Fleisch, auch von Pferdefleisch, blieb völlig aus. Da beschlossen wir Offiziere, uns beim Lagerkommandanten zu beschweren und auf unsere Lage aufmerksam zu machen. Wir waren tatsächlich kurz vor dem Hungertod. Der Kommandant war nun ein anderer. Major Kaminski war in die Zentrale des MWD (Ministerium des Inneren) nach Moskau versetzt worden. Natschalnik wurde nun Major Pawlitschenko. Dieser war ein stattlicher Offizier, hochgewachsen, gepflegt, stets beherrscht und von besonderer Zurückhaltung. Er hat nie einen Gefangenen geschlagen, wie etwa Major Kaminski. Pawlitschenko war Ukrainer.

Wir, eine Delegation von drei Offizieren, Oberleutnant Schmidt, Oberleutnant Schürmann und ich, wurden in das Stabsgebäude außerhalb der Umzäunung des Lagers geführt. Im ersten Stock war das Büro des Kommandanten. Es war ein großer Raum, mit vielen Fenstern an der Straßenfront. An den Wänden zu beiden Seiten hingen u. a. Porträts der Führer der Sowjetunion, natürlich Marx und Engels, Lenin und Stalin, aber auch Malenkow und Bulganin. Oberleutnant Schmidt wurde zu unserem Sprecher bestimmt. Er brachte unsere Beschwerde stehend vor, Platz wurde uns nicht angeboten. Nachdem er wohl drei oder vier Sätze gesprochen hatte, war es nun meine Aufgabe, zu übersetzen. Major Pawlitschenko hob ein wenig erstaunt die Augenbrauen, als ich sprach, dann fragte er monoton: „Woher sprechen Sie so gut Russisch?" Ich antwortete: „Ich habe Russisch auf der Oberschule in Deutschland gelernt." „Wo?" fragte der Major. „In Hohenstein, in Ostpreußen", antwortete ich. „In Deutschland", so der Major, „gab es keine Schulen, in denen die russische Sprache gelehrt wurde. Nun, wir werden sehen." Darauf durften wir unser Anliegen ohne Unterbrechung vortragen.

Das Gespräch wurde mit der Zusicherung des Kommandanten beendet, er würde die Angelegenheit prüfen und Unregelmäßigkeiten abstellen. Andererseits müßten wir, wenn es die Unwahrheit war, mit einer Bestrafung rechnen.

Als wir in das Lager zurückgingen und die Wachbude wieder passierten, hielt der Wachoffizier mich an und nahm noch einmal meine Personalien auf. Später erfuhr ich, daß Major Pawlitschenko gedacht hatte, ich sei entweder als Spion der SS für den Einsatz in Rußland ausgebildet worden oder in der Sowjetunion geboren, eventuell desertiert. Meine Rettung war vielleicht, daß die Russen bei ihrer Überprüfung noch Unterlagen über mich fanden, die ihnen bestätigten, daß ich mit der SS nichts zu tun hatte und tatsächlich in Hohenstein die russische Sprache erlernt hatte. Sie waren ja im Lande und konnten alles überprüfen. Aber meine letzte Lebensversicherung war mein Soldbuch, das mir mein Bursche in der Nacht der Kapitulation in den Mützenschirm eingenäht hatte und nun als Beweis dienen konnte für meine militärische Laufbahn in der Wehrmacht und auch für meine Auszeichnungen.

Nach einiger Zeit wurde die Verpflegung tatsächlich besser. Es gab sogar amerikanische Konserven sowie „Swinaja Tuschonka", Schweinefleisch in Dosen, und immer wieder etwas Pferdefleisch. Mir kam Major Pawlitschenko durchaus freundlich entgegen, ja, er ernannte mich zum Stellvertreter des deutschen Lagerführers. Damit bekam ich eine überaus wichtige Funktion und konnte in der Folgezeit manch Gutes für uns bei der sowjetischen Verwaltung erreichen.

Unter Hunger mußten wir dennoch lange leiden. Manchmal steckten Russen, vor allem bei der Arbeit in der Stadt, uns Gefangenen ein Stück Brot zu oder ein wenig Speck. Das half oft über schlimmste Stunden hinweg. Wir waren aber auch erfinderisch. Häufig konnte man irgend etwas organisieren und sich damit über die Nacht retten.

An einem Abend wurde ich von einer Brigade zum Essen eingeladen. Es hieß, die Soldaten hätten ein Kaninchen gefangen und unter dem Mantel versteckt in das Lager geschmuggelt. Das war durchaus möglich. In der Papierfabrik gab es eine Menge Kaninchen, nur war es sehr schwierig, diese einzufangen und in das Lager zu schmuggeln. Ich bedankte mich ganz herzlich für die Einladung und ging nach einer Weile auf die Stube der gastfreundlichen Kameraden. Sie rückten mir einen Schemel zurecht und baten mich, kräftig zuzugreifen. Die Stimmung war gelöst. Es kam mir dann doch alles ein wenig merkwürdig vor. Ich weiß gar nicht, warum ich es tat, aber ich sagte doch plötzlich in die Runde: „Also guten Appetit zum gebratenen Hundchen!" Die Männer lachten. Einer sagte: „Spielverderber!" Nun muß der Wahrheit wegen gesagt werden, daß es vor einigen Tagen ein für die Russen betrübliches Ereignis gegeben hatte. Dem Wachoffizier war sein Hund abhanden gekommen. Er ließ ihn überall suchen und vermutete ihn wohl im Lager. Doch wir konnten das Tier nicht finden, so sehr wir auch jeden Winkel absuchten. Der Offizier war sehr traurig darüber.

Die Einladung zum Kaninchen-Essen hatte wohl so gesehen einen besonderen Hintergrund. Auch ich hatte Hunger, großen Hunger. Aber ich war am Ende doch sehr froh, daß ich auf dieses Mahl verzichten konnte, und begnügte mich mit einem Stück Trockenbrot.

Das stille Sterben des Leutnants Kronberg

Unter den Offizieren im Lager Tilsit gab es zwei, die nicht ausschließlich in der Deutschen Wehrmacht gedient hatten. Es waren dies ein Sturmführer der Waffen-SS namens Golda und Leutnant Paul Kronberg. Golda war von seiner Truppe nicht besonders gut behandelt worden. Er war Frontoffizier, aber als der Krieg sich dem Ende näherte, wurde er nur wenige Tage vor der Kapitulation nach Stutthof versetzt, um dort das KZ zu übernehmen und aufzulösen. Die bisherige Leitung des Lagers war herausgelöst worden. In den Wirren der letzten Kriegstage zog Golda seine SS-Uniform aus und die eines Leutnants der Wehrmacht an. So tauchte er unauffällig in der Masse deutscher Gefangener unter. Aber er hatte natürlich das Problem mit der Tätowierung seiner Blutgruppe in der Achselhöhle, die alle SS-Männer erhalten hatten. So hatte es der Russe relativ leicht, die SS-Angehörigen unter den Wehrmachtsoffizieren bei Gesundheitsappellen herauszufiltern. Zu Anfang einer jeden Kommissionierung mußte der Gefangene seine Arme hochheben und wurde so, wenn er der SS angehört hatte, entdeckt und ausgesondert. Nur wenige Mitgefangene wußten um die Identität von Golda.

Bei den ärztlichen Massenuntersuchungen zum Zweck der Feststellung der Arbeitsfähigkeit und Klassifizierung in die Gruppen I, II, III, IV und Dystrophie, die nach einem festen Schema abliefen, wurde dem Gefangenen von der russischen Ärztin in das Gesäß gekniffen, und darauf wurde er nach Festigkeit seines Gewebes am Achterteil eingestuft. Das war natürlich stets eine Massenabfertigung, und die Kommission konnte sich nicht allzulange mit dem einzelnen befassen. Immer wenn Golda aufgerufen wurde, trat ein anderer Gefangener vor, stellte sich in die Reihe der nackten Männer und kam durch. Es war kaum zu glauben, doch der Gefangene Golda schaffte es mit Hilfe der Kameraden, wie die anderen später in die Heimat entlassen zu werden.

Der zweite Offizier mit einer von der Masse der Gefangenen abweichenden Vita war Paul Kronberg. Er war ein ausgezeichneter Soldat und Kamerad. Unauffällig verrichtete er seine Arbeit und meldete sich auch schon öfter freiwillig zu schwierigen Tätigkeiten. Paul Kronberg lebte in ständiger Sorge, einmal von den Russen entdeckt zu werden. Er hatte bis 1939 in der lettischen Armee gedient, wurde beim Einmarsch der sowjetischen Armee in diese als Offizier übernommen und wurde nach dem Einmarsch der Wehrmacht in die Sowjetunion Offizier der Wehrmacht. Er haßte die Russen. Sein einziger Wunsch war, zu überleben und dann in einer neuen lettischen Armee zu kämpfen, um sein Land von der sowjetischen Besatzung zu befreien. Im Laufe der Zeit wurden wir Freunde. Ich denke, daß ich der einzige im Lager war, der die wahre Geschichte von Paul Kronberg kannte. Wir saßen oft in den Abendstunden zusammen und waren uns in einem Ziel einig: Wir mußten überleben!

Nach mehreren Einsätzen in unterschiedlichen Brigaden kam Paul zur Montagebrigade, in der Schwerstarbeit verrichtet wurde. Kurz vor Schluß eines harten Arbeitstages in der Fabrik fiel ein stählerner T-Träger aus der Befestigung und streifte mit einer Kante Pauls Kopf. Der Schwerstverletzte wurde in das zivile russische Krankenhaus gebracht. Die Russen verständigten mich darüber. Meine Bitte, ihn sehen zu dürfen, wurde akzeptiert. Paul lag im Krankenhaus auf dem Operationstisch, er war noch nicht tot. Ein älterer Arzt stand an seinem Kopf und holte aus dem Gehirn mit einer Pinzette kleine Knochenstücke heraus. Mein Gott, dachte ich, Paul lebt noch! Der Arzt forderte mich auf, näher zu kommen und ihm bei der Arbeit zu helfen. So hielt ich Pauls Kopf in meinen beiden Händen, während der Arzt mit seiner Arbeit fortfuhr. War ich eine oder zwei Stunden bei ihm? Ich weiß es nicht. Aber er lebte. Die Augen waren geschlossen, doch manchmal kam über seine Lippen ein leichtes Stöhnen, auch bewegte er ganz langsam den Kopf in meinen Händen. Der Doktor schickte mich anschließend nach Hause. Auf meine Frage, ob ich am nächsten Tag wiederkommen dürfe, der Verletzte sei mein Kamerad, sagte der Arzt: „Sicher, wenn der Patient noch lebt."

Paul Kronberg hat die nächste Nacht nicht überlebt. Er hat seine geliebte lettische Heimat nicht wiedersehen dürfen, aber auch ein noch schlimmeres Ende vor einem sowjetischen Standgericht und Erschießungskommando blieb ihm auf diese Weise erspart. Vielleicht war es ein gnädiges Ende?

Deutsch-russische Waffenbrüderschaft

In der Folgezeit wurden mir einige Freiheiten gewährt. So durfte ich in Begleitung eines Bewachers auch schon einmal das Lager verlassen und auf die in der Stadt verteilten Baustellen gehen, um zu helfen, wenn es Probleme gab.

Tilsit war zerstört. Die nicht zerstörten Häuser waren aufgebrochen, die Wohnungen durchwühlt, alle Federbetten aufgerissen, die Bettfedern verstreut, Bücher auf dem Boden, Bilder von der Wand gerissen, die Türen eingeschlagen. Jede Wohnung war verwüstet. Besonders hatten die Russen im Theater gewütet: Die Vorhänge der Bühne waren offensichtlich von Bajonetten zerschnitten, im Saal hatte man seine Notdurft verrichtet, das Gestühl war zerschlagen. Alles war zerstört, aber nicht durch Geschosse, sondern „von Hand". Vor dem Theater hatten die Sowjets einen Betonsockel errichtet, auf dem ein Panzer T 34 stand, das Rohr drohend nach Westen gerichtet.

Ich schlenderte durch die Straßen dieser arg geschundenen Stadt, die geschichtlich durch den Friedensschluß von Tilsit im Jahre 1807 zwischen Frankreich und Preußen sowie Frankreich und Rußland und durch die Preußenkönigin Luise ihre besondere Bedeutung hatte. Es war später Herbst im Jahre 1945, die Sonne ging langsam unter, mein Wachtjor –

Wachmann – hatte etwas zu tun und hatte mich allein gelassen. Da kam ein russischer Major die Straße entlang. Seine Brust war mit Orden geschmückt, mit sehr vielen Orden. Ich grüßte ihn. Er sprach mich an: „Du Offizier?“ Ich antwortete auf russisch. Wir unterhielten uns eine Weile auf der Straße. Damals trugen wir Gefangenen noch unsere Rangabzeichen und Kriegsauszeichnungen. Interessiert sah er sich meine Auszeichnungen an, er berührte sie mit dem Zeigefinger der rechten Hand. Er kannte alle, auch die Nahkampfspange in Silber, die ihn besonders zu interessieren schien. Als ich auf seine Frage, wo ich gekämpft hätte, mit Nikopol begann, da schien er zu explodieren. Wir stellten fest, wann und wo wir uns als Feinde gegenübergestanden hatten. Es war bei Nikopol. Ich mußte mit ihm in seine Wohnung gehen. Der Major befahl seiner Frau, die etwas verlegen immer wieder ihren Rock zurechtstreifte, etwas Gutes zum Essen zu machen. Das Beste! Diese Begegnung von zwei Soldaten auf der Straße mußte gefeiert werden. Es gab Wodka. Stakan – ein Glas. Und mehr. „Auf Ihre Gesundheit, Leutnant.“ „Ihre Gesundheit, Herr Major.“ „Auf die Freundschaft, Leutnant!“ „Die Freundschaft, Herr Major!“ „Gesundheit!“ „Gesundheit, Herr Major!“ Und noch einmal auf die Kameradschaft.

Die Begegnung endete im Rausch. Nur hatte ich das Problem, in das Lager zurückzukehren. Doch der Major löste es: Er nahm mich am Arm, wir stützten einander ein wenig, unauffällig, und marschierten so in das Lager. Der Wachoffizier schien nicht einmal verwundert zu sein. Er nahm vor dem Major Haltung an und nahm mich entgegen, und ich fiel bald darauf um und in tiefen Schlaf.

Der Schuss des Gefangenen, ein Treffer

Eigentlich war ich mit dem Gewehr nie ein besonders guter Schütze. Aber ich gab mir stets Mühe und erreichte so auch recht ordentliche Ergebnisse. Spitze war ich auf diesem Feld allerdings nie.

Mein russischer Wachmann hieß Wanja, das bedeutet soviel wie Hans. Er war ein junger Kerl, wohl 19 Jahre alt, und kam aus einem Dorf irgendwo in den Tiefen Rußlands. Er wollte mir gern imponieren und zeigte mir allerlei Kunststücke. So konnte er in die Luft spucken und mit seinem Stiefel die Spucke wieder auffangen. Manchmal ging es auch daneben.

„Wo hast du in Germania gewohnt?“ wollte er einmal wissen. „Ach“, sagte ich, „du kennst es nicht, Wanja, in Hohenstein!“ Nein, diese Stadt kannte er nicht. Aber Breslau kannte er und Berlin natürlich und auch

Frankfurt an der Oder. Ja, in Frankfurt war er dabei, als der Sturm auf Berlin losbrach. Er lachte gern und erzählte mir immer wieder seinen Spruch, den er in Deutschland gelernt hatte: „Ich mit dir schlafen und dir Kinder machen." Und er lachte immer wieder. Ich dachte an die armen Frauen und Mädchen von Danzig und Deutsch-Eylau und überall im Osten des Reiches. Die Wut mußte ich unterdrücken.

Eines Tages betraten wir in Tilsit einen Hof. Das Gebäude war teilweise zerstört, an einer Hauswand baumelte eine Laterne, die dort hängengeblieben war. Die Birne war noch ganz. Wanja hob sein Gewehr und schoß auf die Lampe, einmal, auch ein zweites Mal, aber er verfehlte sie. „Gib her", sagte ich. Erstaunt schaute er mich an, zögerte kurz, aber da nahm ich ihm auch schon das Gewehr einfach aus der Hand und legte an, auf die Lampe natürlich. Ich zögerte selbstverständlich keine Sekunde, aber der Gedanke kam schon in mir auf. Ich hatte eine Waffe in der Hand! Wir waren allein. Ich schoß und traf die Birne. Wanja nahm mir das Gewehr ganz schnell wieder aus der Hand, dann lachte er laut. Ach, der arme Teufel.

Er konnte nichts dafür, wofür man ihn abgerichtet hatte. „Tod den deutschen Okkupanten! Brecht den Stolz der germanischen Frau! Tötet", wie Ilja Ehrenburg ihnen zugerufen hatte, „tötet die Deutschen. Jeder Tag, an dem du keinen Deutschen getötet hast, ist ein verlorener Tag." Nein, irgendwie fand ich Wanja plötzlich nicht schuldig. Aber ich war nicht sicher. Vielleicht gab der Junge ja auch nur an?

„Wanja", fragte ich – und ich weiß nicht, was mich dazu trieb –, „wollen wir ein Lied singen?" „Ein Lied?" erwiderte der Russe erstaunt, eher noch ungläubig. Und ich begann und sang auf russisch im Hinterhof dieses stark beschädigten Hauses die Hymne des Zaren. Wanja erschrak. „Still", sagte er, „sei still!" Ich aber, der kriegsgefangene Leutnant der Deutschen Wehrmacht, sang:

Gott, schütze den Zaren,
stark und mächtig,
herrsche zum Ruhme,
zu unserem Ruhme!
Herrsche zum Schrecken der Feinde!
Gott, schütze den Zaren!

Der arme Wanja tat mir leid, denn es war ganz offensichtlich, daß er nicht wußte, was er von mir halten sollte.

Der schlimmste Tag im Leben eines Soldaten

Es war Anfang November, als sich alle Gefangenen in der großen Aula der Luisenschule versammeln mußten. Als wir vollzählig waren, meldete Oberleutnant Schürmann dem Major die Truppe. Major Pawlitschenko ging ganz ruhig durch die mittlere Reihe der stehenden Gefangenen, blieb auf dem Podest stehen und befahl: „Setzen Sie sich!“ Darauf folgte eine ganz kurze Ansprache. „Meine Herren Offiziere und Soldaten“, sagte der Major, „ich habe Ihnen mitzuteilen, daß Sie mit dem heutigen Tag Ihre Kriegsauszeichnungen und Ihre Rangabzeichen abzulegen haben. Treten Sie einzeln, bitte, nach vorne, und legen Sie die Auszeichnungen auf den Tisch.“ Wir waren überrascht. Vom Hoheitsabzeichen an der Uniformjacke hatten wir uns schon lange zuvor ohne Probleme trennen können, schon in der ersten Stunde der Gefangenschaft. Aber die Dienstgradabzeichen und Orden abzulegen, das kam völlig unerwartet.

Major Pawlitschenko erkannte die Situation. Leicht lächelnd sagte er zu Oberleutnant Schmidt: „Nun, Schmidt, Sie scheinen betroffen zu sein.“ Schmidt erhob sich von seinem Platz, stand ganz gerade da wie ein Zinnsoldat und sagte: „Herr Major, dies ist der schlimmste Augenblick in meinem Leben.“ Der Major war ernst. Er schien Schmidt zu verstehen und sagte es dann auch. Und er erläuterte, daß nicht nur er persönlich mit diesem Befehl nicht einverstanden sei, doch die Sowjetunion müsse eine mit den westlichen Alliierten getroffene Vereinbarung einlösen. Demnach müßten die deutschen Kriegsgefangenen in allen Gewahrsamsstaaten mit dem heutigen Tag ihre Dienstgradabzeichen und Kriegsauszeichnungen ablegen. Nein, so der Major, die Russen hätten dies nicht gewollt, müßten sich aber an die Vereinbarungen halten.

So legten wir also einer nach dem anderen die Auszeichnungen auf den Tisch und gingen aus dem Saal. Ich aber steckte meine Orden in die Tasche. Nein, ich wollte sie dem Russen nicht übergeben. Das fiel wohl niemandem auf. Die Dienstgradabzeichen sollten wir in der Nacht von den Uniformjacken abtrennen. In der folgenden Nacht aber verscharrte ich meine Auszeichnungen, in Papier eingewickelt, heimlich an einer Stelle, die von den Wachtürmen aus nicht einzusehen war, in der Erde.

Sehr viel später wurde ich eines Tages beim Passieren der Wache in das Wachhäuschen hineingerufen. Der Wachoffizier bot mir einen Stuhl und auch eine Zigarette an. „Nun, wie geht es?“ erkundigte er sich. „Charascho“, gut, war meine Antwort. Dann fragte er unvermittelt, welche Auszeichnungen ich im Krieg erhalten hätte. Ich zählte sie auf. Der Wachoffizier darauf: „Sie waren ein guter Soldat!“ Ich schwieg. Er öffnete die Schublade seines Schreibtisches und entnahm ihr einige deutsche Auszeichnungen. Sinnierend betrachtete er sie, jedes einzelne Stück, und sagte sodann: „Das sind wohl Ihre?“ Ich nickte kurz. „Wot“ (nun gut), sagte der Russe, „ich habe den Auftrag vom Lagerkommandanten, Ihnen Ihre Auszeichnungen zurückzugeben.“ Ich nahm sie an mich, grüßte und verließ den Raum. Ich kam nicht in die Verlegenheit, während der Gefangenschaft meine Auszeichnungen noch einmal anzulegen, aber ich hatte etwas daraus gelernt und sah die Russen – und besonders Major Pawlitschenko – nun mit anderen Augen.

Arbeitskampf im Lager

Diesem Ereignis war ein anderes, bedeutungsvolles vorangegangen. Die Arbeitsbedingungen waren allgemein hart, und die russischen Normen konnten von kaum einer Brigade erfüllt werden. Besonders schwer hatten es die Männer in der TEZ-Brigade, sie verrichteten ihre Arbeit im Elektrizitätswerk und mußten damals zwölf Stunden am Tag arbeiten.

Eines Tages kam der Brigadeführer mit zwei Mann zu mir und bat mich, mit den Russen zu sprechen, es gehe so nicht weiter. Als die Zeit zum Abmarsch der Brigade kam und diese zum Antreten herausgepfiffen wurde, ging ich zu den Männern und bat sie, zu warten. Ich suchte daraufhin den Wachoffizier auf und erklärte ihm, daß es so nicht weitergehen könne. Die Männer seien total erschöpft, sie könnten nicht ins Werk. Die Arbeitszeit müsse auf acht Stunden verkürzt werden. Der Wachoffizier begann zu fluchen, spuckte vor mir immer wieder auf den Boden und rief sodann den Offizier für den Arbeitseinsatz, Oberleutnant Bolonin. Bolonin war ein vernünftiger Offizier. Er interessierte sich für den Arbeitseinsatz, die Arbeitsabläufe und das Ergebnis, das war seine Aufgabe. Anderes schien ihm weniger wichtig zu sein. Bolonin also kam, und nachdem ich ihm erklärt hatte, worum es ging, sagte er nur kurz, ja, es sei schon richtig, in der Sowjetunion würde nur acht Stunden am Tag gearbeitet, aber er könne das Problem nicht lösen, das sei nicht seine Sache. Das müsse mit dem Politoffizier besprochen werden.

Der Politoffizier, Oberleutnant Werenjuk, kam und fluchte. Er zog seine Pistole und erklärte, daß er mich erschießen könne wie einen räudigen Hund. Er fuchtelte mit der Pistole vor meinem Gesicht herum und spuckte mir ständig vor die Füße. Der Brigadeführer sagte zu mir: „Lassen Sie, Herr Leutnant. Es hat ja keinen Zweck. Wir gehen zur Arbeit.“ Ich sagte nur kurz: „Nein. Das muß jetzt geregelt werden.“ Ich grüßte die drei Offiziere, drehte mich um und ging zu den wartenden Gefangenen, schickte sie schließlich auf ihre Stuben. Ich begab mich in mein Zimmer und wartete die nächsten Ereignisse ab.

Nach etwa einer halben Stunde ging die Tür zu meinem Zimmer auf. Major Pawlitschenko stand vor mir. Er sah mir streng in das Gesicht, zögerte ein wenig und befahl mir, die Brigade TEZ sofort zur Arbeit antreten zu lassen. Ehe ich etwas erwidern konnte, sagte er ganz kurz: „Ab morgen werden Sie mit Oberleutnant Bolonin eine neue Einteilung der Arbeitskräfte machen, so daß auch die Brigade TEZ nur noch acht Stunden am Tag arbeitet. Haben Sie verstanden?“ – „Jawohl, ich habe verstanden, Herr Major.“ Ich rief den Unteroffizier vom Dienst und befahl ihm, die Brigade antreten zu lassen. Danach ging ich zu den Männern auf den Hof und erklärte ihnen, was Major Pawlitschenko mir zugesagt hatte. „Ohne Schritt marsch!“ kommandierte der Brigadeführer, und die Männer marschierten durch das Tor in die Nacht.

Von nun an arbeitete die Brigade TEZ acht Stunden täglich. Den Politoffizier hatte ich ab jetzt zum Feind, Major Pawlitschenko aber, so hatte ich den Eindruck, verstand mich sehr gut und zeigte durchaus seinen Respekt. Auch russische Offiziere mögen keine Schwächlinge. Achtung gewinnt man nicht durch unnötige Kapitulation.

Der Politoffizier war ein schlanker, hochgewachsener Russe mit harten Augen und stets kaltem, abweisendem Gesicht. Er haßte die Deutschen, wie Major Kaminski es getan hatte. Meist stand er beim Lagereingang und beobachtete die Gefangenen. Er hatte ein Büro außerhalb wie auch innerhalb des Lagers. Das Büro im Lager war im ersten Stockwerk des Wirtschaftsgebäudes untergebracht. Dies erwies sich für den Russen als besonders praktisch, denn es war leicht, bei den Vernehmungen schnell einmal eine Schüssel Kascha aus der Küche zu holen und so die Geständnisfreudigkeit des verhörten Gefangenen oder den Kameradenverrat zu beschleunigen.

Werenjuk ließ nahezu täglich Gefangene zu sich rufen, die dann oft mehrere Stunden in seinem Büro verblieben. Wenn sie in die Stube zurückkamen, sagten sie kein Wort, legten sich meist auf ihre Pritsche und starrten die Decke an. Nach den Vernehmungen dauerte es nicht lange, und einzelne Gefangene mußten sich fertig machen für den Abtransport nach Sibirien. So wurde das Lager in Tilsit allmählich ausgedünnt. Doch es kamen von Zeit zu Zeit auch neue Gefangene aus anderen Lagern dazu, wie zum Beispiel der Antifaschist Breuer, der, wohlgekleidet und gut ernährt, uns umerziehen sollte.

Der Politoffizier und ein stiller Held

Eines Abends wurde Oberleutnant Feldmann zum Politoffizier bestellt. Feldmann war Reserveoffizier. Er war sehr zurückhaltend, sprach wenig, dachte nur an die Heimkehr zu seiner Familie. Ein sehr solider, aufrichtiger und charakterstarker Offizier, der ganz besonders unter den Verhältnissen im Lager litt.

Es war schon spät am Abend, als ein Gefangener zu mir kam und meldete, daß die Russen einen Mitgefangenen angeschossen vor das Lagertor geworfen hatten. Es war Feldmann. Und schon kurz darauf kam die russische Ärztin Nefedjewa aufgeregt zu mir und forderte mich auf, mit ihr ins Krankenrevier zu kommen. Dort war inzwischen Feldmann eingeliefert worden. Die Ärztin ahnte, was geschehen war. Sie sagte zu mir, Feldmann solle alles sagen, was geschehen sei. Der Krieg sei vorbei, und es dürfe niemand mehr einfach auf einen Deutschen schießen. Nein, auch nicht der Politoffizier. Sie war empört.

Ich fand Feldmann in einem Bett liegend mit verbundenem rechtem Fuß und fragte auf Befehl der Ärztin, was geschehen sei. Daß er zum Politoffizier befohlen war, war uns bekannt. Aber was war dort geschehen? Feldmann schwieg. Er schwieg auch auf meine eindringlichen Fragen.

Der Autor in russischer Kriegsgefangenschaft

Die Ärztin nickte mit dem Kopf. Sie wußte ja, daß er zuletzt beim Politoffizier gewesen war. Auch auf weiteres Nachfragen der Ärztin schwieg er.

Erst viel später berichtete er mir, daß der Politoffizier ihn zwingen wollte, sich als freiwilliger Mitarbeiter für den MWD zu verpflichten und die Kameraden zu beobachten. Als Feldmann sich wiederholt weigerte, die vorbereitete Erklärung zu unterschreiben, sagte Werenjuk ganz ruhig: „Ich kann auch anders.“ Er legte seine Pistole auf den Tisch. Feldmann aber schwieg. Da hob der Politoffizier die Pistole und schoß ihm in den Fuß, ließ ihn dann durch einen Wachsoldaten vor das Lager werfen, von wo er von einem Mitgefangenen auf Anweisung des russischen Wachoffiziers in das Krankenrevier gebracht wurde.

Die Methoden der Vernehmung wurden danach verfeinert. Oberleutnant Werenjuk aber wurde nach einigen Wochen von Tilsit in das Hauptlager Georgenburg versetzt. Dort hat man ihn nach kurzer Zeit zum Hauptmann befördert.

Der dunkle Krieg gegen die Seele der Gefangenen aber ging weiter. Sibirien war das Druckmittel, mit dem jeder gefügig zu machen war. Der nächste Politoffizier war Major Filinow, Ehemann der Ärztin Filinowa. Er agierte neben dem offiziellen Befehlsstrang unauffällig. Auch er verhörte laufend die Gefangenen und ließ einige über das Zentrallager in sibirische Lager transportieren. Filinow verrichtete seine Arbeit betont in der Stille. Es gab mit ihm keine Probleme. Die Probleme aber, welche die Gefangenen mit ihm hatten, blieben im dunkeln. Man sah sie nicht.

Das Kriegsgericht tagt

Einmal fand im Lager eine Gerichtsverhandlung statt, der alle Gefangenen beiwohnen mußten. Das Gericht tagte an einem freien Tag. Es war ein Sonntag, doch die Russen kannten keinen Sonntag in unserem Sinn, sondern nur arbeitsfreie Tage, die in aller Regel auf einen Sonntag fielen. Es wurde gegen einen Kriegsgefangenen verhandelt, der angeklagt war, Volkseigentum gestohlen zu haben. Ein sehr schweres Vergehen. Was war geschehen?

Ein Gefangener, der in der Papierfabrik arbeitete, hatte verschlissene Schuhsohlen und bei Regen ständig nasse Füße. In der Fabrik gab es einen Abfallhaufen, auf dem Reste von Treibriemen der Maschinen lagerten. Es war eindeutig Abfall, für nichts zu gebrauchen. Der Gefangene schnitt sich von einem solchen Treibriemenrest ein Stück Gummi ab und reparierte damit seine Schuhe. Das sah ein russischer Wachmann, und es kam zur Anklage und Verhandlung vor einem Kriegsgericht.

Als alle Gefangenen auf Bänken vor der Tribüne im Lager, die für Fußballspiele errichtet worden war, Platz genommen hatten, betrat das Gericht die Bühne. Es setzte sich zusammen aus dem Vorsitzenden, einem Beisitzer, dem Staatsanwalt, und dazu gehörte ich als Dolmetscher. Ich wurde vor Eröffnung der Sitzung auf die Verfassung der Union der Sozialistischen Sowjetrepubliken verpflichtet und mußte eine entsprechende Erklärung unterschreiben. Die Gefangenen wurden aufgefordert, sich von den Plätzen zu erheben. Der Angeklagte wurde, von zwei russischen Soldaten eskortiert, vor das Gericht geführt. Es folgten die Feststellungen zur Person: Name, Vorname, Vatersname, Tag und Ort der Geburt, Dienstgrad, Beruf, letzter Wohnort.

Der Staatsanwalt erhob die Anklage. Er schilderte das Verbrechen gegen den sowjetischen Staat als schwerwiegend. Die deutschen Gefangenen hätten es nicht nötig, zu stehlen. Der Staat sorge dafür, daß sie alles für das Leben Notwendige erhalten, Verpflegung und auch Bekleidung.

Wenn es hier manchmal Engpässe gebe, so liege dies an den Folgen des faschistischen Überfalls auf die Sowjetunion. Die Deutsche Wehrmacht habe die von ihr besetzten Gebiete systematisch ausgeplündert, so daß es schwierig sei, die materiellen Schäden des Großen Vaterländischen Krieges in wenigen Jahren zu beseitigen. Deshalb müßten auch die deutschen Kriegsgefangenen noch viele Jahre in der Union der Sozialistischen Sowjetrepubliken Wiedergutmachungsarbeiten leisten. Jeder Diebstahl an Volks- und Staatseigentum sei beim Wiederaufbau des Landes ein schwerwiegendes Verbrechen. Der Staatsanwalt beantragte die Todesstrafe. Darauf betonte der Richter noch einmal die besondere Schwere der Tat und unterstrich, daß der Täter mit Vorsatz gehandelt hatte.

Schließlich wurde der Angeklagte vom Vorsitzenden Richter aufgefordert, etwas zu seiner Verteidigung zu sagen. Der Gefangene stand mit tief gesenktem Kopf vor seinem Richter. Er sagte nur einen Satz: „Ich konnte doch mit den kaputten Schuhen nicht mehr zur Arbeit gehen." Seine Auslassung hinsichtlich seiner Bereitschaft, arbeiten zu wollen, wurde als strafmildernd bewertet. Ohne weitere Beratung erhob sich das Gericht, um das Urteil zu verkünden. Der Vorsitzende entschied auf 25 Jahre Aufenthalt in einem Arbeitslager. Der Angeklagte blickte zu Boden und nickte mit dem Kopf, als er gefragt wurde, ob er das Urteil annehmen wolle. Es war damit verkündet. Noch am selben Tag wurde der Soldat aus dem Karzer, einem dunklen Kellerraum im Lager, geholt und mit einem LKW in das Zentrallager Georgenburg transportiert. Niemand hat ihn danach wieder gesehen. Er soll, so hieß es, nach Sibirien verbracht worden sein.

Der kranke Pope aus Rumänien

Max Asfalg war ein ruhiger Gefangener. Geduldig marschierte er morgens in die Fabrik zur Arbeit und kam ebenso abends zurück. Er verrichtete unauffällig seine Arbeit, lag danach viele Stunden auf seiner Pritsche und starrte an die Zimmerdecke. Eines Tages fiel Max den Kameraden und später auch den Russen auf. Max marschierte nun in der Kolonne und las in seinem Brevier, das er ganz offen in der Hand trug. Er las auch laut. Die russischen Soldaten grinsten. „Er ist ein Pope", sagten sie und lachten. Religionsausübung war in der Sowjetunion verboten, wer es trotzdem tat, konnte nur ein Irrer sein. Das war den russischen Soldaten klar. Die deutschen Kriegsgefangenen wunderten sich, aber nahmen dies schließlich gelassen hin. Max war verrückt, dachten sie. Aber er war mein Freund. Ich kannte ihn und wußte, daß er nicht gestört war. Was ihn beschäftigte, wußte ich allerdings nicht – Max schwieg.

So gingen Tage, Wochen und Monate dahin. Unser Lager hatte, als eine Kuriosität, einen Popen, der früher, vor seinem Dienst in der Wehrmacht, Geistlicher in einem rumänischen Kloster gewesen war und den der liebe Gott zu uns verschlagen hatte. Er hatte einen Mannschaftsdienstgrad.

Eines Nachts wurde ich vom Lärm auf dem Flur wach. Was war geschehen? Aus allen Zimmern kamen die Gefangenen schlaftrunken heraus und starrten auf unseren Pater Asfalg. Der stand – mit wirrem Blick, das Brevier in der Hand – da und schrie in die Welt hinaus, er habe den fünften und den sechsten Gottesbeweis gefunden. Auch die Russen waren aufgeschreckt, und einige kamen in das Lager. Ja, es gab keinen Zweifel mehr, Max war durchgedreht, er war verrückt, krank. Das glaubten nun auch die Russen, als sie diesen Popen, mit Schaum vor dem Mund, die Gottesbeweise in die Nacht brüllen hörten. Max wurde in das Krankenrevier gebracht. Dort fing er gleich an zu toben. Schließlich schlief aber auch er ein.

Am nächsten Morgen, die Gefangenen mußten am Krankenrevier vorbei in das Wirtschaftsgebäude zum Essen gehen, splitterte im Revier eine Fensterscheibe, und ein Stuhl wurde herausgeschleudert. Im nun offenen Fenster stand Max im Nachthemd und verkündete wieder seine Gottesbeweise, die allerdings so wirr und unverständlich waren, daß ich gar nichts verstand. Dr. Nefedjewa kam aufgeregt zu mir und bat mich, ihr zu helfen und mit ihr in das Revier zu gehen, um Max zu beruhigen, es zumindest zu versuchen. Wir traten in die Krankenstube ein und gingen auf das Bett zu, in dem der Gottesmann lag. Noch ehe die Ärztin etwas sagen und ich übersetzen konnte, richtete sich Max im Bett auf, zog sein Nachthemd über den Kopf und forderte – total entblößt – die Ärztin auf, sich zu ihm zu legen. „Dawai“, schnell, sagte Max und benutzte obszöne Worte zu seiner unmißverständlichen Einladung. Dr. Nefedjewa war entsetzt. Sie griff nach meinem Arm, zerrte mich aus dem Krankenzimmer und sagte nur immer wieder: „Nein, nein, er ist verrückt, wirklich verrückt, er ist ein Fall für die Psychiatrie, Komossa.“ Ja, dieser Meinung war ich nun auch. Aber warum hatte Max, als ich dicht an sein Bett getreten war, so unverschämt und unpriesterlich gegrinst – oder verschmitzt gelächelt? Die Ärztin hatte es nicht gesehen. Doch mir wurde einiges klar nach diesem Besuch im Krankenzimmer.

Nun dauerte es nicht mehr lange. Eine Ärztekommission kam aus dem Zentrallager und untersuchte Max Asfalg sehr lange. Im Laufe dieser Untersuchung sprang er auf den Tisch. Er brauche eine Frau, sagte er wieder, sofort, dawai! Und er sprach aus, was er mit ihr tun wolle. Nein, ein christlicher Priester, der sich so obszön zeigte, der konnte nicht normal sein, war das Ergebnis der Untersuchungskommission aus Georgenburg.

Wenige Tage darauf kam die Ärztin wieder zu mir und holte mich in das Revier. Vor dem Gebäude stand ein Lastwagen. Max wurde von zwei Sanitätern, im festen Griff gestützt, in den LKW begleitet. Die Klappe wurde geschlossen. Max saß auf einer Holzkiste ganz am Ende der Ladefläche des LKWs. Der Wagen fuhr an. Ich winkte: „Max, auf Wiedersehen!“ Ein leises Lächeln lag tatsächlich auf seinen Lippen. Aber er antwortete nicht, Max Asfalg schwieg. Der Wagen fuhr davon aus meinem Sichtfeld. Ich stand noch eine Weile bei der Ärztin, und wir diskutierten, wie schrecklich doch Schizophrenie sei und wie sie den Menschen verändere, quasi über Nacht, so wie in diesem Fall, denn irgendwelche Anzeichen des schrecklichen Zustandes, in den Max verfallen war, hatte es vorher nicht gegeben.

Einige Jahre darauf, als ich im Herbst 1949 in der Heimat war, erhielt ich von Max eine Karte aus Süddeutschland. Er sei damals gut heimgekommen, schrieb er mir. Und er habe gehört, daß ich auch gesund in der Heimat sei.

Kultur in Gefangenschaft

Als das Leben im Lager erträglicher wurde und die Lebensbedingungen sich verbesserten, kamen wir auf den Gedanken, etwas für unsere geistige Beweglichkeit zu tun. Wir bauten in der Aula die Bühne aus, strichen die Wände weiß an, mit gold-gelben Verzierungen, nähten aus Bettlaken Vorhänge und Kostüme und begannen, Theater zu spielen sowie Konzerte zu veranstalten. Major Pawlitschenko war sehr erfreut, als ich ihm unsere Überlegungen vortrug, und sagte seine Unterstützung zu. So wurde genäht und gehämmert und geübt, Kulissen aus Holz und Pappe wurden gefertigt. Plötzlich, wie aus dem Untergrund, waren auch Musikinstrumente da. Wir veranstalteten zuerst Konzertabende in der Aula und luden dazu unsere russischen Bewacher ein, die auch mit ihren Damen kamen und natürlich in der ersten Reihe saßen. Und ich trug wieder – ich hoffe, sehr gekonnt, jedenfalls mit ganzer Leidenschaft – Conrad Ferdinand Meyers Ballade „Die Füße im Feuer“ und den Zauberlehrling vor. Als einmal der Chor der Gefangenen aufgeführt wurde und die Männer auf der Bühne ihn mit dem provozierenden Text unterlegten „skoro damoi, damoi, skoro damoi“, was doch hieß „bald nach Hause, nach Hause, bald nach Hause“, klatschten die Gefangenen lange, und die Russen waren verlegen, sie verstanden nicht gleich, was wir meinten, aber schließlich applaudierten auch sie. Hatten sie doch noch verstanden, was wir aussagen wollten?

Kultur, das wurde zum Schlüsselwort. Für Kultur waren die Russen bereit, viel zu tun, auch wenn sie das Tilsiter Theater mutwillig zerstört hatten. Die höchste Anerkennung, die ein Russe für einen Menschen vergeben konnte, war: „Er ist ein kultureller Mensch“, kulturni tschelowjek. Keine höhere Achtung konnte einem Menschen erwiesen werden.

So unterstützten die Russen auch die Arbeiten unserer Kunstmaler im Lager. Es gab mehrere davon, unter denen die Gefangenen Jahn und Lewin herausragten. Sie hatten plötzlich Pinsel, Farben und Leinwände und waren bald von der Fabrikarbeit befreit. Sie durften im Lager malen, soviel sie wollten, und bekamen auch entsprechende Aufträge von den russischen Offizieren. Mit Vorrang wurden zuerst Porträts der sowjetischen Führer angefertigt, wie sie im Dienstzimmer des Lagerkommandanten hingen. Es gab solche Bilder am laufenden Band. Herbert Jahn aus Murnau spezialisierte sich aber bald auf Alpenmotive und machte damit gute Geschäfte. Besonders beliebt waren bei den Russen röhrende Hirsche am Waldesrand mit dem Zugspitzenmassiv im Hintergrund. Oh, gut, wundervoll, hervorragend, sagten sie und gaben für ein Bild auch gern einiges zum Essen und später auch etliche Rubelchen. Ja, Künstler zu sein, half über manche Engpässe im Leben des Gefangenen hinweg. Die Kunst des Malens war hoch angesehen.

Doch auch Konzerte und Theater standen hoch im Kurs. Hier hatte sich schnell eine kleine Truppe formiert, in der Helmut Knuth, Bruder des Schauspielers Gustav Knuth, bald den Ton angab. Ich war gerne mit von der Partie und erkannte Knuth als Meister an.

Zunächst veranstalteten wir Abende mit der Rezitation von Gedichten. Doch das füllte uns nicht aus. So machten wir uns an größere Projekte. Knuth und ich überlegten, ob wir uns auch an „Faust“ heranwagen könnten. Und wir wagten es. Er spielte den Faust und ich den Mephisto. Für uns war es unter den gegebenen Umständen eine Herausforderung. Ich erhielt einen Umhang, der von Mitgefangenen aus Bettüchern genäht war, innen knallrot gefärbt und außen schwarz. Das Unterhemd und die Unterhose darunter waren auch tiefschwarz gefärbt.

Es war ein tolles Erlebnis. Helmut Knuth und ich lebten in den Rollen, und wir hatten bei der Premiere die dankbarsten Zuschauer, die wahrscheinlich je ein Schauspieler gehabt hat. Die russischen Offiziere sahen uns nun in einem anderen, besonderen Licht, auch wenn die Scheinwerfer der Bühne nicht besonders hell strahlten, aber immerhin konnte ein Techniker sogar Dimmer einbauen, so daß wir die Illusion hatten, in einem richtigen Theater zu sein. Oh Gott, war das schön!

Glücklich war der Gefangene, der im weitesten Sinne des Wortes „Chudoschnik“ – ein Künstler – war. Das waren unsere Maler Jahn und Lewin, aber auch Uhrmacher und Radiomechaniker. Letztere hatten besonders gute Chancen, am Abend satt auf die Pritsche zu fallen. Erst wurde ihnen von ihren Auftraggebern ein Stück Brot als Lohn zugesteckt, dann manchmal auch eine Wurst, und am Ende verdienten diese Künstler sogar richtige Rubel. Sie waren ohne Zweifel privilegiert und durften später auch außerhalb des Lagers eine kleine Werkstatt unterhalten, um dort zu arbeiten.

„Trinadzatj“

Mit längerer Dauer der Gefangenschaft wurden die Gefangenen den russischen Wachmannschaften gegenüber immer kühner. Natürlich hatten nach zwei bis drei Jahren Gefangenschaft die meisten der Kriegsgefangenen einen gewissen Schatz an russischen Wörtern erworben, wie zum Beispiel „kuschatj“ (essen), „chleba“ (Brot), „woda“ (Wasser), „rabotatj“ (arbeiten) und „bolnoi“ (krank). Doch bald merkten wir, daß es nicht immer zum eigenen Vorteil gereichte, wenn man verstand, was Russen forderten. So stellte man sich oft besser dumm. Die Initiative zu solchem Verhalten ging von unserem Kameraden Studienrat Jupp Schmidt aus. Bei einer Gelegenheit antwortete er einem Russen auf eine Forderung mit dem Wort „trinadzatj“, das heißt „dreizehn“. Schmidt tat dies mit einem ganz ernsten Gesicht und erzeugte eine entsprechende Verwirrung. Immer mehr der Gefangenen nahmen sich Jupp Schmidt zum Vorbild, antworteten auf irgendwelche unangenehmen Fragen mit „trinadzatj“ und brachten zunehmend die Wachmannschaften zur Verzweiflung. Es mußte wohl bei ihnen der Eindruck entstanden sein, daß die Plennies (Gefangenen) langsam geistigen Schaden nahmen.

In Wirklichkeit war dies eine Art von verdecktem Widerstand. Offener Widerstand eines Gefangenen hätte furchtbare Konsequenzen gehabt. Der Abtransport nach Sibirien wäre eine relativ harmlose Form einer Ahndung solcher Vergehen gewesen. Das wußte natürlich jeder von uns. Oft genug waren Mitgefangene, die in der Zeit von Major Kaminski in der Nacht in das Dienstzimmer des Politoffiziers gerufen wurden, von dort nicht mehr in das Lager zurückgekommen. Ihr weiteres Schicksal blieb im dunkeln. Dieser innere Widerstand, der sich in dem einen Wort „trinadzatj“ ausdrückte, aber hatte bis zum Ende der Kriegsgefangenschaft keine nachteiligen Folgen.

Es gab aber immer auch Russen, die zu einem relativ offenen Gedankenaustausch mit den Kriegsgefangenen bereit waren, wie etwa Ingenieur Radschenko aus dem Papier- und Zellulosekombinat in Tilsit, der sogar meine kritischen Bemerkungen zum Sozialismus hinnahm. Für ihn schien nur von Bedeutung zu sein, daß sein deutscher Gesprächspartner sich geistig vom Faschismus gelöst hatte und Demokrat war. Demokrat zu sein, war unverfänglich, das durfte ein Deutscher in der Kriegsgefangenschaft bekennen. Allerdings hatten die Russen von dem Begriff Demokratie ihre eigene Vorstellung.

Überraschend war, welchen Wert es für die Russen hatte, wenn sie mit einem Deutschen in ihrer eigenen Sprache reden konnten. Es blieb unerklärlich, warum, doch der russischsprechende Deutsche konnte in der normalen Vorstellung eines Russen von Natur aus nicht böse sein. „On nasch“ (er ist einer von uns), sagte Radschenko, als er mich einmal einem Freund vorstellte. Und damit war die Grundlage für ein ziemlich offenes

Gespräch gegeben. Auch bei anderen Gelegenheiten konnte ich, der ich anfangs meine Soldaten gebeten hatte, mich wegen meiner russischen Sprachkenntnisse nicht zu verraten, oft erleben, daß die Kenntnis der Sprache eine erste Brücke nicht nur zum Verständnis war, sondern auch eine sehr gute Voraussetzung für das Entstehen von Vertrauen. Meine Befürchtung in der ersten Zeit der Gefangenschaft, auf Grund meiner russischen Sprachkenntnisse Nachteile zu erfahren, erwies sich auf Dauer als nicht begründet. Andererseits mußte aber immer erst geklärt werden, warum ich gut Russisch sprach, und noch dazu mit Leningrader Dialekt. Sobald der Verdacht ausgeräumt war, ich könnte nach dem Sprachenstudium für „bestimmte Aufgaben in der UdSSR" ausgebildet sein, eventuell sogar als SS-Offizier, war die Kenntnis der russischen Sprache nur noch von Nutzen. Das, so ist zu vermuten, kann seinen Grund nur in der für den Mitteleuropäer oft nicht verständlichen Tiefe der russischen Seele haben. Doch mag dies eine sehr subjektive Erfahrung sein, einen Beleg dafür wird man nicht finden können.

Der Trompeter von Tilsit

Der Lagerkommandant war von den Veränderungen im Lager – wie den kulturellen Veranstaltungen und der noch zu erwähnenden Pflege der Gärten – sehr angetan. Wir waren, so dachte er wohl, seine Männer, seine persönlichen Gefangenen. Er konnte vielleicht ein Gefühl gehabt haben, wie ich es zuvor im Krieg gehabt hatte: Das war mein Gefangener! Den durfte mir doch keiner nehmen! – Wir waren nun seine Gefangenen. Was wir im Lager 445/2 in Tilsit konnten, sprach sich bald bis Moskau herum, denn wir bekamen Besuch eines sowjetischen Generals, der unser Lager inspizierte und sogar zur Vorstellung von „Faust" blieb. Nach der Aufführung sprach er sehr freundlich mit mir und Helmut Knuth.

Im Lager Tilsit herrschte militärische Ordnung. Es wurde durch den UvD (Unteroffizier vom Dienst) geweckt, zum Essen mußten die Gefangenen – wie zur Arbeit oder zum Zählappell – auf Pfiff heraustreten. Um 22.00 Uhr wurde zum Zapfenstreich ausgerufen. Die Gefangenen traten auf dem großen Lagerplatz an, der später zum Fußballfeld wurde, Oberleutnant Schürmann oder auch ich nahm die Meldung der Zugführer entgegen, nachdem wir die Vollzähligkeit festgestellt hatten, und meldete darauf das angetretene Lager dem diensthabenden russischen Offizier. Danach prüften die Russen noch einmal die Vollzähligkeit. Der Offizier schritt die Front der angetretenen Gefangenen ab und zählte. Dabei irrte er sich oft, und häufig wurde ein zweites Mal, drei- bis viermal gezählt, weil der russische Offizier stets eine abweichende Zahl hatte. Mit fortgeschrittener Zeit wurden die Gefangenen schon einmal kühn und spielten mit dem Russen ihr besonderes Spielchen, so daß einmal ein Mann zuviel war, ein anderes Mal fehlte ein Soldat. Sie machten so etwas wie eine Rochade. Der schon gezählte Mann ging einige Meter nach links oder nach rechts, und schon war die ganze Ordnung durcheinandergeraten. Der russische Offizier war oft ganz verzweifelt. Den Gefangenen machte das Spiel zunehmend Freude.

Wenn Major Pawlitschenko das Lager betrat, wurde Werner Schürmann oder ich von der Wache benachrichtigt, und wir mußten zum Kommandanten, um ihm das Lager zu melden.

Ich schlenderte eines Tages mit Pawlitschenko durch das Lager. Er kontrollierte die Küche und die Speiseräume, überprüfte die Sicherheit und achtete besonders auf größte Sauberkeit. Wir hatten in mühevoller, aber gern ausgeführter Arbeit in unserer Freizeit innerhalb des Lagers einen Blumengarten angelegt, in dem man auf gepflegten Wegen spazierengehen konnte. Der Major liebte dieses Fleckchen Erde. „Sehen Sie", sagte er zu mir, „das ist sehr gut gemacht. Wie im Kurort." Und er betonte dabei die zweite Silbe des Wortes. „Wie in Sotschi am Schwarzen Meer." „Verzeihen Sie, Herr Major", sagte ich, „und dennoch leben wir in einem Käfig. Vielleicht ist er jetzt ein wenig vergoldet, aber es bleibt doch immer ein Käfig, aus dem nur Gedanken wegfliegen können." Pawlitschenko blickte mich sehr ernst an. Dann sagte er: „Sie brauchen auf den Wegen noch etwas Kies. Sprechen Sie mit Bolonin. Vielleicht kann er Ihnen helfen."

Doch dann, was sah ich da? Im Garten saß auf einem selbstgefertigten Holzsessel der Mitgefangene Leutnant Tank, der angeblich aus einer wohlhabenden Fabrikantenfamilie stammte, sogar wohl aus einem größeren Betrieb der Rüstungsindustrie, also Kapitalist war. Er war stets gepflegt, trug einen dunklen Spitzbart und ging gern im Lager spazieren. Kurort, hatte Pawlitschenko gesagt. Tank, dieser Teufelskerl, saß da in seinem Sessel in einer weißen Offiziersuniformjacke mit den Dienstgradabzeichen eines Leutnants. Wie in Baden-Baden. Das Bild war einmalig. Es blieb mir unerfindlich, wo Tank sich die weiße Messejacke besorgt hatte und warum die Russen ihn gewähren ließen. Er war doch für sie das – zumindest äußere – Muster eines Kapitalisten. Pawlitschenko ließ ihm seine Marotte. Hatte er womöglich seinen Spaß daran?

Vor dem Hauptgebäude blieb der Kommandant stehen, überlegte kurz und fragte mich dann: „Sie haben doch einen Trompeter im Lager, nicht wahr?" „Jawohl", erwiderte ich, „er kommt von der Staatsoper Hannover. Ein hervorragender Musiker." „Gut, holen Sie ihn her", befahl er. Es war Sonntag, und die Gefangenen brauchten nicht zu arbeiten, außer einigen Brigaden wie jener im TEZ. Als unser Trompeter kam, mußte ich ihn fragen, ob er die deutschen militärischen Signale blasen könne, wie zum Beispiel das Signal zum Angriff – „Kartoffelsupp', Kartoffelsupp', die ganze Woch' Kartoffelsupp'" – und den Zapfenstreich. „Oh ja", meinte der Trompeter, „natürlich". Und er setzte seine Trompete an und blies die Signale. „Gut, charascho“, sagte der Major nun an mich gewandt, „lassen Sie von heute an zum Wecken, Heraustreten der Soldaten zum Mittagessen und zum Abendessen sowie zum Zapfenstreich blasen!“ Es geschah wie befohlen. Schon an diesem Abend stellte sich der Trompeter in die Mitte des Appellplatzes und blies den Zapfenstreich, von nun an Tag für Tag. Die Soldaten staunten. Sie gewöhnten sich schnell daran.

Nach mehreren Tagen traf ich in der Stadt einige in Tilsit verbliebene Deutsche, die noch nicht vertrieben worden waren. „Wir haben geweint“, sagte ein alter Mann, wohl mehr als 80 Jahre alt, „als wir aus dem Lager die alten deutschen Signale hörten. Wir haben alle geweint.“ Mir aber wurde bewußt, daß der Lagerkommandant großen Respekt vor dem deutschen Soldaten hatte, ganz besonders vor Preußen. Er wußte um den Friedensschluß vor mehr als einem Jahrhundert hier in Tilsit zwischen Franzosen, Russen und Deutschen. Er kannte die geschichtliche Bedeutung der Stadt. Auch bei anderen Gelegenheiten zeigte der Major seine Bildung. Ich bekam immer mehr Respekt vor ihm.

„Mit deutscher Gründlichkeit, Herr Leutnant!“

Im Herbst 1947 erteilte mir der Lagerkommandant einen besonderen Auftrag. Ich sollte die Kubatur der einzelnen Gebäude ermitteln und anhand der staatlichen Normen einen Voranschlag für den Brennstoffverbrauch im kommenden Winter machen. Ich war überrascht. Er erklärte mir, daß ich die Berechnungen so genau wie möglich machen sollte, denn der Bericht müsse in Moskau vorgelegt werden. Pawlitschenko sah mich sehr ernst an und sagte: „Machen Sie es mit deutscher Gründlichkeit!“ Er hatte mich allein damit bei meiner Ehre gepackt.

Jawohl, ich machte es mit deutscher Gründlichkeit. Ohne Hilfsmittel schätzte ich die Maße der Gebäude und berechnete sie entsprechend. Als ich nach meinen Aufzeichnungen das Ergebnis vortragen wollte, sagte Pawlitschenko: „Sie müssen das schriftlich machen.“

Und so schrieb ich von Hand meinen Bericht. Er wurde tatsächlich, wie mir später Oberleutnant Bolonin sagte, im Original nach Moskau geschickt.

Ein russischer Freund

Einige Offiziere von uns, die Kameraden Siegfried Wieland, Fritz Gässler, Ägidius Schiffler, Siegfried Völker und Jupp Gatzweiler, arbeiteten im Papier- und Zellulosekombinat in der Konstruktionsabteilung. Ihnen oblag unter russischer Aufsicht der Aufbau der Industrieanlage an der Memel. Sie waren ein ganz hervorragendes Team. Sie hatten wohl vor ihrer Einberufung in die Wehrmacht ein Studium an einer Technischen Hochschule angefangen, erfolgreich abgeschlossen aber hatten sie es ganz sicher nicht. Hier jedoch arbeiteten sie als Ingenieure und waren als solche von den Russen anerkannt und geachtet. Einer von ihnen sagte mir einmal, daß er sehr auf eine Entlassung in absehbarer Zeit hoffe und langsam nervös werde, denn der von ihm konstruierte Turm der Anlage, in der Schwefelgestein zu Schwefelsäure verarbeitet wurde, müßte nach menschlichem Ermessen einmal einstürzen, und das nicht in allzulanger Zeit. Gottlob standen die Türme noch, als wir nach vier Jahren in die Heimat entlassen wurden.

Manchmal ließen unsere Kräfte stark nach. Das war bei dieser Wassersuppe, die wir täglich bekamen, wohl nicht verwunderlich. Eine Brigade mußte Transportarbeiten auf dem Bahnhof leisten. Es ging meist darum, Güter aus dem Reich, die für den Weitertransport in die Sowjetunion bestimmt waren, auf dem Bahnhof Tilsit auf Breitspurwaggons umzuladen.

Wie gesagt, wir waren alle sehr geschwächt. Angesichts eines Güterzuges aus Berlin, der nur mit Flügeln und Klavieren beladen war, schwanden die Kräfte der Gefangenen noch mehr als zuvor. Immer wieder glitten ihnen die Klaviere aus der Hand und fielen klirrend auf die Gleise. Natürlich wurde alles verladen, jedoch dürften die Empfänger in Leningrad oder Moskau nach Erhalt der kostbaren Instrumente doch einige Probleme mit ihnen gehabt haben. Das Geringste war noch, die Klaviere neu zu stimmen. Jedoch hatte beim Fall auf die Gleise auch das kostbare Wurzelholz gelitten. Die russischen Aufseher fluchten und spuckten ständig vor sich hin. Aber dann sagte schon einmal einer: „Ladno, macht nichts, nitschewo!" Sie dachten dabei wohl, daß diese Instrumente nicht für sie, das Volk, bestimmt waren, sondern für die Natschalniks, die Bosse. Der Teufel soll die doch holen! Im Ansatz gab es hier so etwas wie Verständnis zwischen russischen Soldaten und deutschen Kriegsgefangenen.

Über die Kameraden im Ingenieurbüro lernte ich einen sehr sympathischen russischen Zivilisten kennen. Es war der erwähnte Ingenieur Radschenko. Im Laufe der Zeit entwickelte sich zwischen uns ein fast freundschaftliches Verhältnis. Wir sprachen oft miteinander, und er gab mir regelmäßig russische Zeitungen, die „Prawda" und die „Iswestija", aber auch das kritische Blatt „Ogonjok", auf deutsch „Der Funke", damit ich meine russischen Sprachkenntnisse vertiefen konnte. Wir sprachen über Gott und die Welt. Natürlich war auch Radschenko Mitglied der Kommunistischen Partei. Aber er gab es nicht immer so deutlich zu erkennen, wie es der örtliche Parteisekretär gerne gesehen hätte. Übrigens war unsere Ärztin, die sich so sehr für den Kameraden Feldmann eingesetzt hatte, die Vorsitzende der Parteiorganisation der Lagerführung und veranstaltete mit den Soldaten des Stabes regelmäßig Parteiversammlungen. Ja, sie war eine rechte Kommunistin.

Nun, die Beziehung zwischen mir und Herrn Radschenko entwickelte sich im Laufe der Zeit ausgesprochen freundschaftlich. Wir unterhielten uns bei mancherlei Gelegenheiten, diskutierten über die Weltlage, über die USA und China, vor allem über Mao Tse-tung und seinen langen Marsch. Radschenko war sich ganz sicher, daß Deutsche und Russen diesen letzten Krieg zu den Akten legen sollten, um die Zukunft ihrer Völker gemeinsam zu gestalten. Im nächsten Krieg müßten wir Verbündete sein. Die Gefahren kämen, so meinte er, aus den USA und China und besonders wohl aus dem Nahen Osten. Auch er war – wie ich – der Meinung von Heraklit: Alles fließt. Nichts auf der Welt hat für alle Zeit Bestand.

Er bot mir einmal eine Zigarette an, eine „Kasbek". Es gab keine besseren in der Sowjetunion als diese. Und er gab mir Feuer, bzw. er versuchte es. Er hatte auf Anhieb mit den ersten Versuchen keinen Erfolg und mußte etliche Zündhölzer wegwerfen. „Aha", sagte ich, „russische Streichhölzer, nicht wahr?" Ich grinste. Er aber war ernst. Nun hatte ich schon den Eindruck gewonnen, daß er den Kommunismus nicht immer für die letzte Wahrheit auf dieser Welt hielt. Doch was er jetzt sagte, überraschte mich einigermaßen. „Sehen Sie, das sind tatsächlich russische Streichhölzer. An sich sind sie gut." „Man sieht es", erwiderte ich, etwas zu kühn wahrscheinlich. Doch er ließ sich keineswegs beirren. „Sehen Sie, wir stellen wirklich die besten Streichhölzer der Welt her. Aber wir müssen sie für Devisen exportieren, in die skandinavischen Länder vor allem. Doch eines Tages werden wir Russen auch gute Streichhölzer haben. Das wird noch einige Jahre dauern, aber die guten Streichhölzer werden wir dann auch in der Sowjetunion haben. Für das Volk."

Diese Gespräche waren wohl für beide von uns aufschlußreich, jedenfalls lernten wir, einander gut zu verstehen. Und das blieb so bis zum Schluß. Herr Radschenko wurde für mich das Beispiel eines Russen, mit dem man sich durchaus eine gemeinsame Zukunft in Europa vorstellen konnte. Er sei Kommunist, sagte er, aber war er das wirklich? Nur weil er an den Parteiversammlungen teilgenommen hatte? Er war ohne Zweifel ein gebildeter Mann, hatte Goethe und auch Lessing gelesen, allerdings nicht im Originaltext, sondern in einer Übersetzung in das Russische. Nicht viele deutsche Kriegsgefangene hatten die Gelegenheit, solche Russen kennenzulernen und sich mit ihnen offen und frei zu unterhalten über alle Probleme der Welt, ohne jede Scheu.

Als mir Radschenko einmal die „Iswestija" brachte, es war wohl im Frühjahr 1948, machte er mich auf einen Artikel auf Seite 2 aufmerksam. Dieser stammte zu meiner Überraschung von meinem letzten Regimentskommandeur, dem erwähnten Oberst Remer. Der Herr Oberst möge es mir verzeihen, aber dieser Artikel war ein Pamphlet, eines deutschen Kommandeurs und Generalstabsoffiziers völlig unwürdig. Der kriegsgefangene Oberst suchte aus seiner Zeit als deutscher Militärattaché bei Franco in Madrid den Beweis anzutreten, daß Franco Hitler wiederholt bedrängt habe, ihm zu erlauben, an der Seite Deutschlands in den Krieg gegen die Sowjetunion einzutreten. Hitler habe dies in seinem bekannten Größenwahn abgelehnt und schließlich Franco nur gestattet, die Blaue Division an die Ostfront zu entsenden. Diese wurde bekanntlich im Südabschnitt im Raum Stalingrad eingesetzt und dort aufgerieben.

An dieser Stelle ein kleiner Exkurs: Beim ersten Besuch eines deutschen Generalinspekteurs in Spanien nach dem Krieg, den ich als Adjutant von General de Maizière und Admiral Zimmermann vorzubereiten hatte, begegnete ich in Madrid mehreren hohen spanischen Offizieren, die an der Ostfront in Rußland gekämpft hatten. Sie waren stolz darauf. Am ersten Abend des Besuches gab der deutsche Botschafter einen Empfang in seiner Residenz. Rasch kam ich mit den spanischen Offizieren ins Gespräch. Ein spanischer Oberst schaute sich sehr interessiert meine Auszeichnungen an. Er habe wohl die gleichen erhalten, meinte er. Aber hier seien wir ja auf deutschem Boden, und da wolle er seine deutschen Auszeichnungen nicht tragen. Der Grund war am nächsten Abend beim Empfang des spanischen Generalstabschefs für die deutsche Delegation geklärt. Der betreffende Oberst, ein hochgewachsener, gebildeter Offizier, kam auf mich zu. Er war mit dem EK I und dem EK II (Eisernes Kreuz erster und zweiter Klasse) dekoriert und hatte auch das deutsche Verwundetenabzeichen. „Sehen Sie, Herr Oberst", sagte er an mich gewandt, „wir tragen die gleichen Auszeichnungen. Ich lege diese allerdings nur im Original an, wie sie mir verliehen wurden. Ich bin sehr stolz, an der Seite Ihres Landes gekämpft zu haben, Herr Oberst."

Der Artikel von Oberst Remer in der „Iswestija" war unwahr, verlogen, das wußten wohl auch die Russen. Jedenfalls deutete Radschenko mir das an. Schrieb der Oberst diesen Beitrag im Regierungsorgan der Sowjets um den Preis einer gefüllten Tabakpfeife? Wer weiß! Ich war jedenfalls froh, mit ihm nicht nach Moskau zur Seydlitz-Gruppe gegangen zu sein. Ich brauchte mich nicht bei den Russen zu prostituieren und nicht vor meinen Kameraden zu schämen.

Und wieder ging einer stiften – nach Litauen

Beim Zählappell fehlte eines Morgens ein Mann. Nach mehrfachem Nachzählen wußten wir: Es war ein Offizier, Siegfried Wieland. Die Russen waren unruhig, zumal es in dieser Zeit am nördlichen Ufer der Memel in Litauen Probleme gab. Wenn es dort auch kein größerer Aufstand gegen die Russen war, so hatten sich doch etliche litauische Widerstandskämpfer als Partisanen in den Wäldern organisiert. Wo sie sich sicher fühlten, kamen sie rasch aus den Wäldern heraus, überfielen russische Fahrzeuge und zogen sich nach kurzem Schußwechsel wieder zurück. Das machte die Russen langsam nervös, so daß sie in unserem Lager sogar die Wachen verstärkten und auf den Wachtürmen zusätzliche Maschinengewehre postierten.

Das Lager Tilsit war ohnehin schon als Regimelager eingestuft und unterlag somit besonderen Sicherheitsbestimmungen. So mußte bei jedem Marsch der Kriegsgefangenen ein Maschinengewehr mitgeführt werden, und ebenso gehörten stets Wachhunde dazu. Meist waren es gute deutsche Schäferhunde, die aber doch die Sprache ihrer früheren Herren verlernt hatten und nun auf russische Kommandos hörten. Die verschärften Sicherheitsbestimmungen fanden ihre Begründung darin, daß dieses Lager nahe der Staatsgrenze lag. Eine Flucht schien den Russen hier wahrscheinlicher als aus einem kaukasischen oder sibirischen Lager.

Unser Kamerad Schmidt spielte wieder einmal „Glückliche Reise“.

Mehrere Wochen gingen dahin, ohne daß sich Besonderes ereignete. Da wurde ich an einem Abend zum Wachoffizier gerufen, der mir mitteilte, daß ich mich marschbereit machen solle. Ich befürchtete Schlimmes, doch erwies sich das bald als nicht wirklich begründet. Ich mußte auf einen LKW aufsitzen, im Führerhaus, und los ging die Fahrt über die Memel nach Litauen. Die alte Luisenbrücke war durch den Krieg zerstört, auf der Südseite stand nur ein Teil des alten Brückenportals. Die neue Brücke war aus Holzbohlen von russischen Pionieren zusammengebaut worden. Die Fahrt ging, wie ich der Unterhaltung des russischen Offiziers mit dem Fahrer entnahm, in Richtung Tauroggen. Wir waren ganz munter und rauchten, auch ein Gläschen Wodka gab es für die Besatzung. In einem Dorf am Rande eines Waldgebietes hielt der Wagen. Der Offizier sprang heraus, ging auf ein Gebäude zu, sprach dort mit einem anderen Russen, rief plötzlich nach mir und befahl mir, ihm zu folgen. Ich konnte mir nicht vorstellen, welche Rolle ich hier zu spielen hatte, und wunderte mich.

Wir kamen in eine Scheune, in der auf Stroh gebettet eine Reihe von Zivilisten, darunter offensichtlich einige Gefangene, lag. Unser Begleitoffizier leuchtete den Gefangenen in das Gesicht, und ich erschrak. Vor mir lag auf einem Haufen Stroh mein Kamerad Siegfried Wieland. Sein

Anzug war verdreckt. Er sah sehr müde und traurig aus, ungepflegt das Haar, dazu wuchs ihm ein Bart. Der Offizier sah mich an und fragte: „Nun, ist das der Oberleutnant Wieland, ja?“ Blitzschnell schoß es mir durch den Kopf, ich durfte ihn nicht verraten, nicht bei seiner Entdekkung helfen. Ich sagte: „Ja nje snaju“ (ich weiß es nicht). Zu Wieland gewandt, fragte ich: „Sind Sie Siegfried Wieland?“ Er erkannte sofort seine Chance und sagte nein, nein, der sei er nicht. Unnötigerweise übersetzte ich dem Russen, nein, das sei nicht Siegfried Wieland. Dann ging alles ganz schnell. Wieland wurde etwas grob von seiner Lagerstatt hochgerissen und zum LKW geführt. Und für mich war auf der Rückfahrt kein Platz mehr im Führerhaus. Ich saß mit Wieland auf der Ladefläche. Wir sprachen während der Fahrt nicht.

In den folgenden Wochen hatte ich bei den Russen weniger gute Karten. Doch letzten Endes siegte das russische Prinzip: Liebe den Verrat, aber nie den Verräter. Nach einiger Zeit war dieser Vorfall für die Lagerleitung wohl bedeutungslos geworden.

Nachdem Hitler die baltischen Staaten 1939 der UdSSR überlassen hatte und Litauen, wie die Nachbarländer, im Jahre 1940 politisch in die Sowjetunion eingegliedert worden war, wurde es unruhig im Lande. 1941 wurde das Land von der Wehrmacht besetzt. Als dann die deutsche Front vor dem damaligen Leningrad zusammenbrach und die sowjetischen Armeen im Zuge ihres Vormarsches auf breiter Front in Richtung auf die Ostsee und das nördliche Ostpreußen vorstießen, flohen viele Litauer aus ihrem Land. Mit dem Einmarsch der Sowjetarmee 1944 und der Übernahme der Kontrolle über den größten Teil des Landes durch die sowjetischen Streitkräfte – bis auf den in deutscher Hand bis 1945 verbliebenen Kurlandkessel – organisierte sich der litauische Widerstand gegen die Russen. In diesem erbitterten Partisanenkampf, der von 1944 bis 1953 dauerte, hatten die Litauer, ein Volk von nur 3,7 Millionen Menschen, insgesamt 60.000 Tote zu beklagen.

Trotz der wegen ihrer grenznahen Lage besonders scharfen Bewachung in den sogenannten Regimelagern kam es in den späteren Jahren immer wieder vor, daß einzelne deutsche Kriegsgefangene die Flucht wagten. Sie suchten ihren Weg meist über Litauen oder über Kleinlitauen, wie das frühere Memelgebiet genannt wurde. Das natürliche Hindernis, das diese Flucht erschwerte, war allerdings die Memel, die zum Teil eine gefährliche Strömung hatte. Hatte der Flüchtling erst einmal dieses Hindernis überwunden, dann konnte er in den meisten Fällen bei litauischen Bauern Unterschlupf finden, wie ja auch gegen Ende des Krieges eine ganze Reihe deutscher Kinder auf Bauernhöfen nördlich der Memel überlebte und nicht von den Russen nach Sibirien deportiert wurde.

Es war das Schicksal vieler Litauer, nach Osten verbannt zu werden. Jedoch blieb Litauen – im Vergleich zu den übrigen baltischen Staaten Lettland und Estland – von größeren russischen Ansiedlungen verschont.

In jenen beiden Ländern erreichte der russische Bevölkerungsanteil durch geplante Umschichtung der Bevölkerung nahezu 40 %.

Im Lager Tilsit konnten die Gefangenen bis 1949 Schüsse von Mörsern und auch Gewehren aus dem Norden hören, also aus Richtung Litauens. Es ging sogar einmal das Gerücht um, daß litauische Partisanenverbände hart nördlich der Memel einen Versuch starten wollten, den Fluß zu überqueren und die Gefangenen im Lager 445/2 zu befreien. Auch hatten einzelne deutsche Gefangene, die in kleinen Kommandos auf Außenstellen im Grenzgebiet, besonders im Wald, arbeiteten, Kontakt mit litauischen Partisanen. Doch eine Befreiung des Lagers war von den Partisanen nie geplant.

Etliche Jahre danach erhielt ich, als ich nach der Entlassung in Garmisch-Partenkirchen wohnte, einen Brief von Siegfried Wieland, in dem er mir neben der Mitteilung, daß er gesund in der Heimat angekommen sei, schrieb: „Ich danke dir für dein Verhalten in der Gefangenschaft!" Ich habe mich über diese wenigen Worte sehr gefreut.

Königsberg

Neben der Arbeit in der Papierfabrik gab es nun noch andere Arbeitsstellen in der Stadt, unter anderem reparierten wir vermehrt Wohnungen für die Sowjets, die nun aus allen fernen Gebieten der UdSSR nach Ostpreußen kamen. Darunter waren Ukrainer, aber auch Tataren und Kosaken, Angehörige aller Völkerstämme aus dem Riesenreich der Sowjetrepubliken waren in die kleine Stadt an der Memel gekommen.

Besonders traurige Erlebnisse waren während dieser Zeit zwei Fahrten von Tilsit nach Königsberg. Bei der ersten Fahrt wohnten noch etliche Deutsche in der Stadt, die endgültige Vertreibung setzte erst später ein. Es war ein Elend, das wirklich nicht zu beschreiben ist. Alle Vorräte an Eßbarem in den Kellern waren verbraucht. Es gab für die Deutschen keine organisierte Versorgung. Frauen hatten großes Glück, wenn sie bei Russen in einer Feldküche oder in einem Haushalt arbeiten durften. Sie hatten die Chance zu überleben. Kleine Kinder und alte Männer starben zuerst. Wer nicht arbeitet, braucht nicht zu essen, war die russische Losung. Und die ganz Jungen und ganz Alten konnten nicht arbeiten, ihr Recht auf Leben war ihnen genommen. Ihre Zahl nahm täglich ab. Hunger. Und immer noch – zwei Jahre nach Kriegsende – Vergewaltigungen! Fleckfieber. Man sagte, es hätte auch Kannibalismus gegeben in den Trümmerkellern von Königsberg. Wo war nur Gott damals in Ostpreußen? Die Menschen waren verzweifelt und wurden mit jedem Tag schwächer. Und dennoch, auch sie wollten überleben. Mit ihrem ganzen Glauben klammerten sie sich an Gott, ihre einzige verbliebene Hoffnung.

Es gab einen evangelischen Pfarrer in Königsberg, der in diesen Zeiten der größten Not bei seiner kleinen, elenden Gemeinde blieb und den Menschen, die wie in römischen Katakomben lebten, Trost geben wollte: Er betete mit ihnen immer wieder, und das Gebet wurde schließlich zum Schrei, wie das niederländische Dankgebet: „Herr, mach uns frei!“ Es war ein einfaches Gebet. Aber nie wurde ein Gebet inniger gesprochen, auch nie fordernder, verzweifelter als in den Kellern von Königsberg. Der Pfarrer betete, und die Gemeinde sprach ihm nach:

Dein ist das Erbarmen.
Unser ist die Not.
Schenk weiter uns Armen das tägliche Brot!
Laß auch am Himmel uns haben teil:
Gott, schenk uns die Freiheit.
Du, Herr, unser Heil.

Als ich im Frühjahr des Jahres 1949 noch einmal nach Königsberg kam, waren die Reste deutscher Vergangenheit ausgelöscht. Die Vertreibung war vollendet, bis auf einen ganz kleinen Rest. Dieser damals noch vorhandene Rest wirkte auf mich wie ein Wunder. Aber es war kein Wunder, das noch irgendeine Freude bereiten konnte. Man hatte einfach nicht damit gerechnet, daß es noch einen Deutschen gab in Königsberg, im Jahre 1949.

Die Antifa tritt an

Die Russen waren an einer Umerziehung ihrer Gefangenen genauso interessiert wie die Amerikaner. Auch sie versuchten, die Deutschen zu Demokraten umzuformen. Im Osten war dies insofern schwierig, als die Russen unter dem Begriff Demokratie seit Lenin immer etwas anderes verstanden als wir. Ich sagte einmal zu Major Pawlitschenko, daß ich nie Kommunist werden könnte. Aber, meinte er, das sei doch nicht erforderlich, es sei völlig ausreichend, wenn wir Deutschen Demokraten würden. Nun, gegen die Forderung, Demokrat zu werden, hatte ich nach den Erfahrungen mit dem Dritten Reich durchaus keine Einwände. Ich fühlte damals, daß Hitler das deutsche Volk im Stich gelassen hatte. Daß er nach dem Versailler Frieden Erfolg hatte, fand ich verständlich. Zu unklug hatten sich die Sieger in den zwanziger Jahren mit der Besetzung des Rheinlandes und in anderer Hinsicht benommen. Das Pendel mußte einmal zurückschwingen. Aber nach dem verlorenen Krieg, auch im Zorn auf die Sieger in ihrem Haß auf alles Deutsche, wurde mir immer mehr bewußt, daß Hitler tatsächlich das ganze Volk nicht nur in Uniformen gesteckt, sondern zu seinen Marionetten gemacht hatte. Plötzlich waren seine Reden, strotzend von Temperament und Kraft, nur noch ein unangenehmes Geschrei.

Ich bin ganz sicher, unter uns Offizieren war im Sommer 1945 keiner mehr ein Nationalsozialist. Das wurde natürlich durch die Einstellung in der Reichswehr gefördert, daß ein Soldat sich nicht politisch betätigen. sollte. Selbst mit der nicht nur negativen Erfahrung des jungen Mannes in der Hitlerjugend erhob sich der Offizier über die Politik. Und mit dem ganzen braunen Parteiapparat wollten wir ohnehin nichts zu tun haben. Wir waren davon überzeugt, daß wir alles tun müßten, um diesen verdammten Krieg zu gewinnen. Nach der verlorenen Schlacht von Stalingrad aber wurden die Zweifel immer größer. Dennoch, einen Gedanken an ein Überlaufen zum Feind hat es nicht gegeben. „Laßt uns nur diesen Krieg gut beenden, dann werden wir mit den Braunen schon aufräumen." Im Bewußtsein, große militärische Leistungen unter den schwierigsten Bedingungen vollbracht zu haben, wollten wir die Zukunft Deutschlands ohne die – wie wir immer sagten – Goldfasane gestalten. Das war fast bis zum Schluß des Krieges unser Credo. Ja, gegen Demokratie als Staatsform hatten wir keine Einwände.

In den ersten beiden Jahren der Gefangenschaft gab es keinerlei kommunistische Versuche, in unserem Lager politisch Einfluß zu nehmen. Das wäre wohl auch äußerst schwierig gewesen, denn das Beispiel des Sozialismus hatten wir täglich als sehr abschreckend erlebt. Es gab einige Soldaten, die sich – um eines Nachschlags beim Essen willen – als Kommunisten auswiesen. Doch sie blieben der Zahl nach völlig unbedeutend. Und dann waren noch die Spitzel, die ihre Tätigkeit aber auch weniger aus politischer Motivation ausübten denn wegen ihres großen Hungers. Dazu kam, daß unser Lager militärisch strukturiert blieb. Die Offiziere führten, vom Kommandanten bis zum Brigadeführer, und fühlten sich auch für die Mannschaften immer verantwortlich. Erst in einer späteren Phase wurden auch die Offiziere aus ihren Führungspositionen entfernt und in den normalen Arbeitsprozeß eingegliedert. Dennoch, an der Spitze stand immer ein deutscher Offizier als Lagerführer (von den Russen „Kommandir Lagerja" [Lagerkommandant] genannt, der russische Lagerkommandant wurde als „Natschalnik Lagerja" [Lagerchef, Lagerleiter] angesprochen). Zeitweise hatte Major Pawlitschenko mir diese Aufgabe übertragen.

Die Antifa machte sich erst dann im Lager bemerkbar, als die Verhältnisse sich zu bessern schienen. Sie veranstaltete Schulungsabende, doch die Soldaten nahmen daran nicht teil. So mußte der Russe selbst politisch aktiv werden. In größeren Zeitabständen wurden die Gefangenen von russischen Referenten politisch geschult. Doch auch das erwies sich nicht als besonders erfolgreich. Am Ende kam ab und zu ein Referent – mitunter sogar ein General – aus Moskau und trug uns die Weltlage vor. Im Mittelpunkt dieser Schulungen stand ein beachtenswerter Vortrag eines

Generals über die Revolution in China. Ich mußte jeweils aus dem Russischen ins Deutsche übersetzen. Man bekam allmählich den Eindruck, daß die Russen ihre Vorstellungen von einer politischen Umerziehung aufgaben, da sie die in den ersten Jahren der Gefangenschaft gemachten Fehler nicht mehr zu reparieren wußten. Im Grundsatz gaben sie ihre Bemühungen 1948 wieder auf. Es war für die Antifa-Leute einfach unmöglich, unter den Kriegsgefangenen Vertrauen zu gewinnen. So blieben sie chancenlos, und die Russen – zumindest im Lager Tilsit – resignierten. Es mag auch daran gelegen haben, daß der Kommandant und ein großer Teil seiner Offiziere allmählich gegenüber den Deutschen weniger Haß und mehr Achtung empfanden. Deutsche Genauigkeit, Disziplin und Ordnung, auch in der Kriegsgefangenschaft, das imponierte den Russen. Ganz gewiß hatte Major Pawlitschenko seinen persönlichen Anteil daran. Er blieb menschlich gegenüber den Gefangenen.

Doch die glücklosen Antifa-Leute fanden nur kurze Zeit darauf ein gut vorbereitetes Betätigungsfeld in der Sowjetischen Besatzungszone. Und bald trugen einige von ihnen, die im Lager gegen deutschen Imperialismus und Militarismus gewettert hatten, die Uniform der Kasernierten Volkspolizei.

Kindstaufe im Lande der Sowjets

Als Väterchen Zar noch im Kreml residierte, gab es kaum ein Land auf der Welt, in dem es so gut verstanden wurde, Feste zu feiern, wie in Rußland. Roshdjestwo, Passcha und Troitza, heute längst vergessene Feiertage, entsprachen unseren kirchlichen Feiertagen und zogen sich einst an Wolga, Dnjepr und Newa über mehrere Wochen hin. Man aß gut und trank viel, sang die alten, melancholischen russischen Lieder, tanzte und vergaß die Sorgen des Alltags. Doch seit der „rote Zar“ die Tore des Kremls gewaltsam geöffnet hatte, durfte der russische Mensch offiziell nur noch zweimal im Jahr seinen Kummer vergessen. Am 1. Mai und am Tag der großen Oktoberrevolution wurde er durch die Straßen geführt. Man drückte ihm Fähnchen und Zettel in die Hand, er sang die befohlenen Lieder der Revolution und lächelte zufrieden, denn diesmal erhielt er pünktlich seine Löhnung, und eine Flasche Wodka wartete auf ihn daheim.

Wer Geld hatte, konnte natürlich auch zwischendurch einmal feiern. Major Below hatte Geld. Er war Politoffizier und verdiente gemeinsam mit seiner Gattin, die als Ärztin arbeitete, 2.000 Rubel im Monat, das war sehr viel. Vor wenigen Tagen hatte sie dem Major einen gesunden Sohn geschenkt. Der glückliche Vater wollte dieses Ereignis würdig begehen, es war ja schließlich kein Krieg mehr, und er lud Gäste zur Namensgebung ein. Zwei Tage dauerten die Vorbereitungen für das Fest.

Major Below war ein guter Organisator, er tätigte alle Einkäufe in der Stadt allein, beaufsichtigte die Arbeiten in der Küche, das Schmücken der Zimmer, er organisierte aus dem Kriegsgefangenenlager eine deutsche Tanzkapelle, deckte selbst den Tisch, und als um 20 Uhr die ersten Gäste eintrafen, war man gerade fertig geworden.

Sprichwörtlich ist die russische Gastfreundschaft, sie hat sich bis in unsere Tage erhalten und den Krieg überstanden. Der Genosse Major empfing mit seiner Gattin die Gäste. Die Damen trugen ihre besten Kleider, nicht immer war es ein richtiges Abendkleid, und die Genossen Offiziere erschienen meist im dunklen Anzug, alle in Zivil. Für jeden Ankommenden fand die liebenswürdige Frau Belowa ein herzliches Wort der Begrüßung. Man kannte einander ja schon lange. Unter den Gästen befanden sich der Erste Parteisekretär der Stadt, Alexander Abramow, der Personalchef des Papier- und Zellulosekombinats, Nikolai Meschaninow, ein Held der Sowjetunion, mit seiner fünften Gattin, und viele Offiziere aus der Kommandantura des Kriegsgefangenenlagers.

Lebhaft plaudernd, begab man sich in den Salon und rauchte die russischen Zigaretten mit Pappmundstück. Die Damen, die übrigens selten einen Schmuck trugen, bewunderten gegenseitig ihre Kleidung – oh, das muß aus Berlin sein! –, während die Herren von Geschäften sprachen oder über Politik. Dann wurde die Tür zu einem Nebenzimmer geöffnet, und Frau Belowa stellte stolz den Gästen ihren kleinen Sohn in einem weißen, mit bunter Stickerei bedeckten Steckkissen vor. Nachdem man ihn von allen Seiten gebührend bewundert hatte, hielt der Major eine kurze Rede. Wie alle Redner bei solchen Anlässen betonte auch er, daß er kein guter Redner sei und sich daher kurz fassen wolle. Er begrüßte alle Anwesenden, dankte dem Genossen Stalin, der allen sowjetischen Kindern eine glückliche Zukunft sichere, der das sowjetische Vaterland gegen alle Angriffe der anglo-amerikanischen Kapitalisten und Imperialisten verteidigen werde. Er brachte die Hoffnung zum Ausdruck, daß dieser neue Bürger einmal ein guter sowjetischer Soldat sein möge, und erhob das erste Glas auf das Wohl seines Sohnes mit den Worten: „Möge Boris Michailowitsch ein aufrechter Sowjetmensch werden. Auf seine Gesundheit!“ „Gesundheit!“ antwortete der Chor der Gäste.

Dann setzte man sich zu Tisch. Alles sprach recht laut durcheinander, man lachte viel, staunte über die Reichhaltigkeit der Speisen, bevorzugt die russischen Piroggen – ein Gebäck, mit Kraut, Ei oder Fleisch gefüllt –, und aß allgemein sehr geräuschvoll. Natürlich wurde beim Gespräch immer wieder auf den Boden gespuckt, das war eben so in der Sowjetunion. Beim Essen scheute man sich nicht, recht häufig von der Hand Gebrauch zu machen, auch wenn es durchaus nicht am Platz war. Der Zuschauer hatte den Eindruck, als beobachte er eine Gesellschaft von ausgelassenen Kindern, die sich auf langentbehrte Köstlichkeiten stürzt.

Nach dem Essen wurde Portwein eingeschenkt. Aus einem Nebenzimmer erklangen gedämpft die Weisen eines Walzers. Schnell trank man noch ein Gläschen Wodka, erhob sich spontan und stürmte der Musik entgegen. Der verlassene Speiseraum erinnerte unwillkürlich an ein kleines Schlachtfeld. Speisereste lagen auf dem Tisch herum, teilweise auch darunter, Bestecke wild durcheinander, ein Glas zerbrochen und zwei Stühle am Boden.

Und nun wurde getanzt! Getanzt, getrunken, gesungen und geraucht. Etwa dreißig Gäste waren erschienen. Dreißig Flaschen Wodka und zwei Faß Bier wollten ausgetrunken sein. 900 Zigaretten warteten auf die Raucher.

Immer ausgelassener wurde der Tanz. Mit wilder Leidenschaft wirbelten die Paare durch den Raum. Das waren nicht mehr dieselben Menschen, die wir am Tag in den Straßen von Tilsit trafen. Sie hatten alle Sorgen und Nöte ihres Alltags vergessen, sagten alle „du" zueinander, sie lachten und weinten auch. Immer wieder rief, nein schrie jemand der Kapelle zu: „Walz, nemjetzki Walz!" Einen deutschen Walzer! Und die Kapelle spielte immer wieder den Walzer „An der schönen blauen Donau". Und immer noch einen Walzer! „Dawai!" Los, los! Ach, wie liebten sie doch alle die deutsche Kultur und deutsche Musik! Fünfmal mußte die kleine deutsche Kapelle an diesem Abend „Geschichten aus dem Wienerwald" wiederholen, ebensooft die „Rosamunde".

Plötzlich stand vor dem Kapellmeister ein junger Russe. Er war Hauptmann, Kapitan einer MWD-Einheit, und forderte einen Kosakentanz. Als der Deutsche bedauernd erklärte, daß er keine entsprechenden Noten hätte, drohte der Russe, die ganze Kapelle zusammenzuschießen. Der Hausherr warf sich dazwischen, die anderen Gäste bedeckten den Hauptmann mit den kräftigsten russischen Flüchen.

Man reichte der Kapelle Zigaretten und Wodka zur Versöhnung. Schließlich wurde der verlangte Tanz improvisiert, und alle waren glücklich. Der Russe vergaß den Ort, die Menschen um sich herum, er flog über die Tanzfläche, ein Bild entfesselter Naturkraft. Vielleicht sah er sich auf dem Rasen seines Dorfplatzes irgendwo bei Minsk oder dort, wo der nahe Don in der Abenddämmerung sein uraltes Lied singt, oder träumte er von der Steppe mit ihrer grenzenlosen Weite?

Ein alter Hauptmann, Verpflegungsoffizier im Kriegsgefangenenlager, redete ununterbrochen auf einen deutschen Musiker ein. Er versuchte ihn zu überzeugen, daß er ein einfacher Mensch sei, ein ehrlicher Mensch. „Kamerad", sagte er mit schwerer Zunge und bot allen Zigaretten an, „ich bin ein einfacher Mann, jawohl, ich habe nur zwei Klassen besucht, aber ich betrüge euch nicht. Ihr bekommt alles, was euch nach der Norm zusteht. Alles. Wirklich. Ja, der Tatakowski, das war ein Schwein; so ein richtiges Schwein. Er hat euch betrogen, ich weiß es, aber ich bin ehrlich."

Der Parteisekretär nannte alle Deutschen „Genossen, jawohl, Genossen" und benutzte diese gute Gelegenheit, den neuen Genossen einen Schulungsvortrag über die marxistisch-leninistische Lehre nach dem

Buch „Der kurze Kurs über die Kommunistische Partei der Bolschewiken“ zu halten.

Er stand nicht mehr ganz sicher auf seinen sozialistischen Beinen, und noch unsicherer bewegte er sich in der Materie. Doch die Deutschen schienen zu verstehen und ihm auch zu glauben. Sie nickten mit dem Kopf, sagten eifrig „da, da“, ja, ja, und mit gönnerhaft zufriedenem Lächeln goß sich Genosse Abramow einen neuen Wodka ein. „Sto gramm“, 100 Gramm. Das ist ein gutes Glas – und auch die Norm in der Sowjetunion.

Der politische Umschwung

Im Frühjahr 1948 – der Winter hatte sich mit Stürmen verabschiedet, und die wärmeren Temperaturen ließen die Eisschollen auf den Wassern der Memel kleiner werden und schmelzen – kam auch in den Beziehungen zwischen Russen und Deutschen eine Art Tauwetter auf. Die deutsche Frage sei gelöst, sagten die Russen. Die Antifa wurde im Lager bedeutungslos. Sie erfüllte lediglich begrenzt ihren Auftrag, die Mitgefangenen zu bespitzeln.

Unsere Informationen über die Ereignisse in der Welt waren natürlich sehr dürftig. Ich war ja in der privilegierten Lage, daß ich von Herrn Radschenko weiterhin russische Zeitungen erhielt und mich so über das Weltgeschehen informieren konnte. Sonst gab es allein Informationen, kommunistisch gefärbt, am Anschlagbrett, die „Wandzeitung“ der Antifa. Nur wenige Gefangene lasen sie.

In der Sowjetunion schien sich ein Wandel der Außenpolitik abzuzeichnen, das war mein Eindruck. Mit einem Mal schlug die Grundstimmung um, und aus den verbündeten Amerikanern wurden Imperialisten und Kapitalisten. Das ließ uns alle aufhorchen. Die Deutschen schienen ja gar nicht mehr der Feind Nr. 1 zu sein. Es gab einige Vorträge von russischen Referenten, die diese These durchaus stützten. Dann kam eine Theatergruppe aus Moskau in das Lager, die uns ein neues Schauspiel aufführte. Es hieß „Die Deutsche Frage.“ Nach Ende des Stückes war uns natürlich klar, daß die deutsche Frage gelöst war. Es gebe keine offene deutsche Frage mehr, wurde ganz deutlich gesagt. Zwei deutsche Staaten seien im Ergebnis des Zweiten Weltkrieges entstanden. Im übrigen seien amerikanische Offiziere, mit denen die Russen an der Elbe wie in Berlin zusammengekommen waren, alle korrupt, machten mit Deutschen und Russen Geschäfte und nutzten sie aus. Kapitalisten waren sie eben. Alle. Die Amerikaner waren so etwas wie eine Nachkriegsseuche. Ja, nicht nur in diesem Theaterstück wurde es klar: Für die Sowjetunion war die deutsche Frage nicht mehr offen. Sie war gelöst. Und damit konnte man nun auch in nähere Überlegungen eintreten, ob und wann die deutschen Gefangenen repatriiert werden konnten. Gewiß, die Kriegsverbrecher, zu 25 Jahren Zwangsarbeit verurteilt, müßten ihre gerechte Strafe in der Sowjetunion abarbeiten. Das sei nur gerecht.

Das Lager erhält einen neuen Politoffizier

Ein neuer Politoffizier kam in das Lager, er hieß Baron. Baron machte von Anfang an kein Hehl daraus, daß er Jude war. Er sprach fließend Deutsch und schien durchaus für manche Probleme der Gefangenen aufgeschlossen zu sein. Einmal rief er mich in sein Büro innerhalb des Lagers. Er bot mir Tee mit Bonbons an. Nun, ich kannte das schon, die Russen steckten sich ein oder zwei Bonbons in den Mund und spülten den Tee darüber. Wir unterhielten uns über das Wetter, über Politik und über Gott und die Welt. Natürlich war ich ihm gegenüber immer auf der Hut, aber irgendwie gelang es ihm doch, so etwas wie Vertrauen aufzubauen. Er respektierte mich, das merkte ich bald, und unternahm keinerlei Versuche, mich auszunehmen und zu Aussagen zu bewegen, die ich nicht machen durfte. Zu anderen Gefangenen war er sicher anders, das konnte ich mir gut vorstellen. Baron hatte den Dienstgrad eines Sergeanten, aber das stimmte auf keinen Fall. Er war mit Sicherheit Offizier, gut ausgebildet für spezielle Aufgaben.

Ganz nebenbei sagte er bei der Tasse Tee: „Ich habe erst jetzt erfahren, daß Sie Gebietsführer der HJ (Hitlerjugend) in Ostpreußen waren." Ich war es nie gewesen und fühlte mich ihm gegenüber sicher. Der Russe kannte die Führungsstruktur der Hitlerjugend in Ostpreußen. Ich versuchte, ihn zu überzeugen, daß diese Information, wenn er sie denn erhalten hatte, falsch war. Baron genoß die Situation. Er erhob sich, ging an seinen Schrank und holte einen Aktenordner heraus. Er setzte sich wieder, öffnete die Akte und entnahm ihr ein DIN-A4-Blatt Papier. Es war der Bericht eines Mitgefangenen, eines gewissen P. aus Köln, der mich als Gebietsführer von Ostpreußen erkannt haben wollte und nun zu denunzieren suchte. Ich hätte, so sein Bericht, noch 1944 zu allen Hitlerjungen von Ostpreußen gesprochen und gegen die Sowjetunion gehetzt. Die Hitlerjungen seien von den Gutsbesitzern mit Autos nach Angerburg transportiert worden, wo ich diese Hetzreden gegen die Sowjetunion gehalten hätte.

Ich versuchte zu meiner Verteidigung anzuführen, daß ich zu der Zeit schon lange Soldat und an der Ostfront eingesetzt war. Herr Baron aber lachte, nahm das Papier aus meiner Hand, zerriß es und sagte ganz trokken: „Ich wollte Ihnen nur zeigen, welche Schweine unter euch Deutschen hier im Lager sind.“

Offizierskaffee um Mitternacht

Wir waren im Lager Tilsit unter 1.500 Gefangenen 72 deutsche Offiziere. Versuche der sowjetischen Kommandantur, uns zu infiltrieren, waren ausnahmslos fehlgeschlagen. Nach dem gescheiterten Versuch mit Oberleutnant Feldmann gaben es die Sowjets wahrscheinlich auf, aus unserem geschlossenen Kreis einen Spitzel zu gewinnen. Jedenfalls erkannten wir keinerlei weitere Versuche.

Es bildete sich unter den Offizieren eine Gesprächsrunde heraus, ein kleiner Kreis, zu dem vor allem jene gehörten, die im Lager eine Funktion zu erfüllen hatten, wie Werner Schürmann als Lagerführer, Rosocha, Jupp Schmidt und einige, die man als harten Kern der Gefangenen bezeichnen konnte. Wir waren Männer in einem verdeckten Widerstand, die das Risiko ihrer Treffen durchaus kannten. Wenn im Lager die Lichter ausgingen und die anderen schliefen, trafen wir uns oben im Küchengebäude in einem besonderen Raum. Zweck dieser Treffen war der gegenseitige Gedanken- und Erfahrungsaustausch. Jeder berichtete, was er am Tag erlebt hatte. Es wurde kein Aufstand geplant oder vorbereitet, die Treffen dienten der Pflege der Kameradschaft. Hier wurde überlegt, wie wir uns nach der Entlassung aus der Kriegsgefangenschaft verhalten, eventuell organisieren könnten.

Einigkeit bestand in der totalen Ablehnung der Antifaschisten, die ja selbst von den Russen nicht besonders geachtet wurden. Für die Gruppe Seydlitz und andere Überläufer hatten wir keinerlei Verständnis. Auch als Stalingrad gefallen war, sahen wir darin keinen Grund, den Krieg durch einen Aufstand der Offiziere zu beenden. Gleichwohl hatte Stalingrad zu durchaus unterschiedlicher Bewertung geführt. Die Kapitulation der 6. Armee war ja unvermeidlich. Und es war wohl auch richtig, daß die Armee aushielt gegen den russischen Ansturm an der Wolga. Aber wir sahen einen Zeitpunkt, zu dem das Ausharren in der Stadt sinnlos geworden war. Stalingrad wurde zum Menetekel für uns Offiziere. Opfer waren im Krieg nicht zu verhindern. Aber eine Armee von 300.000 Soldaten einfach „abzuschreiben“, das konnten wir nicht akzeptieren. Spätestens in dem Augenblick, als Feldmarschall von Manstein erkannte, daß seine Entlastungsoffensive keinen Erfolg haben konnte, hätte die Heeresgruppe Süd der 6. Armee den Befehl geben müssen, aus der sowjetischen Umklammerung auszubrechen. Ab diesem Punkt der Erkenntnis des Scheiterns eines solchen Rettungsversuchs war Hitlers Befehl zum Ausharren an der Wolga und zum Kampf bis zum letzten Mann militärisch nicht vernünftig.

Vor den Ereignissen von Stalingrad waren von der obersten Führung schon etliche Fehler gemacht worden, wie zum Beispiel beim Anhalten der vorrückenden deutschen Verbände auf Dünkirchen, wodurch das britische Expeditionskorps entkommen konnte. Und auch danach waren die Auffassungen der Kommandeure an der Front nicht immer mit der obersten Führung in Übereinstimmung. Längst war Adolf Hitler – ganz offen ausgesprochen – für uns nur der „GRÖFAZ", der größte Feldherr aller Zeiten. Mehr Hohn konnte man über den obersten Kriegsherrn kaum ausschütten. Im Offizierskorps gab es mehr inneren Widerstand, als nach außen sichtbar wurde. Stalingrad war ein Wendepunkt der inneren Bereitschaft im Offizierskorps, Hitler aus Überzeugung zu folgen. Mit Stalingrad war noch nicht sicher, daß dieser Krieg von Deutschland nicht zu gewinnen war. Aber es war die deutliche Wendemarke im Vertrauen zu Hitler. „Führer befiehl, die Folgen tragen wir!" – das war Ausdruck der Stimmung im Offizierskorps der Deutschen Wehrmacht. Für Hitler hatten wir, erst recht nach der Kapitulation, nur Hohn und Spott.

Wir machten uns bei unseren mitternächtlichen Begegnungen Gedanken, wie die Zukunft unseres Vaterlandes aussehen könnte. Es waren zum Teil völlig unrealistische Vorstellungen. Wir kannten den Morgenthau-Plan, wußten um die geplante Aufteilung Deutschlands in vier Zonen und erwarteten von den Siegermächten absolut nichts Gutes. So dachten wir, daß auf absehbare Zeit eine normale Produktion nicht zu organisieren sei. Wir bauten uns aus Brettern, die wir normiert hatten – neben der Arbeit im Kombinat –, Sessel aus Holz und möblierten mit diesen unseren Besprechungsraum. Solche Möbelstücke, die im Prinzip der Ware eines großen schwedischen Möbelerzeugers vorgedacht waren, wollten wir später in Massenauflage produzieren. Und das Wichtigste nach der Entlassung in die Freiheit war ein notdürftiger Wohnungsbau mit Ausbau von Kellern und Erdbunkern.

Bei unseren mitternächtlichen Treffen tranken wir regelmäßig Bohnenkaffee, den unser Kamerad Rosocha auf wundersame Weise zu organisieren wußte. Wir waren uns bald sicher, daß wir überleben und eine Verantwortung vor unserem Volk behalten würden. Allerdings, an die Volksgemeinschaft, die nun geschaffen sei, wie unser Oberbefehlshaber festgestellt hatte, glaubten wir nicht. Wir sahen unser Deutschland in einer neuen Zerrissenheit und im politische Kampf alle gegen alle.

„Wir leben"

Mehr als zwei Jahre hatten wir keinen Kontakt mit unseren Familien. In der Ungewißheit ihres Schicksals war die Gefangenschaft besonders schwer zu ertragen. Dann erreichte mich über das Rote Kreuz und den

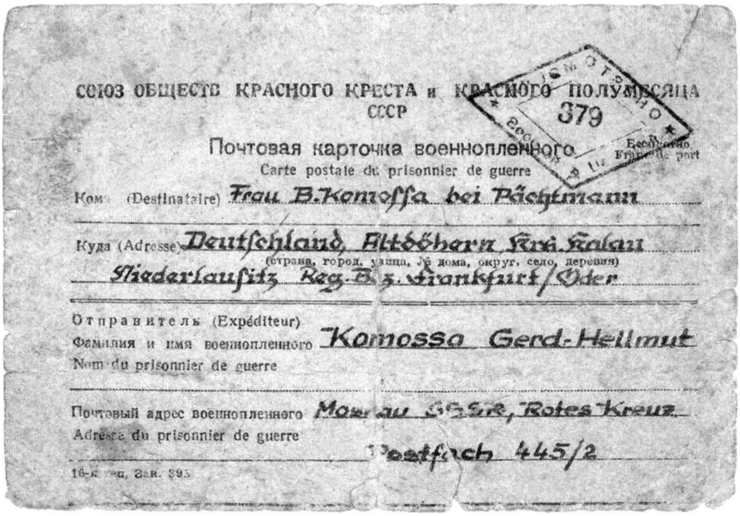

СОЮЗ ОБЩЕСТВ КРАСНОГО КРЕСТА и КРАСНОГО ПОЛУМЕСЯЦА
СССР

379

Бесплатно
Franc de port

Почтовая карточка военнопленного
Carte postale du prisonnier de guerre

Кому (Destinataire) Frau B. Komossa bei Pächtmann

Куда (Adresse) Deutschland, Altdöbern Krs. Kalau
(страна, город, улица, № дома, округ, село, деревня)
Niederlausitz Reg. Bz. Frankfurt/Oder

Отправитель (Expéditeur)
Фамилия и имя военнопленного Komossa Gerd-Hellmut
Nom du prisonnier de guerre

Почтовый адрес военнопленного Moskau SSSR, Rotes Kreuz
Adresse du prisonnier de guerre Postfach 445/2

16-к. тип, Зак. 395

Der erste Brief aus der Kriegsgefangenschaft an die Mutter

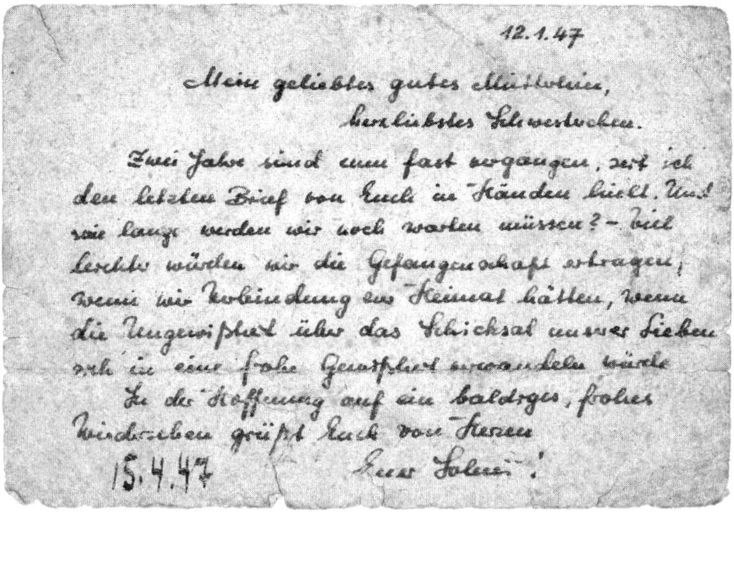

12.1.47

Mein geliebtes gutes Mütterlein,
herzliebstes Schwesterchen.

Zwei Jahre sind nun fast vergangen, seit ich den letzten Brief von Euch in Händen hielt. Und wie lange werden wir noch warten müssen? – Viel leichter würden wir die Gefangenschaft ertragen, wenn wir Verbindung zur Heimat hätten, wenn die Ungewißheit über das Schicksal unserer Lieben sich in eine frohe Gewißheit verwandeln würde.

In der Hoffnung auf ein baldiges, frohes Wiedersehen grüßt Euch von Herzen

15.4.47

Euer Sohn!

Roten Halbmond eine Nachricht, aus der ich entnehmen konnte, daß meine Mutter mit der Schwester und deren kleiner Tochter Roswitha aus Ostpreußen fliehen konnte und in der Niederlausitz eine vorläufige Bleibe gefunden hatte. Am 12. Januar 1947 wurden vorgedruckte Postkarten an die Gefangenen verteilt, auf denen nur die Anschrift des Angehörigen eingetragen werden mußte. Als Absender war neben Namen und Vornamen die Adresse einzutragen: Moskau, SSSR, Rotes Kreuz, Postfach 445/2 – die Nummer war zugleich jene des Kriegsgefangenenlagers. In neun Zeilen schrieb ich meiner Mutter: „... Zwei Jahre sind nun fast vergangen, seit ich den letzten Brief von Euch in Händen hielt. Und wie lange werden wir noch warten müssen? – Viel leichter würden wir die Gefangenschaft ertragen, wenn wir Verbindung zur Heimat hätten, wenn die Ungewißheit über das Schicksal unserer Lieben sich in eine frohe Gewißheit verwandeln würde ..."

Die Karte erreichte meine Mutter, wie sie darauf vermerkte, am 15. April 1947. Zu diesem Zeitpunkt war sie schon lange, auf der Flucht vor der Sowjetarmee, in Garmisch-Partenkirchen angekommen, wo ihr mit Tochter und Enkelkind beim Metzgermeister Minholz über seinem Laden ein Zimmer zugewiesen wurde. Damals, zwei Jahre nach dem Krieg und unter recht angenehmer Besatzung durch die US Army, die dort ihre Erholungszentren für die GIs unterhielt, waren die Flüchtlinge in Oberbayern nicht sehr erwünscht. Denn dort gab es bereits einen wirtschaftlichen Aufschwung, noch sehr begrenzt zwar, aber eine positive Entwicklung schien sich schon abzuzeichnen. Der Dollar stand in hoher Blüte. Und die alten Bürger von Garmisch-Partenkirchen träumten von einem Aufstieg des Ortes durch den Fremdenverkehr. Dafür wurde jedes Bett gebraucht. Die Flüchtlinge aus Ostpreußen waren nun im Weg, vor allem weil sie Wohnraum belegten. Sie erlebten, daß man in Oberbayern, im Werdenfelser Land, für ihr Schicksal zwar Verständnis aufbrachte, aber den von ihnen genutzten Wohnraum für Feriengäste benötigte. Der Krieg war ja nun vorbei, und so wurden die Vertriebenen durchaus zu einem Problem. Und außerdem: mir klagte die Frau Metzgermeister später einmal ihr Leid. Sie werde, so sagte sie, in Garmisch-Partenkirchen immer noch als Fremde angesehen, denn sie sei ja hier nicht geboren, sondern habe eingeheiratet und sei aus Rosenheim gekommen. Die Bayern waren damals schon von besonderer Art, aber im Laufe der Zeit verwischten sich die Grenzen zu den Vertriebenen.

Übrigens: Meine ersten journalistischen Gehversuche nach meiner Heimkehr wurden sofort vom Garmisch-Partenkirchner „Hochlandboten" gefördert, und es wurde mir sogar ein Artikel über die Oberammergauer Festspiele abgenommen und gedruckt. Wenn damals der ehemalige Herausgeber der „Augsburger Zeitung" nicht zu früh, 1950, gestorben wäre, der diese im Dritten Reich verbotene Zeitung wieder erscheinen lassen wollte, dann wäre ich mit an Sicherheit grenzender Wahrscheinlichkeit im wunderbaren Süden unseres Landes geblieben. Immerhin sollte mir später einmal Franz Josef Strauß als Ministerpräsident im Freistaat Bayern die „bayerische Staatsangehörigkeit“ zuerkennen. Doch ich bin damit in meiner Schilderung schon zu weit fortgeschritten. 1947 war ich immer noch im Kriegsgefangenenlager 445/2. Und der Tag der Heimkehr lag in einer ungewissen Ferne.

Der Gefangene dachte immer an seine Angehörigen in der Heimat. Diese Ungewißheit zu ertragen, war eine große seelische Last. Zu oft hatten wir selbst erfahren müssen, wie die Soldaten der Sowjetarmee nach Besetzung der Städte und Dörfer mit den verbliebenen Deutschen umgegangen waren. Die Bilder von den durch sowjetische Panzer überrollten Flüchtlingskolonnen gehen uns ja noch heute, fast 60 Jahre danach, nicht aus dem Sinn. Was der damals 19jährige Soldat seelisch verkraften mußte, war ungeheuerlich. Die Bilder der Erinnerung verblassen mit den Jahren, die Konturen werden unschärfer, aber sie sind bis an das Ende unserer Tage aus dem Gedächtnis nicht auszulöschen. Der Zeuge der Geschichte muß diese Last tragen. Und die ständigen Mahnungen, endlich zu vergessen und nicht aufzurechnen, werden die Bilder vom großen Leiden der Frauen und Kinder, deren Leben auf grausame Weise beendet wurde, doch nicht vergessen machen. Der christliche Glaube allein kann durch Vergebung helfen.

Tatjana

Eines Tages kam die Kommandantin der Fabritschnaja Uliza (Fabrikstraße), sie hieß Olga Michailowna, in das Lager, um für die Ausbesserung von Wohnungen einige Arbeitskräfte zu bekommen, die auch gut verpflegt würden, wie sie betonte. Als Kommandantin der Straße war sie verantwortlich für alles, was sich dort zutrug: für die Unterbringung der ihr zugewiesenen Familien aus Rußland und auch für deren politische Schulung, für Instandsetzung der Häuser und Reinigung der Straße – eine Frau für alles eben, eine Generalin, könnte man sagen. Dazu war sie noch Parteisekretärin. Als sie zu mir kam, um die organisatorischen Probleme des Wohnungsbaus in der Fabrikstraße zu besprechen, stand ich vor einer alten Frau, sehr klein, wohl sehr alt, mit einem zerfurchten Gesicht und einer großen Nase. Olga Michailowna wirkte auf mich wie ein Hutzelweibchen aus einem Märchen, vielleicht die Figur der Hexe von Hänsel und Gretel. Aber nicht bösartig! Alles, was ich über sie dachte bei der ersten Begegnung mit ihr, möge sie mir verzeihen. Sie war eine mütterliche, patente Frau, die bald alles tat, was in ihrer Macht stand, um den deutschen Kriegsgefangenen das Leben zu erleichtern.

Jeden Morgen stand sie pünktlich um 8.00 Uhr vor dem Lagertor und nahm ihre Gefangenen in Empfang. Abends gegen 16.00 Uhr lieferte sie

sie wieder beim Wachoffizier ab. Ich begleitete wiederholt die Wohnungsbaukommandos und sah, wie sich Olga Michailowna nach Kräften darum bemühte, den Männern etwas Verpflegung zukommen zu lassen. Sie half uns beim Überleben. Mir sagte sie einmal ganz offen, daß sie eine Jüdin sei, jawohl. Als ich sie fragte, warum sie so viel für uns Gefangene tat, erwiderte sie, sie würde es tun, damit wir, wenn wir einmal zu Hause wären, daran denken, daß es in der Sowjetunion Menschen gab, die uns Deutschen in der schlimmsten Not geholfen haben. Und dann sagte sie wie nebenbei: „Daran sollt ihr auch denken, wenn ihr einmal wiederkommt." Und ich war nicht ganz sicher, was sie damit meinte. Wie anderen Gefangenen, steckte sie auch mir immer etwas zum Essen zu, verabredete schon einmal eine bestimmte Stelle am Zaun zu einer bestimmten Uhrzeit und warf mir dann pünktlich ein Päckchen zu.

Olga nahm mich einmal mit in ihre Wohnung. Dort lernte ich ihren Mann kennen. Wahrscheinlich war er im Krieg Soldat gewesen und war als nicht mehr benötigt entlassen worden. Er saß jetzt in der Wohnküche in der Fabritschnaja Uliza und trank. Igor war ein Säufer, das war ganz klar. Er hatte keine Arbeit und trank eben. Olga richtete ein Abendessen. Wie selbstverständlich stellte sie eine neue Flasche Wodka auf den Tisch und bot mir ein Gläschen an. Viele Stunden saßen wir so zusammen und tranken Wodka und sprachen miteinander. Daß dies nicht gut ausgehen konnte, war mir schon klar. Aber was hätte ich tun können? Ich hatte schon einmal gesagt, daß es nun Zeit sei, wieder in das Lager zu gehen. „Ach!" sagte Olga nur und goß ein weiteres Gläschen ein.

Irgendwann muß ich auf dem Küchensofa eingeschlafen sein. Als es heller Tag war, meinte Olga, daß wir nun wohl in das Lager gehen müßten. Ich hatte die schlimmsten Befürchtungen. Wir gingen zum Lager. Olga Michailowna deutete mir dort, etwas zu warten, sprach kurz mit dem Wachoffizier, winkte mich heran und sagte: „Na los, bis später!" Damit war diese unglaubliche Geschichte erledigt, und ich konnte noch ein kleines Stündchen meinen Rausch ausschlafen. Damals lernte ich aber, daß es eine glatte Lüge ist, wenn behauptet wird, daß Wodka äußerst bekömmlich sei. Allerdings kommt es wohl wirklich ganz besonders auf die Menge an. Und ein Liter ist da schon ein Liter, eben. Mein Gott, hatte ich Kopfschmerzen.

Bei einem Arbeitseinsatz tat Olga Michailowna etwas geheimnisvoll und sagte: „Heute zeige ich dir etwas Schönes." Sie ging mit mir in ein altes Patrizierhaus, damit ich mir dort ansehen könne, welche Reparaturarbeiten notwendig wären. Olga schellte im ersten Stock. Die Tür öffnete sich, und im Türrahmen stand eine junge, sehr schöne Frau. Sie hatte den Kaffeetisch gedeckt, auf dem runden Tisch aus Mahagoni lag eine gestickte Decke, und darauf stand schönes Porzellan aus England. Nachdem ich mir die Schäden in der Wohnung angesehen und notiert hatte, bot die Russin mir noch eine Tasse Kaffee an – mit etwas Sahne vielleicht? – und dazu amerikanische Zigaretten. Es wurde ein sehr angenehmer Nachmittag.

Schon am nächsten Tag kam ich mit einem Kommando von drei Gefangenen, die sofort mit den Arbeiten anfingen, wieder. Nach einer Stunde gab es wie am Vortag auch wieder Kaffee, allerdings wurde für die Arbeiter der Tisch in der Küche gedeckt, während ich in das Wohnzimmer gebeten wurde. Die Dame des Hauses war, wie schon gesagt, eine schöne Frau, eigentlich eher noch ein Mädchen, und sie war gebildet. Sie hatte das Abitur und auch schon ein Semester in Moskau studiert, war, wie ich bald erfuhr, 21 Jahre alt und hieß Tatjana.

Die treue Olga Michailowna sorgte dafür, daß die arbeitenden Kriegsgefangenen in der Wohnung längere Zeit beschäftigt waren, es gab immer wieder etwas Neues zu tun, und ich muß gestehen, daß mir die Begegnungen mit Tatjana zunehmend angenehmer wurden. Wir hatten immer ein Gesprächsthema. Einmal schenkte sie mir ein Büchlein mit russischen Gedichten. Auf eines davon machte sie mich besonders aufmerksam. Ich glaube, es war von Lermontow, bin mir aber nicht ganz sicher.

Öffne mir den Kerker!
Gib mir das Licht des Tages wieder,
ein schwarzäugiges Mägdelein und
ein schwarzmähniges Roß!

Dich, du junge Schönheit,
küsse ich zuerst,
auf das Pferd dann schwinge ich mich,
in die Steppe – wie ein Sturm – fliege ich hinweg.

Wir haben in der Folgezeit manche Stunden gemeinsam verbracht und auch viel gelacht. Tatjana hatte hellblondes, langes Haar, das weit über ihre Schultern fiel. Ihre hellgrünen Augen blickten meist lustig in die Welt, konnten aber zuweilen auch ganz schön traurig sein. Ich hätte ihr so gerne etwas geschenkt, doch als Gefangener hatte ich ja nichts, was ich hätte verschenken können. Sie hingegen konnte mir oft allein mit einer Schachtel „Camel“ oder „Lucky Strike“ eine Freude machen.

An einem Nachmittag sagte Olga Michailowna, die wieder dabei war: „Ich werde die Gefangenen in das Lager bringen. Gerd, du kannst noch etwas hierbleiben. Dem Wachoffizier sage ich, daß du noch zu tun hast und später kommst.“

Es wurde ein sehr schöner Nachmittag. Tatjana schien mir anfangs etwas verlegen, nachdem Olga gegangen war. Sie fragte: „Möchten Sie rauchen?“ „Ja, gerne“, sagte ich. Sie nahm ein Päckchen „Camel“ aus einer Kristallschale auf der Anrichte, öffnete es und nahm eine Zigarette heraus, die sie sich in den Mund steckte. Tatjana lachte, dann sagte sie: „Hol sie dir, dawai, los! Komm!“ und wich ein, zwei Schritte zurück, lehnte sich an den warmen Kachelofen an.

Tatjana und ihr Kriegsgefangener, das könnte der Stoff für einen Roman sein. Hier steht eine junge und schöne Frau, vor ihr ein Gefangener. Ihr Gefangener? Nein, dachte ich, das darf nicht sein. „Reif werden und rein bleiben" – fielen mir die Worte der Frau unseres Lateinlehrers in Hohenstein ein. Und ich sah doch plötzlich keinen Zusammenhang zwischen meiner Situation und diesen Worten. Es kann doch kein Unrecht sein, wenn ich die schöne Russin in meinen Arm nehme!

„Dorogoi moi", sagte Tatjana, „lubimoij wrag", was „mein lieber Feind" heißt. Ich hielt sie in den Armen, und wir waren wie zwei glückliche Kinder. „Ich liebe dich", sagte sie. „Da, da, ja, ich liebe dich, wie ich nie jemanden geliebt habe." Olga Michailowna schien uns vergessen zu haben. Vielleicht hatte sie uns eine Zeitlang vergessen wollen? Vielleicht, weil sie zwei Menschen Stunden des Glücks schenken wollte?

Wir sahen einander bald täglich. Tatjana nahm mich, den deutschen Offizier, überallhin ungeniert mit, stellte mich ihren Bekannten vor, als sei dies die natürlichste Sache der Welt. Ich mußte sie selbst zum Zahnarzt in die Poliklinik begleiten. Sie hatte große Angst vor der Behandlung und nahm mich sogar mit in das Behandlungszimmer, wo ich ihre Hand halten mußte. Sie war so rührend in diesem scheußlichen Zahnarztstuhl, daß ich ihre Hand nicht nur hielt, sondern auch streichelte.

Als in Tilsit eine Kirmes (Kirchtag) gefeiert wurde, mit Karussell und Schießbuden und allem, was dazugehört, nahm sie mich auch dorthin mit. Sie war fröhlich wie ein kleines Mädchen, das sich über eine besonders schöne Puppe freute oder über die Fahrt auf dem Karussell, das von zwei Pferden gezogen wurde. Immer rundherum, nur von kurzen Pausen zum Auf- und Absitzen unterbrochen. Es war ein schöner Tag.

Für die Russen war die Kirmes ein besonderes Ereignis. Es gab allerlei zu essen, sogar „Gefrorenes" und natürlich viel Kwaß, jenes dünne hellgelbe Getränk, welches aus Roggen oder Weizen gebraut wurde und so ähnlich wie eine Limonade schmeckte. Kwaß gehörte zu jedem Fest dazu, bei dem man auf Wodka verzichten mußte oder wollte. Der Krieg mit seiner Knappheit an Lebensmitteln wirkte auch bei den Russen noch spürbar nach. Ihr Leben war immer sehr einfach, und sie waren zufrieden mit dem, was ihnen geboten wurde. Ein Stück Brot täglich, das war gut. Und natürlich immer eine Kohlsuppe mit möglichst vielen Fettaugen. Aus dem Krieg waren noch große Mengen amerikanischer Fleischkonserven übriggeblieben, die man auf dem Basar kaufen konnte. So gab es nahezu täglich die geliebte Kapustasuppe, Kartoffelsuppe, verbessert durch das Konservenfleisch, und einen Teller Hirsebrei. Seit Jahren kennen die Russen den Spruch: „Schtschi da Kascha, Pischtscha nascha", für den Nichtrussen ein echter Zungenbrecher ob der vielen Zischlaute. Übersetzt heißt das: „Kohlsuppe und Grützebrei, das ist unsere Nahrung."

Ich begann zu ahnen, daß mein Leben in Tilsit, so wie in den letzten Wochen verlaufen, nicht lange gutgehen konnte. Es mußte auffallen, daß diese Russin häufig mit dem gefangenen deutschen Offizier spazierenging, stundenlang mit ihm zusammen war, als wäre das die natürlichste Sache der Welt. Natürlich aber war es keineswegs, so kurz nach dem schrecklichen Krieg, der von beiden Völkern hohe Blutopfer gefordert hatte, von den Russen in der Zahl wohl mehr noch als von den Deutschen. Tatjana allerdings tat so, als wäre dieses Verhältnis völlig normal. Ich wiederum wunderte mich, daß die Russen in der Stadt uns überaus freundlich begegneten.

„Du", sagte Tatjana einmal unvermittelt, „du darfst nicht nach Deutschland zurückgehen. Bitte, bleib hier!" Ich hatte mich vor einem solchen Augenblick schon längere Zeit gefürchtet. Nein, ich wollte ihr nicht weh tun, aber mehr noch als dies wollte ich nach Hause, in die Freiheit. „Freiheit? Du kannst hier frei sein", meinte sie. „In der Sowjetunion ist es ganz einfach. Wir lassen uns registrieren" – das war der Terminus technicus für die standesamtliche Trauung – „und dann wird alles ganz einfach. Du bekommst sofort die sowjetische Staatsbürgerschaft. Mein Vater", sagte sie, „ist sehr einflußreich, ein General. Er wird alles regeln. Und wenn du wirklich nicht willst, dann komme ich mit dir, dann können wir auch zu dir nach Deutschland fliehen. Ich komme mit dir. Wir kommen schon durch."

Sie hatte bereits viele Pläne zur Flucht gemacht, diese dann aber immer wieder verworfen. Sie würde schon lieber in der Sowjetunion bleiben, dann aber in Moskau oder, noch besser, in Leningrad.

Diese Geschichte konnte kein glückliches Ende nehmen, ich ahnte es und war mir bald sicher. Was aber sollte ich nur tun? Inzwischen wußte ich, daß Tatjana verheiratet war mit einem Major der Sowjetarmee, der in Königsberg Dienst machte und wohl nur ganz selten nach Tilsit kam. Die Katastrophe zeichnete sich in meiner Phantasie ab. Ich würde zumindest vor ein Kriegsgericht gestellt werden, wie damals der Landser, der seine Schuhe mit dem Rest von einem Treibriemen repariert hatte. Ich durfte Tatjana nicht mehr sehen.

Einige Wochen vergingen. Ich mied es, in die Stadt zu gehen, vor allem in die Nähe der Straße, in der Tatjana wohnte. An einem Tag, es war ein Sonntag, war in Tilsit ein Jahrmarkt, und da fügte es sich, daß ich doch an ihrem Haus vorbeigehen mußte. Die Leute gingen zu einem Festzelt, strömten durch die Straßen. Ich schaute zum Fenster ihrer Wohnung hinauf und sah Tatjana. Neben ihr stand ein wohl 10 Jahre älterer Offizier – oder noch älter –, dessen Rangabzeichen ich von unten aber nicht erkennen konnte. Tatjana sah mich, unsere Augen begegneten sich. Sie hob die rechte Hand ein wenig an, so, als wenn sie diese nur im Gelenk nach vorne abknickte. Ich sah es ganz deutlich. Sie wirkte sehr traurig. Sollte ich hinaufwinken? Ich tat es nicht.

Die Zeit verging. Die Begegnung und die Stunden mit Tatjana wurden zu einer lieben Erinnerung. Wir Kriegsgefangenen kamen unserer Entlassung in die Heimat näher. Olga Michailowna besuchte mich eines Tages im Lager und brachte ein Stück Kuchen und „Camel"-Zigaretten mit, meine Marke, die ich aber nun nicht mehr mochte, weil sie mir zu süßlich schmeckte, wie parfümiert. Olga sagte dann ganz ruhig, wie nebenbei: „Tatjana ist vergangene Woche in der Memel ertrunken. Sie ist beim Baden in der Nähe der Brücke in eine starke Strömung geraten. Man konnte sie nicht mehr retten."

„Ich liebe dich, wie ich nie jemanden geliebt habe", schrieb vor vielen Jahren, wohl im 19. Jahrhundert, ein russischer Schriftsteller. „Kak nikawo jeschtscho nikagda." Mir war schwer ums Herz.

Die stille Liebe des Leutnants Walter

Die Luisenschule, das Hauptgebäude des Gefangenenlagers, grenzte – nur durch einen Stacheldrahtzaun getrennt – an einige mehrstöckige Wohnhäuser, die zum großen Teil unzerstört geblieben waren. Hier hatten die Russen einige Büros eingerichtet, doch was hier verwaltet wurde, wußten wir Gefangene nicht. Wenn man im Hauptgebäude der Schule ins Treppenhaus ging, konnte man in die Fenster des nächstgelegenen Hauses sehen. Das Fenster im Lager lag im toten Winkel des Wachturmes und war so durch den Posten nicht einzusehen.

Leutnant Walter war der jüngste unter den gefangenen Offizieren im Lager Tilsit, kaum 18 Jahre alt. Er war ein sehr ruhiger Mann, der mit anderen Gefangenen wenig sprach und wohl nur einen Gedanken hatte, seine Kräfte zu schonen zum Überleben. Es fiel auf, daß dieser unscheinbare Soldat an dem geschilderten Treppenaufgang oft lange Zeit verbrachte und aus dem Fenster auf die gegenüberliegenden Gebäude schaute. Der Grund war bald bekannt, aber man sprach nicht darüber.

Walter hatte in der Papierfabrik ein junges deutsches Mädchen kennengelernt, das den Anschluß an einen Flüchtlingstreck verloren hatte und nun in Tilsit allein zurückgeblieben war. Er hatte nur kurz mit ihr sprechen können. Aber seit dieser Zeit trafen sich die beiden täglich meist am späten Nachmittag an dieser Stelle und blickten einander stumm an. Sie konnten nicht miteinander sprechen, dafür war die Entfernung über den Zaun, der ihre Liebe trennte, zu groß. Sie standen einfach da und schauten einander an, oft mehrere Stunden lang. So ging es viele Wochen lang, einige Monate sogar. Bald wußten es alle Gefangenen, daß sie hier in der Ecke des Zaunes eine zarte Liebesgeschichte auf eine wunderbar einmalige Weise miterlebten. Sie respektierten dies. Niemand spottete darüber, wie es sonst unter Soldaten zuweilen doch üblich war. Sie sahen den Kameraden am Fenster stehen, das Mädchen jenseits des Zaunes ebenfalls, und gingen weiter, als wäre dies ganz normal.

Doch eines Tages blieb das Mädchen fern. Niemand hat je etwas über sein Schicksal erfahren. Leutnant Walter aber stand noch viele Wochen nach der Arbeit immer an der gleichen Stelle, schaute auf das Fenster gegenüber und wartete.

Nach Hause, Kameraden, es geht nach Hause!

Im Februar des Jahres 1949 gab es die ersten Anzeichen dafür, daß wir bald in die Heimat entlassen würden. Die Russen sprachen offen darüber. Im Magazin gab es nun „neue" – natürlich gebrauchte – Wehrmachtsuniformen. Die Mannschaften durften sich nun auch die Haare wachsen lassen, nicht wie bisher nur die Offiziere. „Skoro damoi!" – bald nach Hause! Das war nun nicht mehr Hohn und Spott, das wurde zur Hoffnung, die sich bald erfüllen mußte. Schließlich wurden Transportlisten zusammengestellt. Wieder wurden Familienname, Vorname, Vatersname, Geburtstag, Geburtsort und Nationalität festgehalten, weiters der gewünschte Ort der Entlassung. Letzteres war für mich kein Problem, so weit nach Westen wie möglich. Ich gab Garmisch-Partenkirchen als Wohnort an.

Doch nicht alle Lagerinsassen waren auf den Listen erfaßt. Ein Teil sollte zurückbleiben, um das Lager aufzulösen. Die russischen Offiziere erhielten Vorankündigungen über ihre nächste Verwendung. Aus Ostpreußen ging keiner von ihnen gerne weg. Aber die Sowjetunion war groß, und die Soldaten wurden überall gebraucht, vor allem jene des Innenministeriums, MWD. Hier brauchte niemand zu befürchten, seinen Job zu verlieren. Die Zahl der Organe der Sicherheit wurde eher erhöht als verringert. Aber auch für sie gab es angenehme und weniger angenehme Aufgaben. Bei den Kriegsgefangenen Dienst zu machen, noch dazu in Ostpreußen, war gar nicht so schlecht.

Der Politoffizier, Herr Baron, eröffnete mir, er wolle der erste sein, der es mir mitteile, daß ich auf die Liste der zu entlassenden Gefangenen gesetzt worden sei. Ich war sehr froh und bedankte mich.

Die Zeit wurde turbulenter und die Russen immer freundlicher, der Tag konnte also nicht mehr fern sein. Wir durften unsere Uniformen tauschen, auch die Schuhe, und erhielten saubere Unterwäsche. Dann ging es erneut in die Sauna, das heißt in die Banja, die Badeanstalt. Doch war es uns nie behaglich, wenn wir uns splitternackt unter die Duschen stellen mußten. Wir waren schon besorgt darüber, was man da mit uns hätte anstellen können.

Ich erhielt die Listen in letzter Ausfertigung. Aber vergeblich suchte ich meinen Namen. Ich fragte Bolonin, der zuckte mit den Schultern und sagte, der Natschalnik, Major Pawlitschenko, habe mich von der Liste gestrichen, ich sei zur Zeit nicht entbehrlich. Als mir wieder der Politoffizier über den Weg lief – er hatte jetzt viel zu tun im Lager –, grinste er: „Skoro damoi!“ Von wegen, sagte ich, Major Pawlitschenko hätte mich von der Liste gestrichen. Baron war empört. „Wenn ich Ihnen sage, Sie werden entlassen, dann werden Sie entlassen. Wir wollen mal sehen, wer hier etwas zu sagen hat.“ Und er hatte tatsächlich wohl mehr zu sagen als der Kommandant, der mir wenige Tage darauf eröffnete, er habe mich persönlich auf die Entlassungsliste gesetzt. Ich bedankte mich noch einmal.

Endlich, endlich kam der vier lange Jahre ersehnte Tag. „Fertig machen zum Abmarsch!“ Nie wurde in diesen vier Jahren ein Kommando schneller und freudiger ausgeführt. Wir packten unsere wenigen Habseligkeiten zusammen. Mir hatten Soldaten einen Koffer aus Holz gebastelt, und da ich als Raucher bekannt war, der sich allerdings das Rauchen abgewöhnt hatte, steckten mir viele Soldaten Zigarettenpäckchen zu, so daß der Koffer auch gut gefüllt war. Eine Reihe von LKWs fuhr in das Lager, und wir durften, nach Offizieren und Mannschaften getrennt, nach einem letzten Zählappell aufsitzen. Die Fahrt ging zum Bahnhof. Dort stand ein langer Güterzug bereit, an seinem Ende auch mit alten Personenwagen der dritten Klasse. Sie waren für Offiziere reserviert. Ich verkroch mich mit meinen besten Kameraden in den letzten Wagen, ja, ich versteckte mich direkt, denn man hatte schon oft gehört, daß bei der Entlassung noch aus dem anfahrenden Zug Leute herausgeholt und zurückgehalten wurden. Nur klein machen, nur weg hier!

Die Zeit wollte einfach nicht vergehen. Die Lokomotive war schon angekoppelt, da hörte ich einen Ruf: „Komossa!“ und wieder „Komossa!“ Jetzt ist es soweit, dachte ich und rührte mich nicht, doch unsichtbar konnte ich mich nicht machen. Also mußte ich mich wohl in mein Schicksal ergeben und zurückbleiben. Noch einmal, jetzt viel näher: „Komossa!“

Ich trat zur Tür. Vor mir stand Oberleutnant Bolonin. Er grinste: „Ich wollte mich von Ihnen nur noch verabschieden. Gute Reise! Kommen Sie gut in Ihre Heimat. Der Zug fährt gleich an. Alles Gute!“

„Danke, Herr Oberleutnant, alles Gute für Sie!“

„Danke, Komossa, viel Glück!“

Die Lokomotive fuhr los. Ich schaute aus dem Fenster des anfahrenden Zuges. Auf dem Gleis stand der sowjetische Oberleutnant Bolonin und winkte mir nach. „Auf Wiedersehen!“

Von Tilsit über Warschau nach Garmisch-Partenkirchen

Die Fahrt ging quer durch Ostpreußen, durch ein verwüstetes Land. Erst als der Zug die gut gesicherte Grenze zwischen dem russisch und dem

НКО—СССР

Воинская часть
Полевая почта 61948
№ ....

«......»..............194....г.

из карантина освобожден

Entlassungsbeihilfe in Höhe von DM 90.— von der Zahlstelle in Hof-Moschendorf
Hof-Moschendorf, den 1.4.1949

СПРАВКА

Бывший военнопленный
Комосса Герт-Гельмут
(Фамилия, имя, отчество)
Августа 1924 года рождения освобожден из лагеря для военнопленных и следует по месту своего постоянного жительства в г. Гармиш / Бавария

место для печати

Командир в/ч Советской Армии
Полевая почта № 61948

Der russische Entlassungsausweis

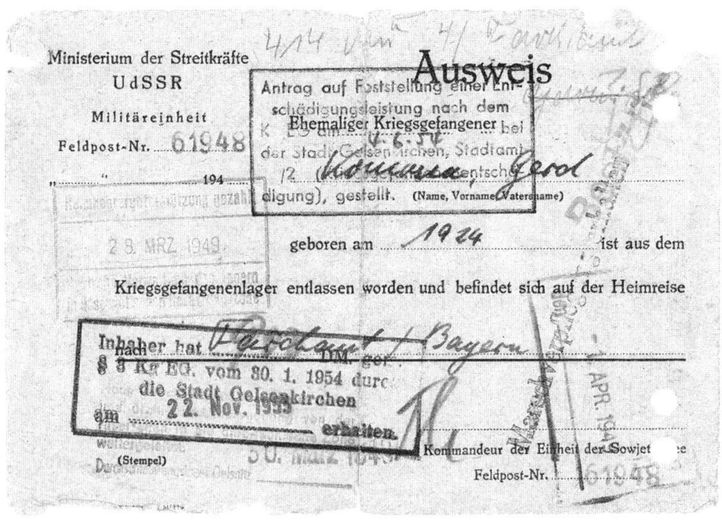

Ministerium der Streitkräfte
UdSSR
Militäreinheit
Feldpost-Nr. 61948
„.......“ ....194....

28. MRZ. 1949

Antrag auf Feststellung einer Entschädigungsleistung nach dem K... EG am 4. 6. 54 bei der Stadt Gelsenkirchen, Stadtamt 12 (...entschädigung), gestellt.

Ausweis

Ehemaliger Kriegsgefangener
Komossa, Gerd
(Name, Vorname, Vatersname)
geboren am 1924 ist aus dem Kriegsgefangenenlager entlassen worden und befindet sich auf der Heimreise nach Garmisch / Bayern

Inhaber hat ... DM gem. § 3 KgfEG. vom 30. 1. 1954 durch die Stadt Gelsenkirchen am 22. Nov. 1955 erhalten.

(Stempel)

Kommandeur der Einheit der Sowjet...
Feldpost-Nr. 61948

polnisch besetzten Ostpreußen passierte, sah man erste bescheidene Zeichen eines Aufbaus. Trümmer waren oder wurden beseitigt, einzelne Gebäude repariert. Wir waren alle bedrückt. Es war so, als wäre die Zeit seit Mai 1945 stehengeblieben, als ob nach dem Abschluß der Kämpfe gar nichts passiert wäre.

Dann – Aufenthalt in Warschau. Als der Zug zum Stehen kam, mußten wir aussteigen. Auf dem Bahnhof waren wir bald von jungen Polen umringt, die auf uns einredeten. Die meisten von ihnen waren Studenten, alle sprachen deutsch. Es war keine Feindschaft zu spüren, kein Zorn. Die Polen benahmen sich, als wären wir Verbündete. „Diese verdammten Russen", sagte einer. „Ihr habt uns schon übel mitgespielt, vor allem mit eurer SS und den Einsatzgruppen. Aber was die Russen uns antun, dafür werden sie einmal bezahlen, sehr viel bezahlen müssen, das vergessen wir nie!"

Der Zug fuhr über die Weichselbrücke. Ich dachte an meine Ausbildung hier während des Krieges, als ich mich unter dem Gleis hindurchhangeln mußte auf das andere Ufer, ich dachte an den unglaublichen Sonnenuntergang, der die Landschaft glühen ließ in Gelb und Rot, und ich dachte an die Kämpfe in der Schlußphase des Krieges nach dem Durchstoß der Russen bei Warschau und an unseren Rückzug, der erst in Danzig endete, am Tag der Kapitulation der Deutschen Wehrmacht. Als der Zug über die Brücke donnerte, wurden die Wagenfenster nicht geschlossen wie damals vor dem Krieg, als ich von Masuren nach Berlin durch den polnischen Korridor fuhr. Dann fing einer an zu singen, und plötzlich sang der ganze Zug. Sie sangen die Kölner „Nationalhymne": „Ich will zu Foß nach Kölle jonn". Tatsächlich sah ich dabei Soldaten lachen und auch weinen.

In Frankfurt an der Oder mußten wir aussteigen und in ein Lager marschieren, in dem wir zwei oder drei Tage verbringen sollten, bis die Entlassungsformalitäten abgeschlossen waren. Da ich russisch schreiben konnte, mußte ich für den ganzen Transport die Entlassungspapiere ausfüllen, auch meinen eigenen Schein. Ich habe sehr schnell gearbeitet. Meinen Schein habe ich aufgehoben bis heute (siehe S. 192).

Dann ein Befehl: „Alles heraustreten!" Was war da los? Der Genosse Wilhelm Pieck wolle die Gefangenen begrüßen, hieß es. Der kann mich mal, dachte ich und blieb in der Baracke. Doch mein Plan mißlang, deutsche Genossen gingen durch die Räume, sie kontrollierten und trieben jeden Gefangenen zum Appellplatz. Auf diese Weise kam ich ganz in die Nähe von Pieck, nur drei Schritte links rückwärts von ihm entfernt.

Wilhelm Pieck sprach wie eine Maschine. Ein Roboter, dachte ich. Monoton, ohne Manuskript. Diese Rede hatte er sicher schon ein Dutzend Mal gehalten bei der Ankunft eines jeden Transports aus dem Osten, aus der Sowjetunion. Es waren die üblichen kommunistischen Parolen, diesmal nur mit dem Unterschied, daß sie nicht mehr übersetzt zu werden brauchten, also in deutscher Sprache vorgetragen wurden. Er sprach von der Heimat, von Wiedergutmachung, von Sozialismus und Antifaschismus. Das Vokabular kannten wir. Aber es war wohl immer noch angezeigt, den Mund zu halten.

Wir waren aus dem russischen Gewahrsam entlassen, aber noch hatte keiner den Eindruck, in der Heimat zu sein. Wir, die wir weiter nach Westen fuhren, bedauerten unsere Kameraden, deren Ziel Schwerin, Leipzig oder Magdeburg war.

„Ich bin frei!"

Dann ging es weiter nach Westen. Die Lokomotive keuchte, der Kohlenrauch stank, aber das war für uns ein angenehmer Geruch, und der Zug fuhr weiter, immer weiter nach Westen. Nach Westen, nichts anderes dachten wir. Weg vom Russen, so weit es geht! Mein Gott, war Deutschland schön, wo es nicht zerstört war. Und plötzlich sangen wir, einer hatte angestimmt: „Nun danket alle Gott!" Ich habe zum ersten Mal nach vielen Jahren geheult. Alle weinten. Alle, die sie mindestens vier Jahre lang durch die Hölle der sowjetischen Gefangenschaft gegangen waren und dort ihre Jugendjahre verloren hatten. Keiner hat sich dabei geschämt.

In Hof durften wir den Zug verlassen und kamen in das eigentliche Entlassungslager Hof-Moschendorf. Wir wurden von Rotkreuzschwestern begrüßt und betreut und immer wieder von Frauen nach ihren Männern oder Söhnen angesprochen. Es gab zum ersten Mal seit vier Jahren keine Wachen mehr. Wir bekamen ein geringes Entlassungsgeld ausbezahlt und durften über ein kleines Postamt Verbindung mit unseren Angehörigen aufnehmen. Zum ersten Mal seit vier Jahren oder sogar noch länger.

Ich schickte meiner Mutter nach Garmisch-Partenkirchen ein Telegramm. Es waren drei Worte: „Ich bin frei!"

Über München mit Umsteigen zum Bummelzug auf dem Starnberger Bahnhof ging es bald ab in Richtung Garmisch-Partenkirchen. Ich hätte wohl etwas Zeit gehabt, mir noch München anzusehen, wie ich es in Warschau und in Odessa gemacht hatte, aber vielleicht hätte ich dann meinen Zug verpaßt. Nein, dieses Risiko durfte ich auf keinen Fall eingehen.

Mein Gott, das war unser Deutschland! Herrgott, war dieses Land schön. Die Berge, die Loisach neben dem Bahngleis, die Zugspitze, das Wettersteinmassiv! Ich empfand nur noch ein Gefühl: Danke, danke, daß es so ist. Wieder in der Heimat!

Meine Mutter war auf der Flucht vor den Russen mit meiner Schwester Ruth und deren kleiner Tochter Roswitha so weit nach Westen gegangen, wie es möglich war, bis sie im Dreiländereck von den Schweizern wieder nach Bayern zurückgeschickt wurden. In Farchant bei Garmisch-Partenkirchen war ihre Flucht beendet.

Hier stand meine Mutter nun am Zaun auf dem Bahnhof Farchant, nach einer Mittelohroperation den Kopf noch verbunden, ganz allein. Meine Mutter! Ich hatte sie fast sechs Jahre nicht gesehen, von dem kurzen Fronturlaub abgesehen.

„Mein Sohn", sagte sie, immer nur „mein Sohn", wie einst auf dem Bahnhof in Niedersee.

Ich war heimgekehrt, aber nicht in meine richtige Heimat. Diese war in Ostpreußen, woher ich gerade gekommen war, aus sowjetischem Gewahrsam entlassen, nach genau vier Jahren Kriegsgefangenschaft.

Am Ende eines langen Weges – der Rhein

Der Gegensatz konnte nicht größer sein. Vor wenigen Tagen nur hatte ich das vom Krieg stark zerstörte Tilsit an der Memel verlassen, dort gab es sowjetische Soldaten auf den Straßen, hungernde Menschen, ärmlich gekleidet, am Rande ihrer Existenz. Garmisch-Partenkirchen hatte die Folgen des Krieges auch noch nicht überwunden, aber es war unzerstört geblieben. Die schmucken Häuser waren unversehrt, von den Fassaden leuchteten bunte Fresken, die Menschen, gut gekleidet, gingen durch die Straßen, in den Geschäften entwickelte sich normales Leben. Es wurde überlegt, wann man die Spielbank eröffnen könnte. Überall auf den Straßen gingen amerikanische Soldaten spazieren. Auffallend waren deren stets frisch gebügelte Uniformen, während die Russen in ihrer Gymnastjorka (Militärhemd) doch erbärmlich gewirkt hatten.

Die Amerikaner hielten alle Hotels, vor allem an Eib- und Riessersee, für ihre Soldaten als „Recreation Center" besetzt. Garmisch-Partenkirchen war eine amerikanische Kleinstadt mit einem größeren Anteil deutscher Bevölkerung. Im Winter 1949/50 erlebte ich dort an der Olympiaschanze das erste Skispringen über eine Distanz von 100 Metern. Eiskunstlauf war ein ganz besonderes Erlebnis. Die Menschen schienen glücklich und froh zu sein. Nicht nur die Amerikaner, auch die Deutschen. Wie fern waren doch nach kurzer Zeit der Krieg und die vier Jahre der Gefangenschaft! Zum Neujahrstag stellte man an mehreren Plätzen kunstvoll gestaltete Figuren, übermannsgroß, aus Eis auf. Das Wetter war günstig, so daß die Kunst aus Eis mehrere Wochen hielt, bevor sie dahinschmolz.

In Garmisch-Partenkirchen begann das Wirtschaftswunder langsam zu erblühen, es blühte aber noch viel mehr der Schwarzmarkt mit Zigarettenstangen als bevorzugter Währung. Die amerikanischen Soldaten schienen so zu sein, wie sie uns von den Russen in der Kriegsgefangenschaft geschildert wurden: vor allem Geschäftemacher, die mit allem handelten, was beweglich war. So war es uns auch in dem russischen Schauspiel „Njemetzki Wopross“ – Die deutsche Frage – dargestellt worden. Doch diese These wurde dem amerikanischen Soldaten, dem GI, sicherlich nicht gerecht. Die Amerikaner handelten immerhin nicht mit Waffen, wie später die Russen, als sie ihre Truppen aus der ehemaligen DDR abzogen.

Garmisch-Partenkirchen war eine wunderschöne Stadt. Ich lernte sie lieben. Mit meinen Zeichenstiften und im Aquarell hielt ich das Zugspitzenmassiv fest und erfreute mich an Spaziergängen zur Partnachklamm sowie auf den Kramer. Für den Wank benutzte ich aber lieber die Seilbahn. Dort auf dem Gipfel strahlender Sonnenschein! Ein Tourist ließ in der Seilbahnkabine sein nagelneues Kofferradio lärmen. Man hatte wieder etwas, was man herzeigen konnte.

Nach einigen Monaten hatte sich mein Gesundheitszustand etwas stabilisiert, und ich begann, über die Zukunft nachzudenken. Zunächst arbeitete ich als freier Journalist und schrieb für den „Hochlandboten“. Doch bald stellte sich heraus, daß sich auch im Werdenfelser Land hinter der glanzvollen Fassade manche Not verbarg und es kaum Berufsperspektiven für einen jungen Mann gab, der als Beruf nur „Abiturient“ anzugeben vermochte. Es würde eine längere Zeit dauern, bis Oberbayern wirklich erblühen würde.

Nachdem ein Vertrag zur Einstellung als politischer Redakteur bei der „Augsburger Zeitung“, die im Dritten Reich verboten worden war, wegen des plötzlichen Todes des Herausgebers, Kommerzienrat Haas, nicht wirksam wurde und mir für ein Studium der Zeitungswissenschaften in München, wozu mir mein Kriegskamerad Dr. Hensel geraten hatte, die Zeit zu lang erschien, entschloß ich mich, im Ruhrgebiet mein berufliches Glück zu versuchen. Bei einer „Journalisten-Weinprobe“ im Hotel Lenz nahe dem Kölner Bahnhof erkannte ich das ganze entsetzliche Ausmaß der Zerstörungen durch die alliierten Luftangriffe. Um den Dom herum, der schwer getroffen war von Bomben und wohl auch durch gezielten Granatenbeschuß, lag ein Trümmerfeld. Das Hotel Lenz stand mitten in dieser Wüste wie ein antiker Pfeiler. Bis zu diesem Tag im Frühsommer 1950 hatte ich keine derart schwer zerstörte Stadt gesehen.

Vom Ruhrgebiet bis zum Rhein, wo das eigentliche Ziel und Ende meiner Wanderschaft lag, war es später nur ein kleiner Schritt. Die Landschaft um den Rhein, sicherlich zu Recht vielbesungen, gehört zu den schönsten Regionen Europas. Und am Siebengebirge mit Drachenfels, Petersberg und Ölberg beginnt der Rhein nach Süden zu seine ganze einmalige Schönheit zu entfalten. Die Loreley, die sich aus seinen Wassern erhebt, ist natürlich einzigartig. Manche Fremde aber sagen: „Na ja, ein Felsen am Ufer eben, nicht sehr hoch. Er könnte höher oder breiter sein.“

Hier sieht man, wie banal Fremde in ihrem Urteil sein können. So ist es eben.

Für die meisten Menschen ist nichts so schön wie ihre Heimat. Bonn ist nach dem Umzug der Bundesregierung nach Berlin etwas ruhiger geworden, hat wieder mehr den Charakter der Universitätsstadt gewonnen, bleibt aber durch die Europäische Union weiterhin ein politisches Zentrum. Doch der Abzug der „großen Politik" aus Bonn hat die Schönheit der Stadt nicht gemindert.

Wie sehr hat der Gefangene sich nach Freiheit gesehnt und zugleich nach Rückkehr in seine Heimat! Er hat davon geträumt, auch darum gebetet. Viele Millionen kehrten heim aus dem Krieg, aber ebenso vielen blieb es verwehrt. Der Heimkehrer betrachtet mit Erstaunen den Kölner Dom. Und er spürt doch ganz tief in seinem Inneren, daß er hier nicht zu Hause ist. Er ist frei, aber heimgekehrt in die Fremde. Sein Blick sucht die vielen tausend Seen Masurens und die Wälder der Johannisburger Heide. Denn dort, wo der Mensch geboren ist, wo die Mutter seine Hände gefaltet hat zum ersten Gebet, ihn zu sprechen gelehrt hat, wo er die erste Liebe erfahren hat, dort ist sein Heimatland.

Reflexionen

Sechs lange Jahre, eine verlorene Jugend

Sechs Jahre eines noch jungen Lebens waren geprägt durch das Erleben eines grausamen Krieges – größtenteils im Kampf in der vorderen Linie – und eine vierjährige Kriegsgefangenschaft im sowjetisch besetzten Ostpreußen. Am Ende der Gefangenschaft, zurückgekehrt mit gesundheitlichen Schädigungen, wußten wir Heimkehrer, daß wir vier Jahre dieses Lebens verloren hatten, während andere junge Männer in dieser Zeit ihre Studien beendet hatten und inzwischen als Ärzte oder Rechtsanwälte praktizierten. Wir wußten, daß wir in dieser Zeit sehr oft dem Tod nahe waren. Nicht nur täglich im militärischen Einsatz, sondern auch nach dem Ende der Kampfhandlungen, als die Waffen lange schon schwiegen – in der Kriegsgefangenschaft. Denn bis kurz vor der Entlassung wurden noch Gefangene aus dem Lager herausgeholt und irgendwohin nach Osten in die endlose Tiefe der Sowjetunion verschleppt. Und nie hat uns eine Nachricht über den Verbleib der Kameraden erreicht.

Wir wußten aber auch, daß diese sechs Jahre eine hohe Schule des Lebens für uns waren. Wir hatten Angst erlebt, wie viele andere nicht. Wir hatten gehungert bis an die Grenze des Erträglichen, hatten Beispiele großer Tapferkeit, Kameradschaft, von Disziplin und Leidensfähigkeit bei unseren Kameraden erlebt. Und wir mußten in Abgründe menschlicher Charakterschwächen blicken. Krieg und Gefangenschaft hatten uns auf eine Weise geformt, die wohl einmalig bleibt. Wir hatten Hunger, Diebstahl aufgrund von Hunger, Verzweiflung und stilles Sterben erlebt. Große körperliche und seelische Not mußten wir ertragen, das Schicksal des Soldaten im Krieg und in der Kriegsgefangenschaft. Vieles, was der Chronist hier berichtet hat, wird manchem bekannt sein, doch nicht alles. Denn das Leben eines Soldaten ist immer ein einmaliges, und keines gleicht dem anderen.

Als der Soldat aus der Sowjetunion heimkehrte, stand er zumeist vor einem Nichts. Manche, die geglaubt hatten, zu ihrer geliebten Familie heimzukehren, fanden ein verschlossenes Haus vor: Die Frau hatte das lange Warten nicht ertragen können. Ein anderer Soldat war geistig zerbrochen. Für ihn gab es keine Zukunft. Er wurde schnell vergessen.

Es gab Soldaten, die sich in das Studium stürzten und bald erkennen mußten, daß sie im Alter nicht zu den Kommilitonen paßten. Und es gab

Professoren, die dem Heimgekehrten nicht gerade freudig den Weg in die Universität erleichterten. Noch 1950 wurde mir bei meiner Bewerbung um Einstellung in die Arbeitsverwaltung geraten, besser nicht anzugeben, daß ich im Krieg Offizier war.

Das Volk war in großer Freude, bewegt bei jedem Zug, der aus dem Osten kam. Unzählige Frauen standen auf den Bahnsteigen mit ihren Schildern in der Hand, mit Fotos von Soldaten, die auf den Bildern um fünfzehn Jahre jünger aussahen als jene, die etwas schwerfällig aus den Zügen stiegen, obwohl zwischen der Aufnahme und dem Wiedersehen nur etwa fünf oder sechs Jahre lagen.

Unzählige Tränen wurden vergossen. Nicht nur die Frauen weinten. Viele von ihnen sahen mit hoffnungsvollen Blicken immer wieder den Bahnsteig entlang. „Kennt jemand den Unteroffizier Schimkat?" Stumm und bedrückt gingen die Heimkehrer nach nur kurzem Stopp an diesen Frauen vorbei. Nein, sie kannten den Unteroffizier Schimkat nicht oder einen anderen, einen Leutnant, einen Hauptmann. Nein, sie hatten ihn nicht in einem Lager gesehen. Es war plötzlich eine Last, einen Menschen nicht gekannt zu haben.

Wie viele Soldaten in den Weiten Rußlands und den Ländern der ehemaligen Sowjetunion verblieben sind, weist keine Statistik exakt aus. Es gibt noch heute viele Frauen, die zwar nicht mehr auf die Heimkehr ihres liebsten Menschen warten, die das Warten inzwischen aufgegeben haben, aber ihrem Mann die Treue halten seit Jahrzehnten. Die meisten von ihnen müssen schon lange eingesehen haben, daß ihr Mann den Krieg nicht überlebt hat. Auch die Ungewißheit kann weh tun. Vor diesen Frauen, deren Männer aus dem Krieg nicht heimgekehrt sind, verneige ich mich tief. Vielleicht haben ihre Männer nur kurz gelitten, möglicherweise sind sie grausam gequält worden, vielleicht nur aus dem gemeinsamen Leben herausgetreten. Wo ruhen sie? Unser Land ist mit diesen Hinterbliebenen nicht sonderlich gut umgegangen.

Und heute, 60 Jahre nach Stalingrad, wie geht Deutschland mit seinen Kriegstoten um?

Die Offensive des Jan Philipp Reemtsma

Die andauernde stille Trauer der Angehörigen wird überschattet durch „Mörder!"-Rufe. Das, was Jan Philipp Reemtsma mit seiner Ausstellung beabsichtigt, kann man sich vorstellen. Daß allerdings die Präsidentin des Bundesverfassungsgerichts sich einreiht in den Kreis derer, die den Soldaten der Wehrmacht schmähen und sein Andenken schädigen, wird vielen Menschen – nicht nur in Deutschland – immer unverständlich sein. Auch jene Abgeordneten des Deutschen Bundestages, die das Verhalten und den Propagandafeldzug des Jan Philipp Reemtsma begrüßten und in ihrem Wahlkreis unterstützten, welche die Errichtung eines Denkmals nicht für den Heimkehrer, sondern für den Deserteur fordern, die Bürgermeister deutscher Städte wie Bonn und München und andere, die kostenfrei für die Reemtsma-Ausstellung städtische Gebäude zur Verfügung stellen, sie alle sollten dem Soldaten angesichts seiner Leiden im Krieg und in der Gefangenschaft, in seinem damaligen Glauben, für sein Volk kämpfen zu müssen, mit Respekt begegnen, statt durch Beteiligung an einer Verleumdungsaktion das Ansehen Verstorbener zu schädigen. Wo sie alle – Politiker, Abgeordnete des Deutschen Bundestages, Bürgermeister und Bürgermeisterinnen – keinen Respekt vor der großen Leistung und dem beispiellosen Leiden deutscher Soldaten im Zweiten Weltkrieg ausdrücken können, sollten sie nicht das Gedenken der hinterbliebenen Angehörigen stören. Sie sollten schweigen.

Über die Familie Reemtsma, von der einige Mitglieder mit dem nationalsozialistischen Staat in besonderer Weise verbunden waren – einer von ihnen hat es bis zu einem hohen SS-Führer gebracht hat –, wird die Geschichte hinweggehen.

An vielen Stätten in Rußland, Weißrußland und in der Ukraine, die im Zweiten Weltkrieg besonders hart umkämpft waren – im früheren Stalingrad, St. Petersburg, Minsk und Smolensk, in Kiew und Sewastopol –, stehen russische und deutsche Veteranen in letzter Zeit alljährlich nebeneinander auf den Friedhöfen, in denen russische und deutsche Soldaten des Krieges ihre Ruhe gefunden haben. Sie reichen – im Sinne des Wortes – einander ihre Hände und treffen sich im Willen zur Versöhnung und auch, um Schuld zu vergeben. Und oft erklingt über den Gräbern die Melodie des Liedes vom Guten Kameraden. Versöhnung und auch Vergebung, das ist das Gebot der Zeit fast 60 Jahre nach dem Ende dieses schrecklichen Krieges.

Auch diese Alten, Deutsche wie Russen und Ukrainer, stehen im langen Schatten eines Krieges, der sie das Geschehene noch immer nicht vergessen läßt, aber sie danken dafür, daß nunmehr Frieden ist in Europa. Der Händedruck auf den Soldatenfriedhöfen in Rußland und auch in Deutschland – vor allem in der Mark Brandenburg, auf den Seelower Höhen – ist ein Symbol für das christliche Gebot, ob katholisch, protestantisch oder orthodox, zu bereuen, zu verzeihen und um Vergeben eigener Schuld zu bitten.

Wenn die alten Soldaten, die nun im Alter von 75 oder 85 Jahren am Ende eines langen Lebens stehen, bewegt aus Rußland – oft mit ihrer Frau und ihren Kindern – nach Hannover, Stuttgart oder Bregenz zurückkehren, von nur einem Wunsch getragen, daß Deutsche und Russen nie wieder gegeneinander Krieg führen, dann begegnen sie einer Ausstellung, die der Erbe eines Millionenvermögens, welches seine Familie durch Zigaretten für deutsche Soldaten im Krieg erworben hat, erdacht hat und durch die Lande führt.

Selten besuchen alte Soldaten diese Ausstellung, jedoch werden ganze Schulklassen geschlossen durch sie geleitet: Seht, das sind eure Großväter! Sie zogen brennend und mordend bis nach Stalingrad! Und hier zeigt sich die ganze perfide Absicht des Ausstellungsleiters. Er verletzt die Opfer, die Alten, die gefallen sind oder den Krieg und die Gefangenschaft überlebt haben. Sein Ziel ist doch wohl nur zu verstehen als Indoktrination ganz im Sinne früherer kommunistischer Propaganda.

Wer gegen die Reemtsma-Ausstellung ist, „leugnet die Kriegsschuld und schürt Rassismus", so schrieb im Jahre 1999 die Süddeutsche Zeitung. Nach dem Verständnis des Zweiten Deutschen Fernsehens in „Kennzeichen D" vom 5. 3. 1999 sind jene Zeitzeugen, die sich gegen eine Diffamierung des Soldaten wenden, „die vergreisten Ewiggestrigen". Protest, Demonstration ist ein Grundrecht, das im Grundgesetz verankert ist, jedoch auch vielfach mißbraucht wird. Protest sollte möglichst von links kommen, von den Gewerkschaften, von Atomgegnern, dann ist es in Ordnung. Man kann Schienen zersägen, Straßen unterhöhlen, Menschenleben gefährden. Es ist nicht bekannt, daß für solche Untaten bisher jemand bestraft wurde. National gesinnte demonstrierende Menschen sind in Deutschland heute offenbar nicht erwünscht. Und schon gar nicht ehemalige Soldaten, die bis zu sechs Jahre ihres Lebens eingesetzt haben für unser Land und danach jahrelang in wenig komfortablen Gefangenenlagern litten.

Gibt es nicht auch so etwas wie eine Pflicht gegenüber jenen, die über die Reemtsma-Ausstellung zutiefst betroffen sind, vor allem gegenüber fast zehn Millionen Soldaten, die im Krieg gefallen und in der Gefangenschaft verstorben sind? Sie fielen nicht mit einem „Hurra" auf den Lippen, sondern im Leiden und mit Schmerz, zum Teil unter unsagbaren Schmerzen. Stehen wir, die überlebt haben, nicht in der Pflicht gegenüber den Angehörigen, Witwen und Kindern der Gefallenen?

Soldat gestern und heute – ein Vergleich

Soldat gestern und heute, Soldat in Wehrmacht und Bundeswehr, darüber gilt es nachzudenken. Es muß getan werden auch mit dem Blick auf die verleumderischen Darstellungen vor allem des Altkommunisten und APO-Revoluzzers Hannes Heer, der noch heute in Bonn, besonders an der Universität, in sehr unangenehmer Erinnerung ist.

Rolle und Auftrag des deutschen Soldaten haben sich in den letzten Jahren fundamental verändert. Bis zum Ende des Krieges stand der Auftrag außer jeder Diskussion. Es ging grundsätzlich um die Verteidigung des eigenen Landes. Verteidigung war eine nationale Aufgabe, eine Verpflichtung jedes wehrfähigen Mannes für die eigene Nation. Der deutsche Soldat, der an allen Fronten Europas kämpfte, hatte sich in der Mehrzahl nicht freiwillig gemeldet, er dachte nicht an die Eroberung Frankreichs, Norwegens oder Nordafrikas. Er sah sich auch nicht als Eroberer der Sowjetunion. Auch in der Offensive verstand er seine Rolle immer als die eines Soldaten, welcher der Verteidigung seines Volkes diente.

Der Auftrag des Wehrmachtssoldaten war national ausgerichtet, doch es gab Ansätze einer begrenzten Über- oder Multinationalität auch schon im Zweiten Weltkrieg. Sie war zwar zumeist ideologisch bestimmt, aber nicht ausschließlich. Wir sollten nicht übersehen, daß auf deutscher Seite Soldaten aus Spanien, Finnland, Rumänien, Ungarn, auch aus Frankreich und den Niederlanden und selbst Russen gegen die Sowjets kämpften. Man muß differenzieren. Im Grundsatz war „Soldatsein" die Bereitschaft zur Verteidigung des Vaterlandes unter Einsatz des Lebens. Für den „Führer" zu kämpfen, war nur die Überzeugung weniger, nicht die des Soldaten der Wehrmacht. Wer anderes behauptet, kennt die Wehrmacht nicht aus eigenem Erlebnis oder solider wissenschaftlicher Forschung.

Unabhängig vom Rollenverständnis des Soldaten in Wehrmacht und Bundeswehr mit den sehr unterschiedlichen, ja unvergleichbaren politischen Rahmenbedingungen, gibt es ein Grundelement gemeinsam verstandener Tugenden: Treue zum Vaterland, Mut und Tapferkeit, Disziplin, Bescheidenheit. Diese Tugenden ließen den deutschen Soldaten über sechs lange Jahre die Schwere des Krieges ertragen. Sie waren Grundlage militärischer Erfolge, mehr als die „Führungskunst" des „größten Feldherrn aller Zeiten". Der Grundsatz für den Generalstabsoffizier „Mehr sein als scheinen" wurde nicht an der französischen Akademie oder der sowjetischen Frunse-Akademie geprägt, nicht in England, der Sowjetunion oder den USA. Er ist typisch deutsch.

Das soldatische Ethos in Wehrmacht und Bundeswehr war bzw. ist stark von den Reformern in Preußen nach den Napoleonischen Kriegen bestimmt. Nicht ohne Überlegung bezog sich die Bundeswehr selbst, nicht nur die politische Führung, auf Scharnhorst. „Soldatsein" in der Bundeswehr hat vieles gemeinsam mit dem „Soldatsein" in der Wehrmacht, doch eben in einer anderen Rolle und mit einem anderen Auftrag, unter fundamental unterschiedlichen politischen Rahmenbedingungen.

Der Soldat der Wehrmacht wurde auf Führer und Volk und unbedingten Gehorsam verpflichtet, der Bundeswehrsoldat auf Staat und Recht und Freiheit des Volkes. Der Soldat der Wehrmacht diente überwiegend im Krieg. Er hatte Erfolge und erlitt schwere Niederlagen. Er kämpfte unter schwierigsten Bedingungen, litt Entbehrungen, Not und Tod. Aber er fühlte sich voll getragen vom ganzen Volk. Der Soldat der Bundeswehr dient für die Erhaltung und Sicherung des Friedens, aber im Unterschied zu früher nicht nur für sein eigenes Volk. Und er ist sich bis heute nicht immer der politischen Unterstützung und Fürsorge sicher.

Die Bundeswehr ist eine Armee in der und für die Demokratie. Die Wehrmacht war ein Instrument einer diktatorischen Staatsführung. Es gibt deutliche Unterschiede. Aber die Bundeswehr, als moderne Armee, wurde geformt von Offizieren und Unteroffizieren der Wehrmacht, wie Speidel, Heusinger, Kielmannsegg, Baudissin, Trettner und de Maizière – und in deren Nachfolge von Günter Kiessling und Heinz von zur Gathen. Sie bauten auf den Grundsätzen der Wehrmacht auf, welche die Fürsorge für den Mann in den Mittelpunkt der Führung stellte. Es wäre undenkbar gewesen, daß ein verwundeter Soldat liegengelassen worden wäre, ohne einen Versuch gemacht zu haben, ihn zu retten. Auf dem Truppenübungsplatz in Grafenwöhr hat sich im Dezember 2001 eine solche Geschichte abgespielt.

Anders als die Wehrmacht, war die Bundeswehr von vornherein als eine Bündnisarmee konzipiert. Nationale Elemente wurden vernachlässigt oder bewußt zurückgedrängt. Schon sehr früh setzte im Rahmen dieses Bündnisses die Integration deutscher Verbände – im Heer – bis zur Ebene des Korps ein.

Bereits vor dem Einsatz in Afghanistan haben die Erfahrungen mit dem Konflikt auf dem Balkan in Deutschland zum Umdenken und auch zu Nachdenklichkeit geführt und die Bundeswehr verändert. Noch vor wenigen Jahren wurde heftig diskutiert, ob Auslandseinsätze überhaupt verfassungskonform sind. Heute gibt es einen breiteren Konsens über die neue Sicherheitspolitik und über den Auftrag der Bundeswehr. Die Zustimmung der Bevölkerung zu friedenssichernden Kriseneinsätzen beträgt 77 %. So hat die erweiterte Rolle der Bundeswehr in Deutschland die notwendige Akzeptanz gefunden, die wichtig ist für den Einsatz unserer Soldaten. Dieser Rückhalt in Politik und Gesellschaft ist Voraussetzung für solche Einsätze außerhalb des eigenen Landes. Denn wie sollen die Soldaten verstehen, daß ihr Einsatz für Frieden und Stabilität in Europa notwendig ist, wenn ihre Familie zu Hause diffamiert und beschimpft wird?

Der Einsatz der Bundeswehr im Rahmen internationalen Krisenmanagements und humanitärer Hilfe wird heute allgemein anerkannt. Diese Tatsache ist den hervorragenden Leistungen zu verdanken, die unsere Soldaten bisher gezeigt haben. Dabei ist nicht nur an den Einsatz im ehemaligen Jugoslawien zu denken, sondern auch im Persischen Golf, in Kambodscha, Georgien und Somalia und schließlich auch in Afghanistan und am Horn von Afrika. Bei allen Einsätzen hat die Bundeswehr gezeigt, daß sie ein leistungsstarker Partner auch für diese Aufgaben ist. Allerdings sind die Soldaten unterbezahlt, und Waffen sowie Gerät sind nicht mehr auf dem neuesten Stand und mit britischer, französischer oder gar amerikanischer Ausstattung nicht vergleichbar.

Der Wandel der Bundeswehr zu einem gleichberechtigten Partner ist fundamental. Einerseits galt es, die strukturellen Konsequenzen aus dem veränderten sicherheitspolitischen Umfeld zu ziehen, andererseits mußte sich die Bundeswehr auf vollkommen neue Aufgaben vorbereiten.

Welche Herausforderungen damit verbunden waren, erkennen wir, wenn wir uns ihre Situation zu Anfang der neunziger Jahre vergegenwärtigen. Die Bundeswehr war damals hinsichtlich Auftrag, Struktur, Ausbildung und Fähigkeiten durch die Ost-West-Konfrontation bestimmt. Ihre Struktur war vollkommen auf das Bündnis ausgerichtet, ihr Auftrag konzentrierte sich auf die Verteidigung in Zentraleuropa, ihre Ausbildung und Ausrüstung waren entsprechend optimiert. Über die Fähigkeit zu eigenständigen Operationen verfügte die Bundeswehr nicht, sie hatte ganz bewußt darauf verzichtet. So besaß das Heer bis 1994 kein eigenes operatives Hauptquartier. Die Verbände sollten im Einsatz aus den integriert besetzten Kommandozentralen der NATO geführt werden.

Die Anpassung der Bundeswehr an die neue Sicherheitspolitik forderte erhebliche Veränderungen. Sie wurde von 580.000 Soldaten im Jahr 1990 auf heute 340.000 Mann – mit dem Ziel 270.000 – reduziert und der Grundwehrdienst von zwölf auf neun Monate herabgesetzt. Die ehemalige NVA war aufzulösen und die Bundeswehr in den neuen Bundesländern aufzubauen. Darüber hinaus mußten in kürzester Zeit die notwendigsten Voraussetzungen für Kriseneinsätze geschaffen werden. Der Soldat mußte lernen, daß Führen in Kriseneinsätzen eine neue Qualität gewinnt. Obwohl die eigenen Verbände den multinationalen Hauptquartieren unterstellt werden, bleibt eine nationale Verantwortlichkeit bestehen. Das heißt, Auslandseinsätze müssen in jeder Phase vom Inhaber der Befehls- und Kommandogewalt, dem Bundesminister der Verteidigung, geführt werden können. Diese Komplexität verlangt eine nationale Führungsorganisation, die es bisher nicht gegeben hat. Hierzu wurde unter anderem das Führungszentrum der Bundeswehr eingerichtet. Es dient der Lagefeststellung und Entscheidungsvorbereitung, operative Befugnisse aber verbleiben weiterhin bei den integrierten Führungskommandos.

Die Ausrichtung der Bundeswehr auf Landes- und Bündnisverteidigung spiegelte sich auch in der Ausrüstung wider. Man war einseitig auf einen Einsatz in Deutschland vorbereitet. Die Strukturen entsprachen in weiten Bereichen nicht den veränderten Anforderungen in Kriseneinsätzen. So kamen beispielsweise Personal und Material des Heereskontingents für Jugoslawien aus mehr als 200 Einheiten. Eine neue, flexiblere Struktur mit Hauptverteidigungs- und Krisenreaktionskräften wurde nun schrittweise umgesetzt.

Die größten Herausforderungen entstehen jedoch für Personal und Ausbildung. Neue Situationen kommen auf die Offiziere und Unteroffiziere zu. Ihre persönliche Verantwortung für den Soldaten ist noch konkreter geworden. Extremsituationen, der Umgang mit Verwundung und Tod, müssen in der Ausbildung offen angesprochen werden. Die Soldaten werden im Einsatz mit großer Not und menschlichem Leid konfrontiert. All das erfordert eine psychische und moralische Stabilität, die über das

Der Autor zu seiner Zeit als Kommandeur der 12. Panzerdivision (oben) und im Gespräch mit Franz Josef Strauß (unten)

Normale hinausgeht und einer besonders intensiven Vorbereitung bedarf. Hier ist der Ernstfall. Hier nähert sich die Bundeswehr, ohne daß es ihr bewußt ist, noch stärker der Wehrmacht an als bisher, durch die Bedingungen des Ernstfalls eben, auch wenn noch nicht geschossen wurde.

Einige Erfahrungen und Folgerungen aus den bisherigen Auslandseinsätzen sind besonders erwähnenswert. Einstellung, Motivation und Leistungsbereitschaft der Soldaten sind beeindruckend. Man spürt die persönliche Bereitschaft und den Willen, einen Beitrag zum Frieden zu leisten. Hilfsbereitschaft und Einsatzfreude aus Überzeugung, etwas Sinnvolles zu leisten, kennzeichnen den Soldaten. Die Offiziere und Unteroffiziere sind mit der Führungsphilosophie groß geworden, eigenständig zu handeln und selbständig zu entscheiden, wie ihre Väter es im Zweiten Weltkrieg praktizierten. Es hat sich gezeigt, daß diese Fähigkeit der Führer gerade bei Kriseneinsätzen entscheidend ist für den Erfolg. Der Einheitsführer trägt im Einsatz eine große Verantwortung und ist hohen Belastungen ausgesetzt. Die Soldaten und die Bundeswehr generell genießen hohe Achtung bei den Verbündeten, aber genauso bei allen Konfliktparteien, z. B. auch den Serben, die ja noch vor wenigen Jahren keine deutschen Soldaten auf ihrem Territorium akzeptieren wollten.

Die Veränderungen, welchen die Bundeswehr, ihre Soldaten und auch ihre Familien ausgesetzt werden und welche sie noch zu bewältigen haben, sind einschneidend. Sie haben diese Herausforderungen bisher in vorbildlicher Weise gemeistert. Um so mehr kommt es jetzt darauf an, den eingeleiteten Reformprozeß konsequent und zielgerichtet fortzusetzen. Ein Generalinspekteur stellte fest: „Die Auslandseinsätze haben zu einem bemerkenswerten Motivationsschub geführt, der sich auf die ganze Bundeswehr positiv auswirkt. Gleichermaßen hat aber auch die deutlich gewachsene Zustimmung zur Bundeswehr und ihren neuen Aufgaben in der Politik, der Gesellschaft und den Medien zu der guten Motivation unserer Soldaten beigetragen."

Die Leistungsbereitschaft der Truppe ist hoch. Selbstbewußtsein, Zusammenhalt und auch Stolz auf das eigene Können sind gewachsen. Insbesondere das Führungs- und Fachpersonal beweist hohe Leistungsfähigkeit selbst im Dauereinsatz. Die Armee hat damit ein solides Fundament, auf dem weiter aufgebaut werden kann. Was nun gebraucht wird, ist Kontinuität. Der bereits begonnene Umbau der Streitkräfte im Sinne der getroffenen konzeptionellen Zielsetzung muß vorangebracht und die innere Lage der Bundeswehr weiter stabilisiert werden. Die Zeichen dafür stehen gut, auch wenn die finanzielle Lage schwierig bleibt.

Nach dem Grundverständnis der Bevölkerung soll die Bundeswehr keine Interventionsarmee sein, sondern eine Verteidigungs- und Bündnisarmee, die ein tragendes Element der Bündnisverteidigung in Zentraleuropa ist: Sie soll sich mit angemessenen Mitteln an Maßnahmen des internationalen Krisenmanagements wirkungsvoll beteiligen können. Aus der Rolle des Partners, der sich allein auf die Verteidigung in Zentraleuropa konzentriert, ist Deutschland herausgewachsen. Zu unterstreichen aber ist, daß dies keinen Einstieg in eine undifferenzierte Beteiligung an jeder Friedensmission bedeuten darf. Kriseneinsätze sind immer politische Einzelfallentscheidungen. Jeder Beitrag Deutschlands zur Sicherung des Friedens muß vor dem Hintergrund unserer Wertvorstellungen und Interessen sowie mit Blick auf die politischen Zielsetzungen, Risiken und Folgen geprüft und entschieden werden. Dient er dem eigenen Land? Das bleibt die zentrale Frage.

Diesem Ansatz folgt auch die Konzeption der Bundeswehr. Das Land will Streitkräfte, die eng in das Bündnis eingebunden sind und die zu allen Aufgaben der Allianz einen der Stellung Deutschlands in der Staatengemeinschaft angemessenen Beitrag leisten können. Notwendig ist eine flexible Struktur mit Hauptverteidigungs- und Krisenreaktionskräften, und die allgemeine Wehrpflicht muß erhalten bleiben.

Die Reemtsma-Ausstellung – Verbrechen der Wehrmacht?

Vor dem Hintergrund solcher Betrachtungen über „Soldatsein" in der Bundeswehr zwingt die im Jahre 2002 neu eröffnete Reemtsma-Ausstellung gegen die Wehrmacht zur Auseinandersetzung. Die Ausstellung ist eine Provokation. Sie fordert eine Diskussion heraus. Eine Bewertung bezüglich der Wissenschaftlichkeit ist auch bei ihrer zweiten Auflage notwendig. Wichtiger aber als jede Bewertung der gezeigten Fotos erscheint die Aufhellung der Hintergründe dieser Aktion. Wer finanziert sie, und wer sind die Akteure? Was sind die gesetzten Ziele?

Mit Blick auf die Ausstellung von Reemtsma sollte zunächst nachgedacht werden über den Artikel 1 des Grundgesetzes. Er hat elementare Bedeutung für das gesamte Grundgesetz. Er verpflichtet nämlich den Staat, den Bürger vor Verletzung seiner Menschenwürde durch andere zu schützen und zu bewahren. Indem nun die Ausstellung den Eindruck vermittelt, daß die Soldaten der Wehrmacht allgemein Verbrecher waren, verletzt sie die Würde jedes einzelnen Bürgers, der als Soldat im Zweiten Weltkrieg gedient hat. Zu fragen ist, ob die Bundesregierung ihrer Verpflichtung im Sinne des Art. 1 gerecht wird. Zu fragen ist auch, ob die dritte Staatsgewalt, die Judikative, die Forderung des Grundgesetzes in bezug auf den Soldaten der Bundeswehr positiv konkretisiert.

Man sollte die Ausstellung nicht isoliert betrachten, sondern im größeren Zusammenhang sehen. Dabei müssen wir behutsam sein. Man kann ungestraft Soldaten „Mörder" nennen, doch hinsichtlich dieser Ausstellung verstehen Gerichte keinen Spaß. Ein Rechtsanwalt wurde vom Amtsgericht Erfurt im Jahre 1999 zu einer Geldstrafe von 4.500 DM (rund 2.300 Euro) verurteilt, weil er einen Stand der Ausstellung mit den Worten „Hetze und Lüge“ beschriftet hatte. Der Staatsanwalt hatte drei Monate Haft ohne Bewährung gefordert. Hätte der Mann geschrieben „Soldaten sind Mörder“, dann hätte er von einem deutschen Gericht freigesprochen werden müssen. Wenn Wissenschaftler und deren Sponsoren in dieser „mörderischen“ Diskussion so tun, als gelte ihr Verbrecher-Vorwurf in erster Linie dem Soldaten der Wehrmacht, so meinen sie doch den Soldaten schlechthin, also auch jenen der Bundeswehr. Sie treffen auch ihn, selbst wenn sie es leugnen.

Die deutschen Soldaten, die im Zweiten Weltkrieg ihr Leben eingesetzt und hingegeben haben in dem Glauben, für unser Land ihre Pflicht erfüllen zu müssen, haben den Krieg zum zweiten Mal verloren. In einer Zeit, in welcher der Soldat der Bundeswehr wegen seines Einsatzes auf dem Balkan hohe Anerkennung im In- und Ausland findet, wird unter der Sponsorenschaft des Multimillionärs Jan Philipp Reemtsma die leicht veränderte Foto-Ausstellung, die nur das eine Ziel verfolgt, das Ansehen des deutschen Soldaten zu zerstören, erneut durch die Städte geschickt. Deutschland hat seinen im Zweiten Weltkrieg gefallenen Söhnen keine Denkmäler aufgestellt. In mitteldeutschen Städten, wie in Stralsund vor der Marienkirche, stehen hingegen Ehrenmäler für andere Soldaten mit der Inschrift „Ruhm und Ehre den Helden der Sowjetunion – 1941–1945“. SPD und Grüne sind nun dabei, neue Denkmäler für den „Deserteur“ zu errichten und ihm Renten zu zahlen. Fügt sich nicht alles im gleichen Geist zusammen? Wir sollten uns wehren, wir sollten das stellvertretend tun für die Millionen Soldaten, die sich gegen Verunglimpfung und Verleumdung nicht zur Wehr setzen können.

Beim Bewerten dieser Ausstellung geht es im Grunde um drei Fragen:

1. War die Wehrmacht im Vergleich der Armeen in ihrer Kampfführung besonders verbrecherisch?
2. War im Gegensatz dazu die Kampfführung der Sowjetarmee durch besondere Humanität gekennzeichnet?
3. War die Wehrmacht im Grunde nicht mehr als die Summe von Hinrichtungskommandos und Partisanenbekämpfungsverbänden?

Der ideologisch nicht belastete Zeitzeuge kennt die Antwort.

Der Publizist Rüdiger Proske war der erste, der sich wehrte. In seiner Streitschrift „Wider den Mißbrauch der Geschichte deutscher Soldaten zu politischen Zwecken“ setzte er sich mit den Hintermännern und dem Hintergrund der Ausstellung auseinander. Er wies Ungenauigkeiten und Fälschungen nach und zerstörte den Anspruch auf Wissenschaftlichkeit. Die Herren im Hintergrund betreiben in Wahrheit Diffamierung und Desinformation. Sie wurden aber zumeist lange Jahre vom Verteidigungsminister großzügig besoldet.

Proske zeigte die geistigen Verbindungslinien auf von Messerschmidt (MGFA, Militärgeschichtliches Forschungsamt) zu Reemtsma mit seinem Günstling Hannes Heer bis zu den Richterinnen am Bundesverfassungsgericht, wie Renate Jaeger, die für den berüchtigten „Mörder-Spruch" verantwortlich sind.

Die Frage stellt sich, was Reemtsma mit der „Roten Zelle" im MGFA und bestimmten Richterinnen und Richtern am Bundesverfassungsgericht verbindet. Denn gemeinsam haben sie den Boden bereitet für die Ausstellung über die „verbrecherische Wehrmacht", und Reemtsma hat diese Ausstellung über sein Hamburger „Sozialinstitut" finanziert, derselbe Reemtsma, der einst die durch ihre Besatzer berüchtigten Häuser an der Hamburger Hafenstraße aufkaufen wollte und schon immer einen radikalen „Linksdrall" erkennen ließ. Die verbindende Gemeinsamkeit kann man Parteilichkeit und Bindung an das, was man als eigene politische Überzeugung zu erkennen glaubt, nennen. Was die Alliierten nach dem Krieg nicht getan haben, dem deutschen Soldaten die Ehre zu nehmen, versuchen Messerschmidt, Reemtsma und Genossen nun mit dieser zweiten Auflage der Ausstellung.

Messerschmidt und sein Ideologen-Team haben über Jahrzehnte ungehemmt, von Skrupeln nie geplagt, an der geschichtlichen Wahrheit vorbei politisch agitieren dürfen. Proske analysierte das Persönlichkeitsbild von Messerschmidt und den Gesinnungsgenossen Volkmann, Wette und anderen. Er schildert, wie sich im MGFA unauffällig, fast konspirativ, die „Rote Zelle" formieren konnte, mit Duldung eines verunsicherten Verteidigungsministeriums und unter wohlwollender Akzeptanz durch dessen politische Spitze. Was sich im MGFA jahrelang abgespielt hat, ist zumeist in der Öffentlichkeit unbekannt geblieben. Das „Reemtsma-Institut für Sozialforschung", das übrigens kein Universitäts-Institut ist, sondern lediglich ein eingetragener Verein (e. V.), kannte bislang niemand. Erst durch die Ausstellung, eine von langer Hand vorbereitete und mit viel Geld ausgestattete Kampagne, ist dieses Institut in das Licht der Öffentlichkeit gerückt.

Reemtsmas Ausstellung wurde vor ihrer von zwei ausländischen Wissenschaftlern erzwungenen Unterbrechung in vielen deutschen Städten gezeigt. An den Eröffnungen waren jeweils der langjährige „Leitende Historiker" im MGFA, Messerschmidt, der Leiter des Forschungsbereichs im MGFA, Hans-Erich Volkmann, und die Bundesrichterin Renate Jaeger beteiligt. Sogar einen aktiven General der Bundeswehr drängte es zu einer Eröffnungsrede. Doch ihm wurde damals von seinem Vorgesetzten nahegelegt, auf den Auftritt zu verzichten. Ob sich dieses heute wiederholen würde, kann bezweifelt werden, denn die Neuauflage der Ausstellung wird von der heutigen Berliner Führung wohlwollend gefördert.

Die Geschichte des MGFA war von seiner Gründung an belastet durch permanente Spannungen zwischen den führenden Soldaten und jungen Wissenschaftlern. Eine Gruppe von etwa acht Mitarbeitern konnte schließlich dem Amt einen entscheidenden, politisch einseitigen Stempel aufdrücken. Am Anfang aller Probleme stand die Teilung der Verantwortung an der Spitze zwischen dem militärischen Amtschef und dem „Leitenden Historiker" als Gegenpart. Konflikte waren vorprogrammiert. Die Soldaten mußten schließlich erkennen, daß ihnen ideologisch geprägte Wissenschaftler der 68er-Generation gegenüberstanden, die von der „Kulturrevolution" jener Zeit ja geradezu aufgefordert wurden, Wissenschaft als Machtinstrument zu nutzen.

Der Soldat an der Spitze des Amtes wurde durch eine in den achtziger Jahren erlassene Verfassung für das MGFA gezwungen, die ideologisch geprägten Wissenschaftler im Sinne der von ihnen beanspruchten „Meinungsfreiheit" ihr Unterdrücken von Meinungen praktizieren zu lassen. Über Jahre hinweg hat es eine Freiheit der Forschung tatsächlich nicht gegeben. Was die Geschichte der Wehrmacht anging, suchten die Mitglieder der Gruppe nicht nach ihrer Geschichte, sondern von Anfang an nur nach möglichen Verbrechen. Auf diesem Weg war ihnen alles recht: Verfälschen durch Auslassen und Hinzufügen, Fehlinterpretationen und Unterdrücken von Gegenmeinungen.

Wer sind nun die Männer im Hintergrund? Messerschmidt fühlte sich von der Kulturrevolution der sechziger Jahre in besonderer Weise angesprochen. Er war Obergefreiter der Bundeswehr und vor seinem Eintritt in das MGFA bei einer Versicherungsgesellschaft tätig. Unter der sozialliberalen Regierung begann sein schneller Aufstieg bis zum Leitenden Historiker. Er konnte sich des Wohlwollens der politischen Spitze des Verteidigungsministeriums damals stets sicher sein, die sich ja selbst nicht zu Bekenntnissen zum deutschen Soldaten, ob Wehrmacht oder Bundeswehr, gedrängt sah.

Es war die Zeit der Haarnetze für langhaarige Soldaten, der Verbote, beim Marschieren zu singen, und ähnlichen Unfugs. Wenn ein Genosse in der Provinz sich über ein Lied von Soldaten beschwerte, in dessen Text es hieß „... wir sehen uns wieder am Oderstrand" – wobei der Singende ein Mädchen meinte, das er am Strand der Oder geküßt hatte –, dann bekam der Genosse von Staatssekretär Berkhan recht und der Disziplinarvorgesetzte eine Rüge. Heute haben sich die Soldaten das Singen solcher Lieder abgewöhnt – das auch als Ergebnis einer Pseudo-Erziehung unter der sozial-liberalen Regierung, die das Wort Erziehung zum Unwort gemacht hatte.

Messerschmidt wurden vom Bonner Verteidigungsministerium nie Grenzen gesetzt. Selbst als 1982 die politische Wende mit dem Anspruch auf eine geistige Wende kam, war seine Position nicht gefährdet. Mit der Veröffentlichung des 1. Bandes der Reihe „Das Deutsche Reich und der Zweite Weltkrieg" unter der Autorenschaft von Messerschmidt, Deist, Volkmann und Wette wurde der Kern der Aktivitäten sichtbar.

Hannes Heer, einst Mitglied im maoistisch orientierten Kommunistischen Studentenverband und Mitglied der DKP, hat bereits die Bekanntschaft mit den Gerichten gemacht. In Bonn erinnert man sich an sein provokantes Auftreten im Bereich der Universität.

Wilhelm Deist war Projektgruppenleiter „Zweiter Weltkrieg“ im MGFA. Im Dritten Reich war er Schüler an der „NS-Reichsführerschule für Kampf gegen Judentum und Bolschewismus“ gewesen („Deutschland-Magazin“ vom 1. 5. 1988).

Hans-Erich Volkmann wechselte 1971 von der CDU zur SPD, als diese an die Regierung kam. Er zeichnete sich durch Verständnis für Marxisten in der DDR aus.

Wolfram Wette versteht sich laut der Zeitschrift „Hochschulpolitische Informationen“ vom 18. 4. 1980 „als eine Art Juso-Politruk“. Auch er war (1972) von der CDU zur SPD gewechselt.

Schon bei dem Werk „Das Deutsche Reich und der Zweite Weltkrieg“ ging es diesen Historikern nicht um die Erkenntnis der historischen Wahrheit, sondern um die „volkspädagogische Absicht“ im Sinne einer bestimmten Ideologie. Auf deutsch: um Nutzung der Geschichte zu politischen Zwecken!

Der Streit zwischen diesen Wissenschaftlern und den Soldaten wurde ausgetragen bis zum Stellvertreter des Generalinspekteurs und zum Minister. Geändert hatte sich nichts. Die Wissenschaftler unter Messerschmidt fanden Unterstützung in der politischen Spitze des Ministeriums. Also resignierten die Soldaten, und sie litten unter den Verhältnissen. Wo sie versuchten, diese zu ändern, mußten sie bereits im Ansatz kapitulieren.

Eine ähnliche Situation mit linken Wissenschaftlern der 68er-Schule hatte es auch an der Führungsakademie der Bundeswehr in Hamburg-Blankenese Mitte der siebziger Jahre gegeben, die in dem Kleinkrieg des Konsiliums gegen den Kommandeur ihren nervtötenden Ausdruck fand.

Mit gleicher Energie wie bei der Geschichtsdarstellung nach ihrem Meinungsbild nahm dieselbe Gruppe Einfluß auf den Traditionserlaß des Bundesverteidigungsministers Hans Apel. Diesen Erlaß, der die Wehrmacht als nicht mehr traditionswürdig anerkennen will, obwohl ihre Offiziere und Unteroffiziere die Bundeswehr geformt hatten und ihr das Bild vom modernen Soldaten gaben, mochte Manfred Wörner nach Übernahme des Kommandos nicht übernehmen. Er versprach Änderung, doch konnte er sein Versprechen nicht einlösen.

Heute denkt man auf der Hardthöhe in Bonn und im Bendlerblock in Berlin anders, als Wörner und Leber dachten. Soldatische Tradition scheint erst im Jahre 1955 zu beginnen. Die Wehrmacht wird in einem Geschichtsvakuum verschlossen gehalten. Doch die Wurzeln des „Soldatseins“ liegen tiefer. Kann man eigentlich die Reformer nach den Befreiungskriegen heute noch akzeptieren? Sie dienten einem feudalen System, Königen und Fürsten. Sie dienten Preußen, dem verhaßten, heute verbotenen Staat. Muß man die Leistung der Soldaten wirklich nur noch und ausschließlich an ihrer Staatsführung messen, der sie zwangsweise unterworfen waren? Oder hat soldatische Tugend doch einen eigenen, zeitlosen Wert?

Kann man die großen Leistungen des deutschen Soldaten, seinen Opfermut in der Aussichtslosigkeit des Kampfes auf den Seelower Höhen vor Berlin, in Kurland und Danzig einfach ignorieren? Ist sein Pflichtbewußtsein, seine Kameradschaft nicht beispielhaft? Nicht traditionswürdig?

Messerschmidt wurde nach Verstrickungen in der „Waldheim-Affäre" in Pension geschickt. Die von ihm damals präsentierten Unterlagen waren in Jugoslawien gefälscht worden. Es wurde still um ihn, bis er mit Arbeiten über die Militärgerichtsbarkeit im Dritten Reich den Boden für das „Mörder-Urteil" und die Reemtsma-Ausstellung aufbereitete.

Das „Mörder-Urteil" des Bundesverfassungsgerichts hat seine Wurzeln in einem Urteilsspruch des Bundessozialgerichts, in dem die Deserteure der Wehrmacht pauschal als eine Art Widerstandskämpfer heroisiert werden. An diesem Urteil hatte die spätere Verfassungsrichterin des „Mörder-Spruches", Renate Jaeger, SPD, mitgewirkt. Richter-Kollegen dieses Urteils waren Helga Seibert, wie Jaeger SPD, und Dieter Grimm, aus dem neomarxistischen Umfeld der Frankfurter Schule kommend.

Es ist schon eigenartig, welche Entwicklung die Rechtsprechung des Bundesverfassungsgerichts genommen hat. Die Zeit, da ein Präsident Benda darauf achtete, daß das Gericht unmißverständlich Hüter der Verfassung war, könnte vorbei sein. Präsidentin Jutta Limbach kritisierte bereits das 1956 ergangene Verbot der KPD, das sie, wie sie im August 1996 erklärte, abgelehnt hätte. Das damalige Verbot der KPD folgte aber eindeutig den Grundsätzen des Grundgesetzes und seiner Vorstellung von der Bundesrepublik als einer wehrhaften Demokratie. Gilt dies für Frau Limbach nicht mehr? Haben extremistische Parteien neue Chancen in Deutschland? Man kann den Eindruck durchaus gewinnen.

Frau Limbach ging zu ihren Vorgängern auf Distanz. Sie mag so einen Beitrag leisten zur Äquidistanz bei der Bewertung von demokratischen Sozialisten und Kommunisten. Der Geist aber, der aus solchen Urteilen spricht, macht besorgt. Frau Limbach eröffnete die Reemtsma-Ausstellung in Karlsruhe. Der Oberbürgermeister blieb aus Protest fern. Die Präsidentin hielt es für notwendig, wie der Oberbürgermeister Ude von München, in der Frage, ob die Soldaten der Wehrmacht im Zweiten Weltkrieg in Europa wie Verbrecher hausten, mordeten und plünderten oder doch nur ihre Pflichten als Soldaten erfüllten, Partei zu beziehen. Die Ausstellung fordert Diskussion heraus. Aber zwingt sie auch zur Parteilichkeit der Präsidentin des Bundesverfassungsgerichts, das nach dem Willen des Grundgesetzes Wahrer der demokratischen Grundordnung und Hüter unserer Verfassung sein soll und sonst nichts?

Hier wurde offenbar übersehen, daß den Richtern in der Bundesrepublik Deutschland die rechtsprechende Gewalt vom Staat anvertraut wurde und daß sie dies zur Distanz in politischen Fragen zwingt – besonders im Falle dieses Gerichts, das ein eigenständiges Verfassungsorgan ist wie Bundestag, Bundesrat oder Bundesregierung. Allein das müßte die Präsidentin zu besonderer Zurückhaltung in der Öffentlichkeit anregen. Wenn der gute Ruf dieses Gerichts nicht weiter beschädigt werden soll, wäre dies zu empfehlen, gerade nach dem Spruch, der es seit 1995 zuläßt, Soldaten Mörder zu nennen. Wer einmal zu entscheiden hätte, falls ein Bürger prüfen ließe, wie weit das Recht auf Meinungsfreiheit in Relation zum Artikel 1 GG reichen darf, der sollte sich nicht in eine Position begeben, die zum Konflikt führen muß. Er müßte sich befangen fühlen. Die Reemtsma-Ausstellung ist jedenfalls geeignet – das wird der unbefangene Besucher erkennen –, den öffentlichen Frieden zu stören. Die ganze Art der verallgemeinernden Darstellung von Verbrechen durch Text und Foto könnte den Tatbestand übler Nachrede und von Verleumdung erfüllen (§ 186, 187 StGB). Auch § 189 könnte greifen, wonach mit Freiheitsstrafe bis zu zwei Jahren bestraft wird, wer das Ansehen eines Verstorbenen verunglimpft. Und in gleicher Weise § 130, Volksverhetzung.

Die ehemalige Verfassungsgerichtspräsidentin sollte man fragen dürfen nach ihrem persönlichen Verständnis von der Würde des Menschen und ob es in ihrer Familie einen Gefallenen des Krieges gibt. Juristen könnten überlegen, ob sie mit ihrer Aktion nicht sogar Beihilfe zur Volksverhetzung leistete, denn bestraft wird ja – wie bekannt ist – nach dem StGB, wer „in einer Weise, die geeignet ist, den öffentlichen Frieden zu stören, zum Haß gegen Teile der Bevölkerung aufstachelt, die Menschenwürde anderer dadurch angreift, daß er Teile der Bevölkerung beschimpft, böswillig verächtlich macht oder verleumdet. Mit Freiheitsstrafe bis zu drei Jahren wird bestraft, wer Schriften, welche die Menschenwürde anderer dadurch angreifen, daß Teile der Bevölkerung oder eine vorbezeichnete Gruppe“ – hier die Soldaten – „beschimpft, böswillig verächtlich gemacht oder verleumdet werden, verbreitet oder öffentlich ausstellt.“ Dies aber geschieht mit der Reemtsma-Ausstellung. Findet sich kein Staatsanwalt, der diese Frage einer möglichen Beihilfe zur Volksverhetzung zu untersuchen bereit ist? Oder gelten diese Paragraphen nur in bezug auf Sinti und Roma oder andere Bevölkerungsgruppen?

Was aus dem besagten Spruch des Bundesverfassungsgerichts und der Ausstellung bleibt, ist, daß deutsche Soldaten weiterhin Mörder genannt werden dürfen. Viele Fotos der Ausstellung stammen aus Agram, Belgrad, Minsk und Moskau. Vor Gericht würde ihre Beweiskraft bezweifelt werden. Wie man Bilder verfälschen kann, weiß man heute nicht nur aus der Praxis des KGB. Die Fotos sind zum Teil ungenau, ohne Orts- und Zeitangaben, die Uniformen sind nicht immer deutlich zu erkennen. Brennende Häuser sind im Krieg noch kein Beweis für ein Verbrechen! Auch nicht eine aus dem Haus fliehende Frau. Im übrigen: das große Leiden der deutschen Kriegsgefangenen wurde nicht im Bild festgehalten.

Auch nicht die Erschießung deutscher Offiziere für ihre angeblichen Verbrechen in Katyn, wofür sie nicht verantwortlich waren.

Deutsche Soldaten konnten den von russischen Panzern zerschossenen Lazarettzug ostwärts von Kriwoij Rog nicht fotografieren und auch nicht den von Partisanen überfallenen Fronturlauberzug bei Lemberg. Kein Soldat hatte dabei überlebt. Auch die von sowjetischen Panzern überrollten Flüchtlingstrecks wurden kaum bildlich festgehalten. Niemand hat die Leichen von Frauen, Greisen und Kindern in Deutsch-Eylau und Danzig fotografiert! Darüber gibt es auch in KGB-Archiven kein Bildmaterial. „Unter Verschluß halten für alle Zeit", war die russische Devise. Jan Philipp Reemtsma ist die Frage zu stellen, wie vielen von rund 18 Millionen deutschen Soldaten er objektiv Verbrechen nachweisen kann. Doch wer stellt schon solche Fragen?

Der Ausstellung liegt sichtbar die Absicht einer Diffamierung des deutschen Soldaten zugrunde. Hier wird ein erschreckender Geist sichtbar, nicht minder erschreckend als jener, aus dem heraus dem Feldmarschall von Witzleben 1944 vor dem Volksgerichtshof die Hosenträger abgenommen wurden. Freisler beraubte die Angeklagten des 20. Juli zuerst ihrer persönlichen Würde.

Die Ausstellung aber hat für Jan Philipp Reemtsma auch eine geschäftliche Dimension. Bei angenommenen 500.000 Besuchern und 200.000 verkauften Katalogen müßte Reemtsma 13 Millionen DM (ca. 6,6 Millionen Euro) eingenommen haben, ohne in den Rathäusern von München und Bremen Saalmiete zu zahlen oder Honorare an Jutta Limbach und Christian Ude zu überweisen. Auch sein Buch über die Entführung – ohne Fotos natürlich – vermarktet er gut. Bei seinen Dichterlesungen müssen übrigens Zuhörer Eintritt bezahlen. Auch dies wird geschäftlich genutzt.

Es bleibt festzustellen: Die Ausstellung zeigt nicht das wahre Gesicht des Soldaten der Wehrmacht, sie vermittelt ein Zerrbild. Die Wehrmacht war eine disziplinierte Armee, hochgeachtet von ihren damaligen Gegnern. Ihre Leistungen werden wohl nur an Akademien in Rußland und den USA gewürdigt. Die Wehrmacht, das war nicht der „verstrickte" hohe Offizier im Führerhauptquartier, das waren der Panzer- und der MG-Schütze, der Kompaniechef, der U-Boot-Fahrer, der Pilot und der Gebirgsjäger. Und diese Männer waren keine Verbrecher. Man muß sie gegen Diffamierung schützen, im Interesse der geschichtlichen Wahrheit und aus Verpflichtung vor unseren Toten. Die 6,492.000 gefallenen Soldaten der Wehrmacht und 3,242.000 in den Gefangenenlagern Verstorbenen klagen die Veranstalter Reemtsma und Heer und deren Hintermänner an. Aber leider haben die toten Soldaten in Deutschland keinen Anwalt. Doch darf man sicher sein: das letzte Wort wird die Wahrheit haben. Und die Geschichte wird einmal ihr Urteil fällen, unbefangen und gerecht.

Im September 2002 gab das Militärgeschichtliche Forschungsamt in Potsdam Hans-Erich Volkmann, dem Gefolgsmann von Jan Philipp

Reemtsma bei der „Anti-Wehrmachts-Ausstellung“, in der neuesten Auflage seiner Zeitschrift „Militärgeschichte – Zeitschrift für historische Bildung“, Heft 2/2002, neun Seiten Raum für eine Wiederauflage seiner altbekannten Thesen. Volkmann schreibt unter anderem: „... als in Nürnberg das Oberkommando der Wehrmacht nach individueller Schuldbemessung abgeurteilt wurde“. Jeder Historiker weiß, daß das Oberkommando der Wehrmacht in Nürnberg nicht abgeurteilt wurde. Volkmann schreibt, daß die Wehrmacht in Rußland einen „rassenideologischen Vernichtungskrieg“ geführt hat, weiters vom „völker- und rechtswidrigen Verhalten seitens der Wehrmacht“. Schließlich erteilt er den Deserteuren die moralische Absolution, da sie sich „einer Armee von Verbrechern entzogen“ hätten.

Die späte Suche nach einem ehemaligen Gegner

Im April 2002 erreichte mich eine Suchanfrage des Deutschen Roten Kreuzes aus der Russischen Föderation. Demnach suchte Michail Gregorowitsch Bolonin einen früheren kriegsgefangenen deutschen Offizier, mit dem er gerne Kontakt aufnehmen wolle. Dieser Offizier, Gerd-Helmut Komossa, sei in den Jahren nach dem Krieg im Kriegsgefangenenlager Tilsit gewesen, er habe ganz gut Russisch gesprochen. Die Familie habe in Ostpreußen ein Haus besessen, gab der Russe als Anhaltspunkt an.

Bolonin kann nur der Sohn oder Enkel von Oberleutnant Bolonin aus Tilsit sein. Sein Vater oder Großvater muß ihm über die gemeinsame Zeit von 1945 bis 1949 erzählt haben, ganz ähnlich, wie ich es in dem Brief an meinen Sohn tat (siehe S. 220 ff.). 53 Jahre waren vergangen, seitdem mich Oberleutnant Bolonin auf dem Bahnsteig in Tilsit verabschiedet hatte. „Do swidanija!“ Auf Wiedersehen! – Ich denke, daß ich zu seinem Nachfahren Kontakt aufnehmen werde.

Weit reichen die Schatten des Krieges. Vieles überdeckt die Zeit. Feindschaft und Haß sind überdeckt, nein, untergegangen in der Zeit. Und in tiefster Dunkelheit leuchtet immer ein Licht auf. Die Völker können vieles, was in jenen dunklen Jahren des Krieges geschah, nicht vergessen. Aber sie können neue Wege zueinander finden. Und sie können im Geist Gottes vergeben und auch um Vergebung bitten. Darum bemühen sich heute viele Menschen mit Erfolg.

Die Veteranen im Kurort Bad Füssing

Am ersten sonnigen Tag im Mai 2002, es war der 9. Mai, saßen auf einer Bank im Kurpark von Bad Füssing in Bayern vor einem Brunnen, der durch mehrere Fontänen Wasser in unterschiedlicher Höhe in den Himmel sprühte, drei alte Männer, die sich an der Sonne wärmten. Daneben saß ein vierter in einem Rollstuhl. Im Hintergrund spielte die Kurkapelle vor den in zwanzig Stuhlreihen sitzenden Zuhörern. Man spielte Melodien von Lehár und Gershwin, Stücke, die von den Kurkapellen in allen deutschen Kurorten gespielt werden. Viele Kurgäste suchten einen schattigen Platz, andere lagen im Gras und genossen die Sonne. Die vier alten Männer aber blinzelten in die Sonne, die ihre alten Glieder wärmte. Ich bat, mich zu ihnen setzen zu dürfen.

Die Männer sprachen vom Krieg. Sie waren zwischen 75 und 85 Jahre alt. Der im Rollstuhl Sitzende hatte, wie er sagte, beide Beine in Stalingrad gelassen. Er sei, mehr durch einen Zufall, mit der letzten Maschine, die mit Verwundeten überfüllt war, herausgeflogen worden. Beim Start des Flugzeugs habe der Feldflugplatz schon unter Artilleriebeschuß der Russen gelegen. „Es war schlimm", sagte er und malte mit seinem Stock kleine Kreise auf den Weg vor seinem Rollstuhl. Man wirft zuweilen alten Männern vor, daß sie allzugerne aus ihrem Leben erzählen, vor allem vom Krieg. Doch diese Männer auf der Bank im Kurpark von Bad Füssing tauschten nur einige Gedanken darüber aus. Sie erzählten von Minsk und Smolensk, von Kursk und anderen russischen Städten, die vor mehr als einem halben Jahrhundert alle Deutschen aus der Wochenschau kannten. Da waren sie einmal, dort hatten sie gekämpft, dort hatten sie ein Auge, einen Arm verloren oder aus dieser Zeit einen Granatsplitter im Oberschenkel behalten.

Hier saßen sie nun, einige wenige Überlebende des Krieges. Mehr als ihre Erlebnisse aus dem Krieg tauschten sie ihre Erfahrungen mit den Versorgungsbehörden aus, die in gewissen Zeitabständen versuchten, den Grad der Erwerbsminderung, den sie nach dem Krieg 1949 oder 1950 festgestellt hatten, herabzustufen. Diese Verfahren zogen sich bei vielen Opfern des Krieges sehr lange hin, über viele Jahre. Es wird herabgestuft, der Veteran legt Einspruch ein, der von den Versorgungsbehörden zurückgewiesen wird. Es wird Klage gegen das Landesversorgungsamt eingebracht, die auf Eis gelegt zu werden scheint. Der Eindruck ist sicher nicht unbegründet, daß die Behörden, die für die Opfer des Krieges nach dem Gesetz zu sorgen haben, auf Zeit spielen und eine „biologische Lösung" der Fälle abwarten wollen. Der Dank des Vaterlandes, denken die alten Soldaten. Doch in einer Zeit und in einem Land, in dem der Soldat „Mörder" geschimpft werden darf, ist dieses Verhalten der Behörden verständlich.

Die vier Alten aber sind am Ende froh, wenn sie in drei Jahren oder – im Ausnahmefall und bei besonderer Gebrechlichkeit – schon nach zwei

Jahren wieder eine Kur genehmigt bekommen und sich in Bad Füssing oder Bad Mergentheim an der Sonne erwärmen oder das Bewegungsbad nutzen dürfen.

Diese letzten Soldaten des Krieges mit alten und geschundenen Knochen wundern sich ein halbes Jahrhundert nach dessen Ende, daß sie noch leben. Sie sind ihrem Schöpfer dankbar.

Die Lehren des Carl von Clausewitz und seine Bekenntnisse

Carl von Clausewitz wird an der Führungsakademie der Bundeswehr in Hamburg-Blankenese als Namensgeber der Kaserne verehrt, aber wenig gelehrt. An den Kriegsakademien in Moskau und in Fort Leavenworth in den USA ist es anders. Dort wird nicht nur Clausewitz gelehrt, sondern auch deutsche Befehlshaber des Zweiten Weltkrieges werden im Unterricht als Beispiel für kluges strategisches Planen angeführt, und ihre Operationen werden durch die Lehrgangsteilnehmer ausgewertet. Der Oberbefehlshaber der amerikanischen Streitkräfte in Europa, General Otis, lud mich einmal nach Heidelberg zu einer Offiziersausbildung des VII. US-Corps ein. Das Thema war: „Die Wehrmacht im Sommer 1944 – Beispiel einer erfolgreichen Abwehrschlacht bei einem Kräfteverhältnis von 1 zu 10".

In Hamburg kennen die Lehrgangsteilnehmer an der Führungsakademie der Bundeswehr das Standardwerk des Carl von Clausewitz „Vom Kriege" wenigstens in großen Zügen, und in der Eingangshalle trifft der Besucher auf die Büste Clausewitz' in Bronze. Es wird aber sicherlich kaum einen deutschen Teilnehmer an einem Generalstabslehrgang geben, der sich auch die Bekenntnisse des Carl von Clausewitz zu eigen gemacht hat, wie:

Allen Gewalten zum Trotz sich erhalten,
Nimmer sich beugen,
Kräftig sich zeigen,
Rufet die Hilfe der Götter herbei.

Die Geschichte des „Lorbasses" aus Masuren, die an einem Novembertag im Jahre 1924 begann, ist damit noch nicht zu Ende erzählt. Aber ein Abschnitt ist abgeschlossen. Ein wichtiger Abschnitt, in dem die Wurzeln liegen für ein ganzes Leben, das ausgefüllt ist mit vielen leuchtenden Tagen, guten und bedrückenden Erfahrungen. Über dem Leben dieses Jungen aus Masuren liegt noch immer ein langer Schatten von

Stalingrad, aus dem er aber auch nicht heraustreten will, noch kann er es.

Sieben Jahre nach der Umarmung seiner Mutter auf dem Bahnhof von Farchant bei Garmisch-Partenkirchen wurde der Heimkehrer wieder Soldat. Er wußte, warum er es tat, aber viele verstanden ihn nicht. Nie hat er die Bilder des Krieges, von den Kämpfen und von Flucht und Vertreibung aus den ostdeutschen Provinzen, aus seiner Erinnerung löschen können. Die Heimat war verloren. Darunter zu leiden, müßte jedem, der seine Heimat liebt – an der Waterkant, in Westfalen, am Rhein, zwischen den Meeren, in der Pfalz und im Hessenland, im Schwarzwald und am Bodensee, im Bayernland –, verständlich sein. Siebenhundert Jahre deutscher Kultur und Geschichte im Osten dürfen weder verfälscht noch ausgelöscht werden. Das Ännchen von Tharau (ein beliebtes ostpreußisches Hochzeitslied aus dem 17. Jahrhundert, das die Seele der Ostpreußen widerspiegelt) darf nicht sterben!

Man sagt sprichwörtlich, jemand habe seine zweite oder dritte Heimat gefunden. Eine zweite Heimat aber gibt es nicht für den, der seine alte so liebt wie der erwachsene Masurenjunge.

An meinen Sohn und seine Generation

Lieber Thomas!

Wir haben zu Hause zu selten über meinen Beruf gesprochen, kaum auch über meine Probleme und Sorgen, nicht ausreichend über meine Gedanken zu Fragen der Zeit, auch nicht zu der Frage, warum ich glaubte – nach der schrecklichen Zeit von Krieg, Vertreibung und Kriegsgefangenschaft –, meinem Land und der Erhaltung des Friedens am besten wieder als Soldat dienen zu können. Wir hatten wohl auch nicht genügend Zeit dazu, denn mein Beruf hat uns oft getrennt, bevor die Familie wieder umziehen konnte an meinen neuen Standort, und er hat auch viel von meiner Kraft verbraucht, so daß ich froh war, in den wenigen Abendstunden entspannen zu können, statt diskutieren zu müssen. Aber zugleich wollte ich Dich – möglichst unauffällig und ohne Druck – zu einem Menschen und bewußt handelnden Staatsbürger erziehen, der eines Tages mit seiner Generation an der Gestaltung unseres Gemeinwesens in einem freien und vereinten Europa auf dem seinen Neigungen und Befähigungen entsprechenden Platz mitwirkt, ohne jemals der Versuchung zu erliegen, auf Deine eigene Berufswahl Einfluß zu nehmen. Nicht einmal indirekt. Du solltest auch hier die Freiheit haben, die ich Dir in anderen Bereichen immer zugestanden hatte, weil ich selbst ein ganzes Leben lang in „kontrollierter Freiheit" verbringen mußte.

Heute will ich Dir meine Gedanken als Soldat und Bürger unseres Landes näherbringen. Wenn Du diese Zeilen und dieses Buch gelesen hast, dann wirst Du – so hoffe ich – verstehen, warum ich zweimal Soldat werden mußte. Mehr als 30 Jahre lang war es mein Ziel, dem Frieden zu dienen, der Sicherheit Deutschlands, und dabei die meiner Führung anvertrauten Soldaten zu gleicher Einstellung anzuregen. Als Junge habe ich oft in meiner schönen ostpreußischen Heimat, den Zeichenblock auf den Knien, die Wolken am masurischen Himmel beobachtet. Sie scheinen mir anders gewesen zu sein als hier am Rhein. Voller Heiterkeit empfand ich sie oft und dann doch wieder so schwer wie die Seele der Menschen, die dort lebten, kraftvoll und auch drohend. Einmal zart, dann gewaltig wie riesige Berge am Himmel oder Burgen. Voller Licht, aber auch voller Dunkelheit. Und am Abend, wenn sie als Schleier vor der untergehenden Sonne das Land berührten, das Land der Wälder und sanften Hügel, hinter denen immer wieder ein See hell aufleuchtete, dann sah ich sie oft so rot, als fiele Blut vom Himmel auf den schweren masurischen Boden. Ich habe die Wolken beobachtet voller Staunen über die Vielfalt von Formen und Farben, ihre Bewegung, ihre ständige Veränderung. Und wie Hermann Hesse dachte auch ich, daß es nichts Schöneres als Wolken geben könne auf dieser Welt. Ich konnte träumen. In Anlehnung an die Gedanken von Hesse möchte ich Dich heute fragen: nenne mir das Gut in der Welt, das schöner als die Freiheit ist – der Friede in Freiheit!

Jeder Mensch erlebt täglich Sorgen. Sorgen um seine Gesundheit, um das tägliche Brot, um beruflichen Erfolg, um seine Familie und die Existenz. Es gibt so viel Not und so viele Gefährdungen in dieser unvollkommenen und doch so schönen Welt. Dabei müssen wir nicht nur an den Vorderen Orient denken, an Israel und Palästina, an den Balkan und Afghanistan oder die Türkei, Nordirland, das Baskenland und Indonesien. Hinter den Gefährdungen des Friedens verblassen alle Nöte unseres Alltags. Deshalb müssen wir alles tun, was in unserer Macht steht und in unseren Kräften liegt, um den Frieden zu erhalten und auch zu sichern, und dabei nie nach Macht über andere Menschen streben. Der Friede wird uns nicht geschenkt, das hat uns auch Afghanistan bewiesen, das doch so weit von unserem Land entfernt ist und in dem es keine nationalen deutschen Interessen zu verteidigen gilt. Der Friede wird uns nicht geschenkt, schon gar nicht von denen, die Unfrieden praktizieren, die keinen Frieden in sich haben, wie jene, die Jahr für Jahr in Berlin am 1. Mai Geschäfte demolieren und plündern, Autos anzünden und auf Polizisten einprügeln, denen ihr Polizeisenator Nachgiebigkeit, Deeskalation, befohlen hat.

Als Soldat im Krieg habe auch ich vom Frieden geträumt, ihn ersehnt von ganzem Herzen, aus Angst vor dem eigenen Sterben – natürlich – wie auch vor dem Tod meiner Kameraden, und ich habe um Frieden gebetet. Denn der zahlenlose Tod um mich herum hat mich das Leben mehr lieben gelehrt als die wenigen Freuden, die mir meine achtzehn Jahre vorher geschenkt hatten. Möge es Dir und Deiner Generation erspart bleiben, jemals die Leiden zu erleben, die meine Generation erdulden mußte. Mögest Du nie um den Frieden oder seine Wiederherstellung beten müssen. Dafür und für mein Land habe ich als Soldat gedient.

Ich habe im Krieg um Frieden gebetet, aber ich war dennoch sehr schwach in meinem Glauben. Und ich habe Gott so oft gefragt: Warum? Warum läßt Du dieses Sterben zu? So viel Grausamkeit? So viel Unmenschlichkeit? Im Krieg, auf der Flucht, in den Bombennächten? Du hast doch die Macht, dies zu verhindern! Und manchmal glaubte ich wirklich eine Antwort zu hören, wie von dem ukrainischen Müller, von dem ich Dir einmal erzählt hatte: „Das Böse war in euch, jetzt kommt es über euch.“ Doch ist das so einfach zu beantworten? Also doch Auge um Auge und Zahn um Zahn? Und all die leidenden Frauen und Kinder, die keinerlei Schuld auf sich geladen hatten? Auf meine Fragen wußte ich und erhielt auch keine Antwort. Doch vielleicht konnten wir nur auf diese Weise begreifen, was Unrecht ist. Vielleicht mußten wir wirklich durch großes Leid geführt werden, um geläutert zu werden und Gott wieder näher zu kommen. Am Ende wußte ich, auch im Krieg, daß eine andere Zeit kommen und ich heimkehren würde zu meiner Familie. Ich glaubte daran, ich wußte dabei, daß die Leiden des Krieges zuerst durch harte

Entbehrungen im Frieden abgelöst würden. Aber ich war auch sicher, daß uns die Chance gegeben würde, aufzubauen, neu anzufangen, einen neuen Staat zu begründen, in dem zu leben lohnenswert sein würde, in dem es eine Dominanz des Rechts und nicht einer Staatspartei als Grundlage unserer Gemeinschaft geben würde. Heute ist dieser Staat, von dem ich und meine Kameraden am Ende des Krieges und auch noch in den dunklen Tagen und Nächten einer entwürdigenden Gefangenschaft geträumt haben, Wirklichkeit geworden. Werden wir ihn erhalten und weiterentwickeln können, dort, wo es noch zahlreiche Schwächen unseres Gemeinwesens gibt? Wir müssen ja leider heute, im „Nichtkrieg", um Erhaltung des Friedens streiten.

Wie oft hast Du ironisch gelächelt, wenn ich – zugegeben vielleicht zu oft – über den Kantschen Imperativ sprach und das moralische Gesetz in uns. Ich verstehe Dich. Denn meine Generation hat ja wirklich nicht immer dieses Prinzip zur Maxime ihres Handelns gemacht. Und auch mir selbst ist es nicht immer gelungen. Aber es markierte mir doch die Zielsetzungen in meinem Leben. Der Mensch bleibt immer unvollkommen in dieser Welt. Keine Genforschung wird ihn in seinem Wesen ändern, seinen Charakter bestimmen können. Stalins Vision vom Menschen „neuen Typus", wie er es nannte, darf doch nicht durch wissenschaftliche Arbeit späte Verwirklichung finden! Der Mensch bleibt nun einmal unvollkommen. Wichtig ist sein Streben nach moralischem Verhalten, sein Streben, gut zu sein, Menschlichkeit zu üben, dem Schwächeren zu helfen, sozial zu handeln und sich stets von dem Gesetz der Vernunft leiten zu lassen. Wahrhaftig zu sein.

Wichtig scheint mir auch die Erkenntnis zu sein, ungeachtet der Thesen von Rousseau und Thomas Hobbes, daß im Menschen Gutes wie Böses als Anlagen vorhanden sind, daß das eine überwiegen kann oder durch andere gefördert und entwickelt wird. Nicht jedermann, der in meiner Generation Schuld auf sich geladen hat, tat dies aus eigenem Antrieb oder einem inneren unmoralischen Gesetz folgend, sondern weil es Regisseure gab, die ihn in dieses Handeln trieben, ihn motivierten oder auch zwangen, das zu tun, was seiner eigenen Natur widersprach, weil er das eigenständige Denken verdrängt hatte, auch über die Folgen für das eigene Gewissen. Ich bin Christ, wie es die meisten Soldaten im Krieg waren, aber auch hier eben nicht vollkommen. Christsein ist schwer, besonders in unserer modernen Welt. Christi Lehre voll zu folgen, das können sicherlich nur ganz wenige Menschen. Denn der regelmäßige Kirchenbesuch allein bedeutet ja wohl noch nicht, christlich zu leben und zu handeln in allen Situationen des Alltags – wie ja wohl auch der offene Hemdkragen älterer Herren vor der Fernsehkamera ein gewolltes Zeichen proletarischer oder pseudofortschrittlicher Gesinnung sein mag, aber doch nicht als Beweis dafür gelten kann, nach den Gesetzen der Bergpredigt zu leben. Ich glaube, daß auch hier das edle Streben der richtige Ansatz zum Handeln im täglichen Leben ist.

Könnten und wollten doch alle Menschen in Ost und West, Nord und Süd nach Gottes Geboten leben und handeln, dann wäre ich um die Zukunft der Menschheit unbesorgt. Doch nicht einmal praktizierende Christen können nur nach Gottes Gebot leben. Wie aber können wir dann die Beachtung dieser Gebote und ein Streben nach einem wirklich friedlichen Miteinanderleben von jenen erwarten, die im Christentum eine Perversion der Gesellschaft sehen, die vielmehr programmatisch erklären, den „Menschen eines neuen Typus" schaffen zu wollen – nicht nach dem Willen Gottes, sondern nach dem Gebot und den Leitvorstellungen von Parteien, als Zahnrad im Getriebe staatlich gelenkter Produktionsprozesse. Ihr Handeln wird bestimmt von Direktiven der Parteien mit einem Absolutheitsanspruch, die, wie ihre Taten ausweisen, nicht aus Respekt vor dem Menschen, seiner Würde, seiner Ehre und seiner Einmaligkeit handeln, sondern ihn als Mittel für die Zwecke von Partei und Staat benutzen und ausnutzen. Das sind die Realitäten im Deutschland von heute, an denen die Jugend nicht vorbeiträumen darf.

Oft zweifelte ich im Krieg, daß über allen Dingen letzten Endes die Vernunft steht. Und ich muß leider gestehen, daß diese Zweifel auch heute noch in mir sind. Die Vernunft allein müßte uns in die Lage versetzen zu erkennen, daß wir und unsere Freiheit in mehreren Teilen der Welt immer noch bedroht werden. Emotionen junger Menschen mögen den Augenblick verklären, mögen vorübergehende Beglückung schenken, sie führen aber mit Sicherheit nicht in eine bessere Zukunft. Laß Dein Herz und Dein Gemüt durchaus mitsprechen bei Deinen Entschlüssen, laß Dich auch für Ideen begeistern, daß Menschen in Freiheit und ohne Armut leben können, aber bleib stets kritisch all jenen gegenüber, die Deine Seele beherrschen wollen!

Im Zusammenhang mit Immanuel Kant sprach ich von Moral. Viele Angehörige Deiner Generation lächeln heute nur darüber. Natürlich ist es süß zu leben, wenn man sich nicht an ein moralisches Gesetz binden muß, wenn man nach der Devise eines ehemaligen Gewerkschaftsvorsitzenden lebt: „Nehmt, was ihr kriegen könnt!" Das Leben voll genießen, restlos alles auskosten, was es bietet. Aber wie ist das, wenn solches Leben und eigene Unmoral andere verletzen? Anderen sehr weh tun? Moral ist doch vor allem eine Frage der Selbstdisziplin und der Achtung vor dem Nächsten, auch vor materiellen Werten, denke ich. Auch Selbstachtung ist Teil moralischer Empfindungen. Moralisch leben heißt so zu leben, daß andere nicht leiden müssen – auch und vor allem in ihrer Seele –, heißt sich selbst zu binden an Tugenden, die zeitlos bleiben. Im Preußenjahr 2001 haben plötzlich viele, von denen man es ein Jahr zuvor nicht erwartet hätte, diese Tugenden gefordert. Aber schon heute wird die Forderung nach einer Besinnung auf alte Werte übertönt durch das hämische Grinsen einer ausschließlich nach Lustgewinn strebenden Generation. Achtung vor dem Nächsten, seinem Leben, seinem Eigentum, vor der Frau, Deinem Volk – auch alles dies ist Ausdruck moralischen Verhaltens. Moralisch handeln heißt primär pflichtbewußt zu sein im Verhältnis zum anderen, aber immer auch vor sich selbst. Nie kannst Du besser sein, als Du es selbst sein willst.

Deine Generation hat, wie oft gesagt wird, Angst vor der Zukunft. Diese Angst ist in der 68er-Bewegung gewachsen, in der Negierung von Perspektiven. Ich zweifle daran, daß solche Angst in den Menschen selbst gewachsen ist. Wurde sie nicht eher von Menschen meines Alters suggeriert? In Angst zu leben, ist furchtbar, tötet die Freude am Leben und die Fröhlichkeit. Auf diesem Boden kann kein wahres Glück wachsen. Ich meine, daß, trotz mancherlei Besorgnis, die heutige Generation keinen Grund hat, in die Angst zu fliehen, sondern vielmehr allen Grund, in Zuversicht zu leben. Diese Generation kann und darf sich auf ihr Leben, das viel Schönes bringen wird, freuen. So solltet Ihr in Freude, Hoffnung und Liebe leben, nicht in Resignation.

Eure Väter haben nach dem Zweiten Weltkrieg Grundlagen für Eure Zukunft geschaffen, die keineswegs in allen Ländern gleich gut sind. Sie haben auch Grundlagen geschaffen zu einem besseren Verstehen der Völker. Auf diesen könnt Ihr weiter aufbauen und Eure Zukunft nach den eigenen Zielvorstellungen gestalten. Habt Vertrauen in die Zukunft, und erkennt Eure Verantwortung für ihre Gestaltung! Eine gute Zukunft läßt sich nicht auf der Straße zusammenbrüllen, sie will vielmehr mit Vernunft, Zielvorstellung, Gestaltungskraft, Verantwortungsbewußtsein auch für unser Vaterland und die Geschichte unseres Volkes sowie mit moralischem Handeln gestaltet werden. Hütet Euch vor dem Träumen von einer Welt, die es nicht gibt und auch nicht geben kann! Träumen kann sehr schön sein, aber auch beklemmend. Träumen fern von allen Realitäten unserer Zeit muß einmal zu ernüchterndem Erwachen führen. Aus solchem Träumen Anleitung zu politischem Handeln fern von realistischen Vorstellungen zu entwickeln, ist Täuschung derer, die den Träumern folgen.

Dir und Deiner Generation kann ich als Soldat natürlich nur sehr bedingt Wegweiser sein. Dies bleibt die Aufgabe des Politikers, des Geistlichen und – gerade wie die tragischen Ereignisse in Erfurt in jüngster Vergangenheit zeigten – der Eltern sowie Eurer Lehrer. Aber ich kann Euch den Rat geben, wachsam zu sein gegenüber den Gefahren, die Eure Zukunft bedrohen. Versucht vielmehr, eben diese Zukunft zu gestalten und abzusichern gegen jede Bedrohung von außen oder aus dem Inneren. Mißtraut den Schalmeienklängen von Ideologen, die Euch mit knallroten Farben ein Paradies vorgaukeln und in Wirklichkeit Euch die gewonnene Freiheit wieder nehmen wollen, die Euch morgen wieder im Gleichschritt – wie die Betriebskampfgruppen in der DDR – marschieren lassen wollen, wenn sie es denn schaffen! Was gewachsen ist, das baut weiter aus! Lindert die Not! Seid auch zum persönlichen Opfer bereit, sonst gehört nicht Euch die Zukunft, sondern anderen, deren Instrument ihr werden sollt, deren Marionetten!

Und lernt auch wieder Euer Land lieben, wie jeder Brite, Franzose und Amerikaner, jeder Russe und Pole mit großer Selbstverständlichkeit sein Land über alles liebt. Chauvinismus ist kein deutsches Wort. Bleibt wahrhaftig, und nennt die Unwahrheit eine Lüge! Und denkt daran, daß die Lüge, wenn sie ständig wiederholt wird, auch bei Euch in das Unbewußte eindringen kann! Hütet Euch davor, Euch an Unrecht zu gewöhnen! Die Vertreibung der Deutschen aus ihren Gebieten, die sie kultiviert und in denen sie 700 Jahre gelebt haben, ist ein solches Unrecht. Wenn wir schon die Bürde des Verlustes tragen müssen, sollten wir alles tun, was möglich ist, um wenigstens das kulturelle Erbe in den Ostprovinzen zu erhalten und zu pflegen und dabei jenen Menschen, die dort verblieben sind – in Ost- und Westpreußen, dem Memelland, Danzig, Pommern, Brandenburg, Schlesien und im Sudetenland –, zu helfen. Das sollte mein letzter Rat sein.

In Liebe

Bonn, am 31. Januar 2003 *Dein Vater*

Der Autor

Geboren am 11. November 1924 in Allenstein/Ostpreußen. Nach Abschluß der Schulausbildung an der Behringschule in Hohenstein Eintritt in die Deutsche Wehrmacht als Kriegsfreiwilliger. Von 1943–1945 Teilnahme an den Kämpfen im Osten. Beförderung zum Leutnant am 1. August 1944. Auszeichnungen: EK I und II, Sturmabzeichen in Silber, Nahkampfspange in Silber. Sowjetische Kriegsgefangenschaft von 9. Mai 1945–1. April 1949.

Nach Heimkehr aus der Gefangenschaft Tätigkeit als freier Journalist in Bayern. Danach in der Arbeitsverwaltung im Ruhrgebiet bis zum Eintritt in die Bundeswehr am 1. 7. 1956 tätig. Ausbildung für den Generalstabsdienst. Verwendungen als Batteriechef, Bataillons-, Brigade- und Divisionskommandeur, zuletzt Generalmajor und Befehlshaber des Territorialkommandos Süd in Mannheim. Dazwischen Verwendungen als Stabsoffizier für nukleare Planung im NATO-Hauptquartier CENTAG, Abteilungskommandeur für Funktions- und Sonderlehrgänge sowie Beauftragter des Inspekteurs des Heeres an der Führungsakademie der Bundeswehr in Hamburg, Adjutant des Generalinspekteurs der Bundeswehr bei General de Maizière und Admiral Zimmermann sowie Chef des Militärischen Abschirmdienstes.

Ausgezeichnet mit dem Bundesverdienstkreuz I. Klasse, Ehrenkreuz der Bundeswehr in Gold, zweimal Auszeichnung mit dem Offizierskreuz der Legion of Merit durch den Präsidenten der USA; als einziger Nichtamerikaner Ehrenmitglied des Veteran Corps of Artillery/State of New York.

Nach dem Ausscheiden aus dem aktiven Dienst Direktor des Forschungszentrums für Friedenssicherung in Würzburg und Lehrbeauftragter an der Universität Würzburg. Gründungsmitglied der Gesellschaft für die Einheit Deutschlands, seit 1989 Präsident der Gesellschaft. Durchführung von 61 deutschland- und sicherheitspolitischen Seminaren. Daneben publizistische Tätigkeit, Pressebeiträge in verschiedenen Tages- und Wochenzeitungen sowie Vorträge zu deutschland- und sicherheitspolitischen Themen. Redaktionsmitglied der Wochenzeitung „Ostpreußenblatt – Preußische Allgemeine Zeitung". Buchautor: „Deutschland heute – Eine kritische Bilanz. Gedanken eines Soldaten". Mitarbeit an mehreren Büchern, u. a. „Keine Experimente – Europäische Fallstricke" und „Armee im Kreuzfeuer". Herausgeber und Chefredakteur/Autor der periodischen Zeitschrift „Forum Deutsche Einheit".

Personenregister

A

B

C

D

E

F

G

H

T

U

V

W

Z